우리는 어디서 왔고, 무엇이며, 어디로 가는가

정유표

맑은샘

머리말

　전작 『이기심의 종말』을 출간하고 5년이 지난 현재, 세상은 여전히 어지럽고 더 무너져가는 듯해 보입니다. 엎친 데 덮친 격으로 전 세계에 불어닥친 코로나19 팬데믹과 러시아, 중국 대 서방 세계 사이의 패권 다툼은 21세기 인류를 몰락의 길로 떠밀고 있습니다. 사실 이러한 대사건은 예정된 흐름 속의 신호일 뿐, 인류 역사는 20세기 말을 기점으로 내리막을 걷기 시작했고 점차 그 속도가 빨라지고 있습니다.

　처음 쓴 책은 개인의 심성을 다루었습니다. 이 사회가 왜 이토록 정의롭지 못한지, 부조리로 가득 차 있는지에 대한 답으로 각자가 지닌 극한 이기주의를 짚었습니다. 정치가 문제다, 경제 시스템이 문제다, 교육이 문제다라는 식으로 모두 다 남 탓으로 일관하지만 그 기저엔 내로남불의 정서, 결국은 자신의 사소한 자기 본위의 이기심이 이 사회를 만들고 있음을 직시해야 한다고 주장하였습니다.

　예상대로, 아니 어쩌면 예측한 것 이상으로 우리 사회의 격은 떨어졌습니다. 그 말은 우리 개개인의 격이 이전보다 더욱 낮아졌다는 의미이기도 합니다. 어떤 이들은 정치색으로 자신의 정의로움을 포장하지만, 그 포장지는 제 악취를 감추려는 독한 향수일 뿐입니다. 정의를 인질 삼아 생계를 꾸려가는 염치없는 자들로 인해 우리 사회의 빛은 바래진 지 오래입니다.

거진 4년 가까운 시간 동안 글을 쓰며 꽤 많은 허탈감을 느꼈습니다. 모든 조언이 그러하듯, 정작 들어야 할 사람은 듣지 않고 듣지 않아도 될 사람이 더 적극적으로 청취하는 딜레마는 군이 왜 이 글을 써야 하는지에 대한 회의를 품게 하였습니다. 그럼에도 글을 끝내 마칠 수 있었던 건 5년의 시간 동안 세상이 내게 베푼 지식과 지혜, 그리고 한량 같은 세월을 보내면서도 가난에 질식되지 않게끔 찾아온 때마다의 기회들 덕분이었습니다. 이 행운이 운명 혹은 사명처럼 내가 깨우친 지식을 세상에 내놓아야 할 책임으로 느껴졌습니다. 정말이지 운 좋게도 교육, 사회, 문화, 과학, 미래기술, 경제, 역사, 정치, 역술, 영성 등등 시대와 경계를 초월한 지식을 배울 기회를 접하였고, 이 책은 그저 세상에 널린 지식을 엮었을 뿐입니다.

우주를 이야기했지만 무경계의 철학을 담았고, 인간 역사를 나열했지만 위기와 미래를 담았습니다. 하지만 결국 인간에 대한 이야기입니다. 가능하다면 우리 모두의, 하지만 현실적으로는 소수의 준비된 사람들의 치유와 정화를 염두하고 집필하였습니다. 누군가에게는 불편한 진실이겠지만, 세상은 일부 깨어난 선각자에 의해 진화하며 다수는 그 선험의 길을 뒤따르는 것이 자연의 법칙입니다. 그러기에 쉬운 단어와 표현을 사용했음에도 결코 수월하지 않은 이 책을 이해한다는 건 그만한 자격과 기회를 갖추었다는 증명일 것입니다.

　부디 많은 독자분들께서 이 책을 통해 우주와 사회와 인간에 대한 이야기, 우리는 어디서 왔고 무엇이며 어디로 가는가에 대한 질문을 품어 마음속 고요함과 평안함을 찾으시길 두 손 모아 기원합니다.

　▨ 덧붙임.

「우주: 자연의 진화 법칙」 이후에는 챕터별 마지막 부분에 '핵심 메시지'와 '심화 주제'를 첨언하였습니다. 핵심 메시지는 해당 챕터에서 말하고자 하는 주제를 다시 한번 정리한 내용입니다. 주로 본문에 나온 이야기를 요약하였으나 경우에 따라서는 본문에 포함되어 있지 않은 챕터 전체를 포괄하는 메시지를 담고 있으니 놓치지 않고 살펴보시길 바랍니다. 그리고 심화 주제는 더 깊이 고민해보면 좋을 주제, 그러나 어떤 명확한 답이 없는 이야기입니다. 그런 이유로 누군가에게는 도발적이고 불편한 메시지가 포함되어 있습니다. 하지만 이는 필자의 의견이나 주장이 아니므로 감안하고 읽어주시기를 당부드립니다.

차례

사회: 냉혹한 생존의 장(場)

인간: 존재의 이유

—— 시대의
혼란 속에서

01
문제 제기

잠시 주변을 둘러봅니다. 어떤 풍경이 보이시나요? 도서관에 있다면 빽빽이 늘어선 책들이, 카페라면 향긋한 원두커피 한 잔이 있을지 모르겠군요. 이동 중인 차 안이라면 창밖으로 눈에 띄게 늘어난 최신형 전기차를 어렵지 않게 발견할 수 있을 겁니다. 지하철을 타고 있다면 스마트폰 속 저마다의 세계에 빠져 있는 사람들이 보일 테고, 블루투스 무선 이어폰을 꽂은 채 음악 감상을 하거나 그게 아니라면 피곤에 지쳐 꾸벅꾸벅 조는 사람이 대부분일 겁니다. 아주 간혹 책을 펼쳐 독서하는 사람이 눈에 띄지만 이내 밀려 들어오는 승객들의 물결에 질려 책을 덮고 말겠지요.

20년 전만 해도 다른 모습이었습니다. 통화를 하고 간단한 문자를 보낼 수 있는 휴대전화가 보급되던 시절, 대부분의 세상 소식은 뉴스와 신문을 통해 접했고 출근길 시민들은 포커스, 메트로 같은 무가지를 읽으며 나라 안팎의 주요 이슈를 파악했습니다. 혼잡한 지하철 객실을 누비는 폐지 수집상들과 벌이는 실랑이도 그 시절에만 볼 수 있었던 장면이었습니다. 주머니 사정이 넉넉지 않은 청소년들은 숫자 메시지를 수신하는 호출기인 일명 '삐삐', 그리고 공중전화 부스 옆에서만 통화가 되는 시티폰을 사용했습니다. 스타벅스 같은 현대식 카페는 찾아보기 어려웠고 회사 탕비실에 비치된 커피믹스가 식후 디저트였습니다.

시간을 더 거슬러 50년 전으로 가볼까요. 1970년대에는 전화기가 있는 집이 드물었습니다. 개인용 컴퓨터는 1984년이 되어서야 등장했지요. 카페 대신 다방에서 설탕, 프림 가득한 커피 혹은 계란 노른자를 띄운 쌍화탕을 마셨고 대학 도서관은 소수 엘리트에게만 허락된 지식인의 공간이었습니다. 1974년 개통한 서울 지하철 1호선은 지방 사람들에게는 소문으로만 접해본 첨단 문물이었습니다. 시골에서는 생활용품 대부분을 자급했고 앞마당에서 기르는 암탉이 갓 낳은 계란 한 알은 집안 어른의 밥상에 올리던 고급 식재료였습니다. 합성 비료가 없어 겨우내 삭힌 두엄을 쓰느라 농사 작황은 형편없었고 가을철 단감은 아이들의 소중한 간식거리였습니다. 쌀 한 되, 계란 한 알이 귀한 시절이었지요.

그에 비하면 지금은 모든 게 값싸고 풍요롭습니다. 마트에선 계란 한 판을 쉽게 구하고 가을 단감은 넘쳐나는 간식거리에 밀려 떨이 신세로 전락했습니다. 돈 몇천 원이면 고급 아이스크림을, 거기에 돈을 조금 더 보태면 감미로운 수입 홍차를 맛볼 수 있고 치킨, 피자는 흔하디흔한 국민 외식 메뉴가 되었습니다. 마음 소란할 때 KTX를 타면 2시간 만에 동해 바다에 도착할 수 있고, 주머니 속 스마트폰은 언제 어디서건 세상과 연결하여 줍니다. 지구 반대편의 소식을 실시간으로 받아보며 터치 몇 번으로 수많은 사람에게 내 생각을 전하는 오늘날은 반나절을 꼬박 써서 바다에 가고, 수일이 지나 외국 소식을 전해 듣던 때와는 비교할 수도 없이 빠르고 편안합니다.

불과 몇십 년 사이의 변화입니다. 한국의 경우는 더 특별했지요. 1950년대 우리나라는 가을 곡식이 동나 여름 보리가 나기 전까지 굶주리는 보릿고개가 연례행사였습니다. 각종 생활용품, 교통 및 편의시설은 말할 것도 없이 부족하고 열악했지요. 그토록 가난하던 나라가 1960~1970년대 산업화, 1980년대 고도성장기를 거쳐 급격히 발전하였고 1988년에 이르러 세계인의 대축제인 서울올림픽을 개최하였습니다. 6.25 전쟁으로 폐허가 된 가여운 나라를 상상했던 외국인들은 놀라운 한강의 기적에 감탄하였습니다. 한국의 성장은 이에 그치지 않았고, 한국은 21세기 들어 가전, 반도체, 자동차, 조선 같은 대규모 기간산업에서 세계 일등 제품을 생산하는 첨단 산업국가로 발돋움하였습니다.

국가 발전은 경제 영역에만 국한되지 않았습니다. 1987년 6월의 민주화운동은 독재와 쿠데타가 빈발하던 정치적 혼란을 끊어낸 쾌거였습니다. 전국의 대학생들과 직장인 넥타이 부대는 서슬 퍼런 군부에 맞서 대통령 직선제를 쟁취해냈지요. 이후 1993년 김영삼 문민정부를 시작으로 민주 선거를 통한 평화로운 정권 선출 체제가 안착하였습니다. 많은 제3세계 국가들이 산업화 단계에서 거꾸러지거나 폭력적인 수단으로 권력이 좌우되는 정치적 불안에 시달리는 것과 달리 한국은 유례없는 속도로 산업화와 민주화를 동시에 이뤄내며 후진국에서 선진국 반열에 오른 유일한 나라가 되었습니다. 여기까지가 교과서에 실린 우리나라의 근현대사이자 대한민국의 발전사를 논할 때 늘 언급되는 산업화와 민주화의 역사입니다. 비록 지금의 현실이 만족스럽지 않은 사람도 있겠지만 한국만큼 살기 좋은 나라는 세계적으로도 손에 꼽을 정도인 게

엄연한 사실입니다.

　지금부터는 조금 불편한 이야기입니다. 우리의 자랑스러운 성과가 어디에서 기원했느냐는 질문입니다. 당연히 우리가 누리는 자유와 풍요는 수많은 국민의 피땀으로 얻은 유산이며, 실행 주체에 있어서는 우리와 우리 윗세대 국민의 공로임이 확실합니다. 그러나 안타깝게도 기획의 청사진, 즉 산업 구조의 모델이라든지 대의제 민주주의 같은 제도 디자인은 우리 스스로 고민하여 창조한 결과가 아니었습니다. 영국의 산업혁명, 프랑스 시민혁명, 미국의 대량 생산 체계와 일본식 관료제를 본떠 이룬 현대식 국가의 재현에 불과했지요. 그러다 보니 발전 과정에서 심도 있는 고민과 철학이 부재했습니다. 대기업, 중공업 중심의 산업 생태계를 키우는 동안 그것들이 왜 필요하며 어떤 단점이 있는지 살필 여유가 없었습니다. 독재를 막기 위한 민주화에 전념했을 뿐 민주주의의 근간인 시민 개인의 윤리와 책임의식에 대해선 소홀하였습니다.

　잘 먹고 잘살기 위한 노력만으로도 힘겨운 시절의 불가피한 선택이었다지만, 빈약한 근본 위에 이룬 발전은 뒤늦은 족쇄가 되었습니다. 세계적인 수준의 경제력, 과학기술력, 정치적 위상이 무색할 정도의 전근대적이거나 근대적인 관습, 현대의 제도와 문화가 뒤얽힌 잡종 사회의 덫에 걸려든 거죠. 우리 사회는 법보다 인맥이 우선하고 공의보다 정파적 이해관계를 앞세우는 것을 당연시합니다. 삼권 분립이 헌법에 명시되어 있음에도 대통령을 초법적 권력자로 받아들이는 사람이 태반입니다. 이성적 사고와 합리적 대화는 자취를 감추고 감정에만 호소하는 이익 집단의 힘겨루기로 나날이 피곤합니다. 돈에 눈먼 양심 없는 자들이 세상을 망가뜨리는 와중에 유력 정치인을 교주화하고 숭배하는 사람들과 그들을 선동하는 어용 지식인, 또 이들을 냉소하는 회의주의자로 뒤얽힌 어지러운 세상입니다.

칼 포퍼는 『열린 사회와 그 적들』에서 비판을 허용치 않는 절대 신념이 강요되는 전체주의 국가를 닫힌 사회라 정의합니다. 국가 주도의 강압적 체제 아래 하나의 생각만 통용되는 사회는 미래가 없다고 비판하였죠. 이에 대비되는 개념의 열린 사회는 다양한 의견 표현의 자유가 보장됩니다. 대신 무질서한 혼란으로 번지는 걸 막기 위해 개별 시민이 상대의 비판을 수용하는 이성 판단 능력과 자기주장에 책임지는 성숙한 의식을 지녀야 합니다. 이에 대입해보면 우리가 사는 곳은 칼 포퍼가 상정한 전체주의 체제의 닫힌 사회는 아니더라도 열린 사회와는 꽤 거리가 먼 것 같습니다. 자기주장을 펼치기만 하고 비판을 용납하지 않으며 잘못에 책임지기는커녕 남 탓으로 일관하는 비뚤어진 신념으로 꽉 막힌 우리 사회는 성숙한 대화의 장 없이 다른 의견의 상대방을 미개인 취급하며 조롱하는 세태가 만연합니다. 헌법에는 개인을 존중하고 다양성을 장려하는 열린 사회를 지향하지만, 현실은 서로 다른 저울을 들이밀어 옳고 그름을 가르는 난장판에 가깝습니다. 혹자는 이것을 가리켜 '뜨겁고 느리게 진보하는 역사의 과정'이라 해석합니다만 그렇다 해도 가만히 놔두어서 자연히 해결될 일이 아니라는 게 문제입니다. 우리가 사는 이 땅에서 벌어지는 일이니 우리 손으로 풀어야 할 과업이지요.

지금 우리에게는 혼란을 정리할 공통된 기준이 필요합니다. 어느 한 쪽의 손을 들어주기 전에 각자 다른 눈금의 저울을 하나로 통일하는 작업입니다. 콩 한 되가 몇 그램인지 다투기 전에 각자가 지닌 됫박의 크기를 맞추자는 거지요. 이는 옳고 그름, 가치의 우선순위를 결정할 '공동의 지도'를 세우는 일이며, 이를 통해 모두가 자기주장이 옳다고만 악다구니하는 혼란 속에서 섬세하고 정교하게 가치의 중요도를 판단할 수 있게 됩니다. 물론 이것으로 하나의 통일된 답이 도출되진 않겠지만 적어도 나와 상대가 서로 어떤 관점으로 세상을 바라보는지 비교해봄으로써 혼란의 상당 부분을 잠재울 수는 있을 것입니다. 한 차원 높은 단계에서 세상을 조망하는 '탁월한 사유의 시선"과 현상 전체를 포용하고 설명하는 '모든 것의 이론²'의 통합 사상을 통해 우리 앞의 새로운 세상을 열어 보도록 합시다.

---

1 건명원(建明苑)의 초대 원장을 역임한 최진석 서강대 철학과 명예교수가 동명의 저서에서 정의한 새 시대에 필요한 문화, 사상, 철학의 힘

2 미국의 현대 철학자 켄 윌버(Ken Wilber)의 동명 저서로 출간된 『A Theory of everything』. 그는 평생에 걸쳐 정치, 경영, 교육, 역사, 과학, 영성 등 거의 모든 학문, 비학문적 주제를 탐구하며 인간 개인과 인류 집단의 물질적, 정신적 측면의 발달 과정을 정리하였습니다.

02
'왜'라는 질문의 힘

'질문하라!'

최근 자기 계발 분야의 핫 키워드는 '질문'입니다. 자녀교육, 학습법, 취업 노하우, 창업 컨설팅, 조직경영 등 분야를 가리지 않습니다. 성공을 원한다면 적극적으로 질문하며 자기만의 개성을 구축하고 성장하라 귀띔합니다. 강압적 명령과 수동형 대답, 외우는 지식 대신에 자발적 실천, 능동형 질문, 창의적 지혜가 필요한 시대라는 이유입니다. 맞는 말입니다. 우리는 질문을 통해 깨어나고 발전합니다.

그런데 누군가로부터 '질문하는 습관은 바람직하므로 자주 질문을 해보세요.'라는 말을 듣는다면 어떤 생각이 떠오르나요? 대개는 '어떤 질문을 해야 하지?' 같은 유도 질문을 떠올리기 쉽습니다. 질문하라는 조언은 타인의 말을 곧이곧대로 듣지 말라는 게 숨은 요지인데 오히려 그 곁말에 동조해버리는 언어의 함정입니다. 능동적으로 질문하라는 요구에 수동적으로 따라가는 우를 범한 것이지요. 핵심은 질문이 아니라 질문을 하게 되는 동기, 즉 행위 뒤편에 있는 자기 생각을 자각하는 데 있습니다. 질문을 제기하는 과정에서 의식적으로 생각을 점검하라는 거죠. 그래서 이 조언의 적절한 답안은 '왜 질문하라는 거야?' 또는 '왜 저들은 자꾸 질문을 강조하지?'라는 삐딱한 의심입니다. 형식 언어로 전달되지 않는 진짜 메시지이지요. 요약하면 질문을 통해 화석화된 생각을 비틀어 변화와 창조의 씨앗을 발견하라는 것입니다. "똑같은 방법을 반복하며 다른 결과가 나오기를 기대하는 건 미친 짓이다."[3]라는 아인슈타인의 말처럼 어제와는 다른 생각, 다른 행동이 내일의 나를 변화시킬 수 있습니다.

하지만 질문이 중요하다 하여 기계적인 생각 비틀기에만 빠져서도 곤란합니다. 새로운 변화가 기존보다 더 나은 결과를 내어줄 거란 보장은 없으니까요. 실제 우리 주변에서 무작정 색다른 것만 추구하다 일을 그르친 사례들을 어렵지 않게 찾아볼 수 있습니다. 슬랙(slack) 같은 협업 툴이 유용하다는 소문에 과감히 적용했다가 기존의 ERP[4]와 뒤섞여버린다든지, 자율 재택근무를 섣불리 도입했다가 프로젝트 관리에 실패해 사무실 근무로 회귀한다든지, 선진국형 입시 제도라고 들여온 입학사정관 제도가 석연치 않은 절차에 역풍을 맞고 정시 위주 입시로 되돌아간 일들입니다.

사람들이 생각 비틀기 중독에 빠지는 이유는 공허한 인정 욕구와 어리숙한 저항 심리에 있습니다. '나는 남들과는 다르고 특별해.', '나는 보

---

3 "Insanity is doing the same thing over and over again and expecting different results."

4 Enterprise Resource Planning, 전사적 자원 관리란 뜻으로 회사 내의 모든 경영 정보들을 하나의 시스템으로 묶어 통합한 프로그램

통 사람들이 알지 못하는 것을 알아.' 같은 나르시시즘에 빠지는 거지요. 그렇게 발견한 남다른 무엇은 자신을 돋보이는 근거로 쌓여 어리숙한 저항 심리로 발전합니다. 이런 함정에 빠지지 않은 바람직한 생각 비틀기는 '내가 모든 것을 아는 게 아니다.', '지식은 계속 발전하기에 내가 알던 게 지금은 틀릴 수 있다.', '관점에 따라 사실은 다르게 해석될 수 있다.' 같은 지적 겸손과 '지식의 옳고 그름이 상대방과의 우열 관계를 의미하지 않는다.', '나의 주장이 옳아도 상대를 우습게 대하면 아무도 동조해주지 않는다.', '내가 남에게 한 만큼 남도 나를 대한다.' 등의 사람에 대한 예의를 필요로 합니다. 소위 인성, 인격이라 일컫는 개인의 태도가 지적 역량의 대미를 장식하는 것이지요.

'익숙함에 대한 낯선 대면', '싫어하는 대상을 대변하기' 같은 지적 시도는 개인의 인격을 갈고닦는 효과적인 훈련입니다. 더 명확한 설명을 위해 첨언하면 '익숙함'은 자주 접하다 보니 당연하게 여기는 무엇, 또는 결론을 내는 과정에서 의식되지 않고 거치는 논리입니다. 의식적인 질문조차 내게 유리한 방향으로 편향되게 해석하는 게 사람일진대 의식하지 않는 생각의 흐름은 그보다 더하겠지요. 익숙해서, 혹은 편안하다는 이유로 자기 생각에 한계를 긋다 보면 상대의 장점을 배우지 못하고 나의 오류와 결점은 고치지 못하는 고집불통으로 전락합니다. 낯설고 불편한 것, 인정하기 싫은 것을 이해하고자 노력하는 고된 과정만이 우리를 한 단계 나은 성장[5]으로 이끌어줍니다.

철학적 사유가 그리 거창한 게 아닙니다. 익숙한 것, 진실이라 믿었던 사실, 당연하게 해오던 행동에 왜 그리했는지 자문하는 것입니다. 동시에 그 반대편의 불편한 것, 거짓이라 생각하는 정보, 이상하게 여겨지는 행동에 대해 왜 그러한지 살펴보는 행위입니다. 예를 들어 경직된 군대식 관료제를 비판하는 데 그치지 않고 그 체계가 왜 도입됐고 어떤 장점이 있는지 생각해보는 것이지요. 그리고 내가 추구하는 유연한 조직 체계가 장점만 있는지, 어떤 문제의 소지가 있는지를 추론하는 겁니다. 정치적으로는 '깨어 있는 시민'의 슬로건에 우호적이든, 비우호적이든 자동 반사·반응하지 않고 깨어 있음의 정의는 무엇이며 어떤 행동이 깨어 있는 시민을 지칭하는지 고민하는 것입니다. 넓게는 민주주의의 포퓰리즘화, 대중 인기에 영합한 우중 정치를 냉소할 것만 아니라 민주주의가 처음 등장한 계기와 그것이 어떤 사회적 덕목을 지향하는지, 어째서 포퓰리즘화되어 가는지를 짚어봄으로써 민주주의의 형식에 갇히지 않은 유연한 발전을 꾀할 수 있습니다.

결국 근본 철학의 사유는 건강한 진보의 원동력입니다. 첫째로 섣부른 변화의 실패를 예방하고 기성의 장점을 계승하는 데 유용하며, 둘째로 의견이 다른 사람들 사이에 이성적인 토론이 가능한 중간 지대를 마

---

5 진동벨을 쓰지 않고 직접 주문 손님을 호명하는 스타벅스의 영업 방식이 이에 부합하는 사례입니다. 스타벅스 관계자에 따르면 직원과 손님 사이에 접점을 높이기 위한 목적으로 진동벨을 사용하지 않으며, 이것을 통해 효율성을 조금 희생하더라도 고객 충성도를 높이는 효과를 거두었다고 합니다. 일반적인 프랜차이즈 카페에 비해 스타벅스가 아이컨택의 밀도가 높은 것은 이러한 정책의 연장선이며, 그들은 진동벨을 사용함으로써 '익숙함에 대한 낯선 대면'과 '싫어하는 대상을 대변하기'를 실천한 것입니다.

련합니다. 겉으로 드러난 장단점의 한쪽 측면에만 집중하지 않고 현상 이면의 드러나지 않는 효용을 탐구하며 얻게 되는 장점입니다. 그 과정에서 사유하는 개인의 지적, 인격적 성장 역시 빼놓을 수 없고요. 아울러 이것은 앞서 언급한 현재의 혼란을 해소하기 위한 공동 지도의 기준을 세우는 일이기도 합니다.

더 읽을거리

함께 근사한 크리스마스를 보내고 싶은 연인이 있습니다. 그런데 데이트 스케줄을 상의하던 중 큰 싸움을 하고 말았습니다. 한쪽의 의견은 크리스마스엔 사람도 많고 번잡하니 교외 한적한 카페에 드라이브를 가자 합니다. 그의 연인은 내키지 않습니다. 사람들이 북적북적한 느낌도 성탄의 일부라며 강남 퓨전 레스토랑에서의 저녁 식사를 원합니다. 서로의 주장이 평행선을 달리다가 결국 감정이 터지고 말았습니다. 교외 카페를 제안한 이는 '그 추운 겨울에 줄 서가며 비싼 밥 먹으려는 게 허영스럽다'며 실망했고, 그의 연인은 '일 년에 한 번 있는 날에도 돈 아끼는 좀생이'라며 맘이 상했습니다. 이 상황을 철학적 사유로 풀어볼까요?

먼저 '의미 있는 날에 두 사람이 함께 시간을 보낸다'는 대의를 놓치지 않는 게 중요합니다. 방법만 다를 뿐 두 사람이 같이 있고 싶어 하는 건 변함없는 사실이니까요. 그다음, 북적임을 선호하는 연인과 번잡함이 싫은 이의 평행선은 '왜 북적/번잡한 것이 좋을까? 또는 싫을까?'에 관한 질문으로 나아갈 수 있습니다. 얼핏 북적임과 번잡함을 사람이 적거나 많은 상태에 대한 단순한 개인적 선호로 치부하기 쉽지만 저마다 그 이유는 다릅니다. 누군가는 서로 부대끼며 몸을 부딪히거나 낯선 사람과 숨소리가 들릴 정도로 가까운 거리에 있는 걸 불쾌해합니다. 반대로 사람들이 많아야 안전하다는 느낌을 받거나 활기찬 웅성거림이 주는 에너지가 좋은 이도 있습니다. 사람이 많고 적음은 겉으로 드러난 현상일 뿐 각자가 채우고 싶은 욕구 근원이 다른 것이 본질입니다. 여기까지 이야기가 오갔다면 조금은 합리적인 절충점을 찾아볼 여지가 생깁니다. 강남 중심가를 조금 벗어난 예약제 레스토랑을 간다든지, 교외에 있는 카페에서 진행하는 연인 이벤트에 참여하는 것도 괜찮은 선택입니다.

그중 가장 뜻깊은 건 이런 철학적 사유의 대화를 나누며 두 사람 간의 이해와 신뢰, 교감의 폭이 넓어지는 데 있습니다. 크리스마스 함께 보내기는 겉으로 드러난 수단일 뿐 두 사람의 공통 목적은 앞으로도 함께 행복을 나누는 일이니까요.

03
우리의 익숙함에 '왜'를 묻자

다음은 '왜'의 질문을 기성 제도와 관습에 적용하여 봅시다. 앞서 한국 근현대사를 산업화와 민주화의 두 축으로 설명한 건 현대 사회가 복잡하게 얽혀 있긴 하여도 근본 원리는 산업화와 민주화에 내재된 개념의 확장이기 때문입니다. 우리 주변의 논쟁 대부분이 이 두 가지 가치에 기원한다 해도 과언이 아닙니다. 그렇기에 우리가 산업화와 민주화에 담긴 근본 원리를 파악할 수 있다면 공동의 지도를 만드는 데에 큰 도움이 됩니다.

결론부터 이야기하면 산업화와 민주화는 '중앙화와 탈중앙화'의 상반된 원리가 작동합니다. 서로 다른 원리로 문제를 해결하려다 보니 늘 논쟁이 끊이지 않는 것이지요. 산업화는 최소 투입과 최대 산출의 효율성, 효과성을 추구합니다. 보다 싼 가격으로 양질의 상품을 생산하여 경쟁 우위에 서는 방법입니다. 따라서 힘을 한 곳으로 모으고 효과를 극대화할 곳에 투자하는 자원의 집중, 중앙화를 선호합니다. 반대로 민주화는 부패와 남용을 예방하기 위해 힘의 분산, 탈중앙화를 지향합니다. 자원이 한데 모일수록 통제 권한은 소수에게 집중되는데, 이는 빠른 의사결정과 실행에는 유리하지만 힘이 과잉된 만큼 정당하지 않은 곳에 쓰일 위험이 높아집니다. 그래서 어느 하나가 전횡하지 못하도록 권한을 나누고 견제 장치를 마련합니다. 삼권 분립, 표현과 집회의 자유 보장 등이 이에 해당하는 형식입니다.

이 두 개념의 상반성은 주식 의결권 제도와 대의제 선거 제도의 비교를 통해 쉽게 이해할 수 있습니다. 회사의 소유와 경영 권한을 대표하는 주식 의결권은 기본적으로 주식 하나가 한 표로 정의됩니다. 51% 지분을 가진 주주 한 사람이 독자 경영을 할 수 있는 중앙 집중 구조입니다. 한편 국가 권력을 위임하는 대의제 선거는 만 18세 이상의 국민에게 1인 1표의 권리를 부여합니다. 대기업 회장이든 이제 막 생일이 지난 고등학교 3학년생이든 최고 권력자인 대통령이든지 간에 한 표의 권리가 주어지는 탈중앙 분산 구조입니다.

만약 이 두 원리를 뒤바꾼다면 어떤 일이 벌어질까요? 중앙화된 민주화의 사례로 1972년부터 1980년까지 네 번에 걸쳐 이뤄진 장충체육관 관제 선거를 꼽을 수 있습니다. 당시 통일주체 국민회의라는 이름의 관영 단체는 현 정부에 우호적인 사람들로 투표인단을 구성해 그들만의 대통령 선거를 치렀는데, 일반 시민의 투표권을 대의원에게 강제로 위임하여 권한을 집중시켰습니다. 선거 결과는 보나 마나였지요. 정부에 비판적인 시민은 정당한 권리를 빼앗긴 채 정부 여당의 압도적인 승리[6]를 지

---

6 네 번의 선거 동안 당선자 득표율은 평균 99%에 달했습니다. 이는 겉만 민주주의로 치장한 독재 국가에서나 볼 법한 수치였습니다. 정상적인 민주주의 국가에서는 절대 나올 리 없는 결과였지요.

켜봐야 했습니다. 분산되어야 할 시민 권리를 부당하게 앗아가버린 한국 민주주의의 어두운 시절이었습니다.

탈중앙화된 산업화의 사례는 주식회사 주주총회에 나타나는 주총꾼의 만행에서 엿볼 수 있습니다. 주식회사는 국법으로 일 년에 한 번 주주총회를 개최할 의무가 부여됩니다. 회사는 이 행사를 통해 사업 성과 보고 및 주요 임원 선정 같은 중요한 의사 결정을 내리며 해당 회사의 주식 소유주는 주주총회에 참석하여 표결에 참여할 권한이 있습니다. 앞서 설명한 바처럼 주식 하나가 한 표입니다. 일반적으로 회사 오너는 회사의 안정적인 경영을 위해 스스로 혹은 전략적 이익 관계자를 끌어들여 51% 이상의 지분을 확보합니다. 자신과 적대적인 사람이 회사의 중요 직책을 맡는 등의 불상사를 예방하기 위함이지요. 그런데 주총꾼들은 주주총회 입장 요건인 주식 한 주를 갖고 들어와 참석해 각종 안건이 올라올 때마다 온갖 딴지로 회의 진행을 방해합니다. 회사 경영에 어떤 철학을 갖고 참여하는 게 아니라 분탕질로 용돈을 타내려는 목적입니다. 이들의 권리 행사는 한 주 한 표의 법적 한계를 초월합니다. 표결에 아무 영향이 없을 주식을 인질 삼아 이해 관계자들의 경영 행위를 방해하는 것이지요. 주총꾼의 예시는 산업화 영역에 탈중앙의 개념이 적합하지 않음을 보여줍니다. 투자금 규모에 따라 이익 및 권리가 달라지는 주식회사에는 1인 1표의 원리를 적용할 수 없습니다. 만원으로 주식 한 주를 산 사람과 일억으로 주식 일만 주를 산 사람에게 동등한 권리를 준다면 회사 운영은 엉망이 되고 맙니다. 또한 많은 사람들이 주식회사를 설립하거나 투자하기를 꺼리게 되어 사회의 경제 활력이 떨어질 것입니다.

주제를 심화하여 산업화 속 중앙화 원리와 비슷한 결을 지닌 개념들을 살펴보겠습니다.

> 하이어라키(hierarchy), 대규모 생산 경제, 글로벌 시장경제, 중앙행정 국가, 대도시 중심 발전, 성장 중심 경제정책, 주식회사 형태의 기업 조직, 주류 미디어, 보수적 능력 중심주의, 정시 및 대학수능시험 위주 입시제도, 남성 중심의 가부장제, 다수자 우선주의, 집중과 선택, 극복적 자연관, 화자 주인공 중심, 구조주의(structuralism), 중앙 서버 기반 인터넷 서비스(web 2.0)

요약하면 양적 성장, 우상향의 선형 성장을 목표로 극한 효율을 지향하는 사상들입니다. 중앙화는 생산성을 높이는 방법론으로 최소 비용, 최대 효과를 추구합니다. 인류 역사 속에서는 근대 이전 중세의 비합리성을 제거하고 이성 과학에 기반하여 구축된 예리하고 냉철한 도시 문화, 이른바 모더니즘으로 통칭되는 개념입니다.

한편 민주화가 지닌 탈중앙화의 원리는 다음의 개념들과 맥이 이어집니다.[7]

---

7 엄밀히 말해 정치적 민주주의가 완전한 탈중앙화를 의미하지는 않습니다. 국민 주권으로부터 권력이 위임되는 현대식 대의제라도, 대통령 또는 총리를 필두로 한 수직적 위계의 행정체제로 구성된 혼합적 위계구조로 보는 것이 타당합니다.

헤테라키(heterarchy), 다품종 소량생산 경제, 지역 시장, 지방자치제도, 지역 균형 발전, 분배(복지) 중심 경제정책, 협동조합 형태의 기업 조직, 소셜 미디어, 진보적 PC(political correctness)주의, 수시 및 학생부종합 전형 위주 입시제도, 양성평등의 페미니즘, 소수자 인권운동, 다양성과 배려, 생태적 자연관, 청자 주변인 중심, 조립주의(compositionism), 분산 데이터 기반 인터넷 서비스(web 3.0)

요약하면 양적 성장에서 비롯된 독점과 전횡을 견제하고자 주변부에 힘을 분배하는 사상입니다. 그 과정에서 소외된 곳에 권한이 분산되며 양적 성장에서 밀려난 이들을 보듬는 모습이 연출됩니다. 모더니즘이 초래한 차갑고 비인간적인 사회에 반기를 든 따뜻한 인본주의 사상이지요.[8] 세상의 모든 지식, 기술, 역사, 문화는 고유의 관점과 상대적 가치가 있으므로 어느 하나를 기준하여 우열을 가릴 수 없다고 주장하는 포스트모더니즘의 철학입니다.

산업화와 민주화가 그러했듯 모더니즘, 포스트모더니즘으로 대표되는 중앙화, 탈중앙화 사상은 서로 대척하는 개념입니다. 글로벌 시장경제 대 지역 시장, 중앙행정 국가 대 지방자치제도, 성장 중심 경제정책 대 분배(복지) 중심 경제정책, 주류 미디어 대 소셜 미디어, 정시 입시제

---

8 하지만 탈중앙화가 그 자체로 인본주의 가치를 담고 있는 것은 아닙니다. 모더니즘의 중앙화가 물질문명의 극한을 꾀하다 보니 자연스럽게 인본의 포지션을 차지한 것이지요.

도 대 수시 입시제도, 남성 중심의 가부장제 대 양성평등의 페미니즘[9]은 우리 사회에 벌어지는 격렬한 논쟁 이슈입니다.

그도 그럴 것이 모더니즘의 대안으로 포스트모더니즘이 등장했기 때문[10]입니다. 제2차 세계 대전이 종식되고 모더니즘의 수직적 물질 중심 세계관이 사회에 끼친 해악들을 치유하려는 목적으로 포스트모더니즘의 수평적 정신 중심 세계관이 주목받았습니다. 포스트모더니즘은 세상을 가치 있는 것과 가치 없는 것으로 나누고 서열을 매기는 근대 서구 질서를 부정합니다. 제3세계 국가, 심지어 깊은 밀림 속 원시 부족조차 고유의 생활 원리가 있으므로 현대 문명의 시각으로 미개하다 평가해선 안 된다고 주장합니다. 이런 상대 문화적 관점은 권위의 해체, 고정관념의 탈피, 사회적 소수자에 대한 배려, 다양성의 존중, 지구 생태에 대한 자각 등 사회 여러 영역에서 긍정적인 변화를 이뤄냈습니다.

우리는 누구나 이 두 가지 사상 중 하나에 정서적 끌림을 느낍니다. '대도시, 대기업 중심의 경제 성장과 능력주의에 기반한 공정성을 지지하는 성향' 또는 '지역 균형 발전, 중소기업 중심의 경제 성장과 소수자 배려의 공평성을 지지하는 성향' 같은 것들입니다. 하지만 이 판단이 모든

---

9 이 맥락에서의 페미니즘은 최근 사회를 달구고 있는 페미니즘, 안티페미니즘 진영에서 논하는 여성 우위의 페미니즘이 아니며 생물학적 남성, 여성을 초월한 남성성, 여성성의 조화를 주장하는 영적 생태주의 페미니즘을 의미합니다.

10 1960~1970년대 산업화를 주도했던 정치 세력이 80년대 민주화를 요구했던 정치 세력에게 권력을 넘겨준 것 또한 자연스러운 역사적 흐름으로 평가할 수 있습니다.

영역에 걸쳐 일관적이지는 않습니다. 정시 위주의 중앙 표준화된 입시 제도를 선호하면서 양성평등의 페미니즘을 지향하는 혼재된 경우가 더 많습니다. 정치 영역에선 중앙화의 논리, 경제 영역에선 탈중앙화의 논리, 또 교육 영역에선 중앙화의 논리를 지지할 수도 있습니다. 이것은 자연스러운 현상이며 중요한 건 이렇게 혼재된 생각의 방향을 명료하게 정의하는 일입니다. 중앙화, 탈중앙화 중 어느 하나로 성향을 정렬하자는 이야기가 아니라 어째서 특정 관점을 지지하거나 반대하는지를 중앙화와 탈중앙화의 언어로 살피는 작업입니다.

첫 단계는 각기 다른 영역별 선호에 관해 스스로 정리해보는 것으로 시작합니다. 뉴스에 등장하는 사회 이슈를 두고 자신의 의견을 차분히 사유해보는 것이지요. 메모지를 꺼내 위 예시에 적힌 주제들에 관해 선호를 선택하는 방법도 좋습니다. 그러고 난 후 각 선택이 중앙화에 가까운지 탈중앙화에 가까운지 분류합니다. 성향의 일관성을 맞추고자 애쓰지 않아도 괜찮습니다. 나의 영역별 선호가 모더니즘과 포스트모더니즘 중 어느 것에 가까운지 인식하는 게 첫 단계의 목적입니다.

여기까지 정리되었다면 스스로에게 '왜'라고 질문을 던져봅니다. '나는 왜 이 관점을 지지하는가?', '나는 왜 저 관점을 비판하는가?' 같은 질문들을 말입니다. 논리적인 이유, 감정적인 끌림 모두 좋습니다. 그렇게 각 주제별 질문의 답을 적은 후 중앙화에 가까우면 오른편, 탈중앙화에 가까우면 왼편에 분류하여 모아놓습니다. 그러고 나면 아마 흥미로운 지점이 눈에 뜨일 겁니다. 중앙화 모더니즘 체계를 옹호하는 오른편에는 섣부른 탈중앙화의 부작용을 걱정하는 의견이 많을 것이고, 탈중앙화 포스트모더니즘 체계를 선호하는 왼편에는 지나친 중앙화의 폐해를 우려하는 의견이 공통적이라는 사실입니다. 감정적인 호오 말고도 자기 나름의 타당한 이유가 있었다는 거죠. 나아가 이런 생각의 틀, 근거는 다른 사람 역시 비슷하게 가지고 있다는 걸 깨닫는다면 목소리만 높여 소리치는 논쟁의 틈바구니에서 이성적 대화의 가능성이 조금은 열릴 것입니다.

〈 중앙화의 원리와 밀접한 사상 및 제도들 〉

하이어라키 (hierarchy)	가장 상위 리더를 필두로 상하 관계가 명시된 수직적 조직. 다양한 의견 충돌이 줄 수 있는 혼란을 줄여 힘의 집중이 용이함.
대규모 생산 경제	대량으로 원료를 수급하고 표준화 공정으로 제작함으로써 생산 비용을 낮출 수 있음. 소비자는 보다 저렴한 가격으로 상품 구매가 가능함.
글로벌 시장경제	국가 간 무역 장벽을 낮춰 소비 시장을 확장시킴. 대규모 생산 경제를 뒷받침하고 극한의 분업 효율화를 달성할 수 있음.
중앙행정 국가	중앙 정부의 법과 시행규칙에 맞춰 국가 전체의 프로토콜을 통일시킴. 절차의 표준화로 사업자 및 소비자는 보다 적은 노력으로 경제 행위가 가능함.
대도시 중심 발전	시장 참여자의 물리적 거리를 줄임으로써 활발한 경제 소통 행위가 이루어지게 함. 인구 밀도가 높아지는 것에 비례하여 투입되는 인프라 비용은 감소되므로 예산 집행의 효율성이 높아짐.
성장 중심 경제정책	실질적 생산 행위를 하는 기업, 특히 경쟁력 높은 대기업 위주의 수출 지원 정책으로 사람들이 나눌 파이를 키워냄.

주식회사 형태의 기업조직	다수 주식을 보유한 주요 의사결정권자의 판단에 따라 기업의 경영 전략이 결정됨. 예측 가능하고 안정적인 기업 운영 가능.
주류 미디어	대형 신문사, 방송사에서 편집자의 권한으로 대중에게 필요한 정보를 가공해서 송출함. 불필요한 논쟁을 예방하고 사회에 필요한 어젠다 세팅이 수월.
보수적 능력 중심주의	자원 분배는 보다 양질의 결과물을 산출할 수 있는 자에게 집중시키고, 능력에 따른 차등적 권한 부여.
정시 및 대학수능 시험 위주 입시제도	중앙 정부가 총괄하는 표준화된 시험을 통해 인재의 역량을 수량화하여 평가의 신뢰성 및 공정성을 기함.
남성 중심의 가부장제	아버지, 맏아들에게 가문의 재산 및 주요 권한을 집중하여 가문의 최대 역량을 도모함.
다수자 우선주의	최대 다수의 최대 편익 원칙에 의거하여 효과적인 자원 활용을 꾀함. 그 과정에서 발생하는 부득이한 소수자의 희생은 감내해야 함.
집중과 선택	될성부른 떡잎에 자원을 집중하여 최대의 효과를 기대함. 그 반대급부로 자원을 받지 못할 곳에는 최소한의, 때론 최저 기준 이하의 자원을 분배함.
극복적 자연관	자연환경을 극복해야 할 대상으로 인식하고 인간의 과학 기술로 개척하여 풍요로운 환경을 구축하려는 인간 중심 세계관.
화자, 주인공 중심	이야기를 만들어내는 텔러의 관점으로 세상을 정의함. 주인공을 중심으로 글의 주제를 전달.
구조주의 (structuralism)	상위 기획에 의해 구조가 설계되고 사물들은 그 체계 내에서 의미가 규정됨. 전체 안에서 관계하는 부분들의 연관성에 주목함.
중앙 서버 기반 인터넷 서비스 (web 2.0)	인터넷 웹사이트를 구성하는 프로그램 및 데이터는 중앙 서버에 위치하고 있으며, 사이트 관리자는 해당 사이트의 형태 및 자료에 대한 전적인 통제 권한을 갖고 있음.

〈 탈중앙화의 원리와 밀접한 사상 및 제도들 〉

헤테라키 (heterarchy)	수직 피라미드적 위계가 존재하지 않는 수평적 네트워크 조직. 역할에 따라 임시적 상하 관계를 맺음으로써 권력 집중의 폐해를 보완.
다품종 소량생산 경제	소비자의 다양한 요구에 맞춘 여러 버전의 제품을 적은 수량으로 생산함. 소비자는 보다 자기 맞춤의 상품을 취할 수 있음.
지역 시장	특정 지역에서 생산되는 상품이 해당 지역 내에서 소비되는 지역 완결적 시장. 대외 의존도가 낮아 정치적으로 자유롭고 외부 시장 변화에 상대적으로 영향을 덜 받음.
지방자치제도	지역에서 발생한 안건을 지역 내 법규와 조례로 의사 결정함. 지방 특색에 적합한 제도를 운영할 수 있음.
지역 균형 발전	특정 대도시의 발전 고도화는 지방 인재의 흡수 현상으로 대도시 외 지역의 발전에 부정적인 영향을 끼침. 이를 보완하기 위한 방안으로 지역 경제 발전에 투자.
분배(복지) 중심 경제정책	성장 중심의 경제 정책은 대기업 위주, 경쟁력을 지닌 인재의 부익부 빈익빈 현상을 가속화하여 부의 세습, 자본력에 의한 기회의 편차를 일으킴. 이에 복지(분배 정책)를 통해 기회균등의 기반을 마련.
협동조합 형태의 기업조직	일정 자격 조건을 지닌 조합원은 출자금액에 관계없이 일인 일표의 의결권을 지님. 특정인의 독점된 이익이 아닌 조합의 목적에 충실한 조직 운영 가능.
소셜 미디어	유튜브, 페이스북, 트위터 같은 소셜 네트워크 플랫폼을 통해 개인들의 다양한 의견이 대중 여론화됨. 주류 미디어에 의해 묵인된 이슈들이 다루어짐.
진보적 PC주의	모든 사람은 그의 인종, 성별, 국적, 나이, 직업, 성 정체성 등에 의해 차별받지 아니하여야 함. 사회적 소수자에게 그 어떤 불이익이나 불쾌감을 줄 수 있는 언행을 주의해야 함.
수시 및 학생부 종합전형 위주 입시제도	각 대학들은 그들의 철학 및 인재상에 맞는 학생을 선발할 수 있으며, 이는 학생의 교과 외 활동을 통해 진정성 및 역량을 파악하여 선발함.

양성평등의 페미니즘	남자와 여자는 생물학적 차이만 있을 뿐, 사회적 권리와 의무는 동등하게 부여되어 모든 사람이 성별에 관계없이 자신의 역량을 발휘할 기회를 가질 수 있어야 함.
소수자 인권운동	다수 편익의 원칙으로 손해 보는 소수자는 없어야 함. 가장 불리한 입장의 사람에게도 이익이 되는 사회경제적 불평등만 허용될 수 있음.
다양성과 배려	모든 사람이 고유한 역량을 발견하고 발휘할 수 있도록 배려를 통한 균등한 지원을 해야 함. 이는 사회적 다양성으로 이어져 사회의 변화 유연성을 담보함.
생태적 자연관	자연은 인간 사회를 품은 거대한 생태계로서 인간은 그 안에서 조화로운 행동을 통해 지속 가능한 환경을 유지하려는 생태중심 세계관.
청자, 주변인 중심	이야기를 듣는 리스너의 관점으로 세상을 정의함. 수많은 청자는 자신만의 시각으로 스토리를 해석하므로 글의 주제를 한 가지 답으로 정의할 수 없음.
조립주의 (compositionism)	구조주의의 보편적 원리를 부정하고 개별 사물들의 우발적 질서가 세계를 구성함. 부분들의 관계의 결과로써 전체를 정의할 수 있음.
분산 데이터 기반 인터넷 서비스 (web 3.0)	인터넷 웹사이트를 구성하는 프로그램 및 데이터는 분산된 저장소에 나뉘어 있으며, 각 소마다 개별 관리자가 있지만 해당 프로그램 및 데이터를 통제하기 위해서는 다른 관리자들의 동의를 얻어야 함. ex) 블록체인

04
현실의 혼돈 속으로

영역별 선호를 구분하고 그것이 중앙화와 탈중앙화, 즉 모더니즘과 포스트모더니즘의 어느 한 개념으로 치환됨을 살폈습니다. 중앙화는 통제, 효율, 자원 및 권한의 집중과 관련되어 있고 탈중앙화는 자율, 균형, 자원 및 권한의 분산에 가까웠습니다. 이것이 감정적인 좋고 싫음뿐만 아니라 각자 나름의 타당성이 있음을 파악했습니다. 무질서한 혼란이 우려되는 영역에선 중앙화의 가치를, 지나친 집중에 의한 경직과 권한 남용이 우려될 때에는 탈중앙화의 가치를 추구하고 있었습니다. 이제 조금 높아진 시야를 통해 현실의 혼돈 속으로 들어가보지요.

현대 사회의 개인은 다양한 역할을 수행합니다. 가족 구성원, 친인척 가운데 일원, 회사 직원, 직능 단체의 회원, 민주사회 시민, 국가에 속한 국민으로 여러 역할을 담당하고 관련 주제마다 자신의 입장을 결정합니다. 그러다 보면 어떤 영역에서는 중앙화의 가치를, 어떤 영역에서는 탈중앙화의 가치를 지지하게 되는데 그건 각 영역의 성숙도를 달리 판단하는 까닭입니다. 예를 들어 대학 입시에서는 중앙화의 정시 중심을 지지하지만 학교 운영에는 탈중앙화의 학부모 참여형 제도[11]를 바람직하게 생각하는 것인데, 수시 중심 입시는 부유층에게 유리한 제도이므로 자율에 맡겨서는 공정하지 않다 생각하고 학교 운영에 대해서는 소수 관계자에게 권한을 집중하면 방만한 경영으로 이어질 위험이 있다는 논리입니다.

둘 다 타당한 말이지만 그 반대편의 논리도 틀리지는 않습니다. 정시 중심 입시는 획일화된 줄 세우기로 암기형 인재를 양산하므로 대학 자율의 수시가 바람직하며, 여러 사람이 학교 운영에 참여하면 철학 없는 유행 좇기로 변질되고 교사들의 과도한 서류 업무로 수업의 질이 떨어지므로 전문가에게 맡겨야 한다는 주장입니다. 이 역시 맞는 말이며 단지 해당 영역의 성숙도를 어떻게 평가하느냐가 다를 뿐입니다. 구성원들이 미숙하고 자기 이익만 우선한다 생각하면 중앙화의 논리를, 성숙하고 공의에 따른다 생각하면 탈중앙화의 논리를 지지합니다.

이렇게 보면 여러 사회 갈등들이 이성적으로 타협될 수 있을 것 같지만 진짜 문제는 사람들이 스스로를 돌아보지 않으며 지나치게 이기적이라는 데 있습니다. 이 책을 접한 우리는 방금 막 거칠게나마 공동의 지도를 스케치하고 좌우 관점을 정리해보았습니다만 대부분은 이런 사유의 시간을 가져보지 못한 경우가 많습니다. 중앙화와 탈중앙화의 가치를 비교하기에 앞서 둘 사이의 개연성 인식조차 부족하고요. 게다가 자신에게 유리한 쪽으로 기울어 자신에게 통제권이 있으면 중앙화를, 통제권이 없으면 탈중앙화를 주장합니다. 우리 편이 하는 일에는 중앙화가 바람직하

---

11 국내에서는 학교운영위원회라는 명칭으로 교사, 학부모, 지역인사로 구성된 협의체가 학교 예산, 선택교과, 특별활동 선정 및 급식 운영 등과 같은 학교 운영 사항을 심사하고 자문합니다.

고 상대편이 하는 일에는 탈중앙화를 해야 한다는 거죠. 집안에선 꼰대 마초인 사람이 밖에 나가선 소수자 인권운동에 앞장서면서 정작 자신이 세상 정의롭다고 자부하는 우스운 광경입니다. 이렇게 모더니즘과 포스트모더니즘의 충돌 이전에 한 사람, 한 사람의 겉과 속이 다르니 세상이 혼란할 수밖에 없습니다.

사람들이 모인 집단은 더 가관입니다. 진보적인 생태 사회를 지향한다는 정당이 당내 성추행 사건을 유야무야 묻어버리고, 노동자를 위한다는 정당이 비정규직과 정규직의 다툼은 나 몰라라 합니다. 대외적으로는 탈중앙의 정책을 지향하면서 본인들이 불리한 사안에는 중앙의 논리를 내세우는 행태입니다. 이럴 때는 차라리 부도덕한 짓으로 지탄받아온 수구 보수 정당이 정직해 보일 지경입니다. 적어도 그들은 본인이 정의롭다 주장하진 않으니까요. 이마저도 과거 이야기고 지금은 대다수 정당들이 정치 철학은 내팽개친 채 눈앞의 이익을 좇아 손바닥 뒤집듯 입장을 달리합니다.

특히 모두가 고유의 의미를 지녔다는 전제하에 무엇도 우열을 가릴 수 없다는 포스트모더니즘의 상대주의 특성은 혼란을 가중시키는 주범입니다. 이는 기존의 모더니즘 질서인 가부장적 가족 문화, 대기업 중심의 시장 질서, 엘리트주의에 입각한 대학 서열화 같은 것들을 전복하고자 하는데, 아이러니한 건 포스트모더니스트들이 자기 주장을 펼칠 수 있게 된 바탕은 모더니즘 질서가 이룩한 풍요로운 경제 덕이었다는 점입니다. 산업화에 실패해 근근이 먹고사는 나라에서는 어림도 없을 주장을

당당히 제기하면서 산업화의 모더니즘 질서를 만악의 근원으로 낙인찍고 절멸시키려는 거죠.[12]

이들이 지향하는 사회는 나도 옳고 너도 옳은 극단적인 수평 세계입니다. 현실은 결코 그럴 수 없는데 말이지요. 게다가 자신의 주장과 다르게 '모든 것에 우열을 두지 않는 자신의 사상이 가장 세련된 것이며, 모더니즘 질서에 가까운 기존의 관습들은 적폐이고 개선되어야 한다.'는 자가당착에 빠져 있습니다. 모든 대상의 상대적 가치를 존중하지만 모더니즘 질서만은 예외인 거죠. 모더니즘 질서를 비판하면서 그 위에 군림하고자 모더니즘적 행태를 취하는, 다시 말해 포스트모더니즘의 외양을 취했지만 모더니즘의 방식으로 모더니즘 권력을 빼앗아오려는 이중적 모습입니다.

다수 질서를 악으로 규정하고 악을 물리치기 위한 나의 비판을 정의로움으로 포장하는 것도 극렬 포스트모더니스트들의 특징입니다. 반면 나에 대한 비판은 약자를 향한 강자의 공격, 부당한 힘의 횡포라 생각하지요. 그러다 보니 힘 약한 피해자로서 역경을 딛고 일어나 세상을 변혁하려는 자신이야말로 깨어 있는 시민이라 여기게 되는데 이는 두 가지 왜곡된 사상으로 이어집니다. 도덕적 우위에 있는 나의 주장은 틀릴 리

---

12 물론 그들의 주장이 틀리지는 않습니다. 분명 가부장제, 대기업 중심 시장 질서, 서열화된 대학 학벌 등이 사회에 끼치는 악영향이 많고 개선해야 할 과제임은 맞지만, 그것의 공과를 균형 있게 살피지 않고 그 모두를 절대 악으로 규정하고 공격하는 행태를 비판하는 것입니다.

없다는 자기 무오류설, 피해자인 나는 남보다 나은 사회적 혜택을 받아야 결과적으로 공평하다는 비대칭적 보상 심리입니다. 포스트모더니즘의 색채를 띤 대부분의 운동가들이 빠져 있는 자가당착의 모순입니다.

포스트모더니스트들의 과도한 질서 해체와 그 과정에서 얻어가는 자기 본위의 보상은 이를 지켜보는 다른 사회 구성원들에게 새로운 불공정을 느끼게 합니다. 그렇게 되면 너도 나도 피해자가 되어 감성에 호소해 이익을 챙기는 전략이 횡행하는데, 여기서 한층 더 발전한 패션 좌파, 진보 엘리트는 먹이사슬의 최정점에 올라 사람들을 쥐락펴락합니다. 사회 정의를 트레이드마크 삼아 명성을 높이고 경제적 이익을 취하면서 보이지 않는 곳에서는 불공정을 자행하여 이중 수입을 거두는 거죠. 이런 행각들에 대한 의혹이 제기될 때마다 사람들은 진실과 믿음에 혼란을 느끼고 무엇이 옳고 그른지 다투게 되는데 이러한 그릇된 지식인들의 행태는 사회 전반에 끼치는 가장 큰 해악입니다.

게다가 이 혼란은 정치, 사회 영역을 넘어 기술, 산업, 경제에서도 기존의 관념을 벗어나고 있습니다. 정치 논리는 투표로 뒤집을 수 있지만 자본 논리는 세상이 뒤집어져야 변화하는 까닭에 기술, 산업, 경제 분야에서의 어지러움을 정돈하는 것이 어쩌면 우리가 해결해야 할 실질적인 과제일지도 모릅니다. 자본주의의 첨단으로 꼽히는 아마존의 경제 생태계가 자본주의 반대편에 있던 공산주의의 이상향을 어떻게 실현하고 있는지 살펴보도록 하겠습니다.

우리는 아침에 주문한 도서를 저녁에 받아보고 저녁에 구매한 식재료를 다음 날 새벽에 수령하는 당일, 익일 택배가 익숙합니다. 그리고 이를 구현하는 데에는 막대한 자본과 노동이 필요하지요. 전국의 수많은 주문들을 이천, 군포, 옥천 같은 물류허브에 모으고 새벽까지 지역 인근의 센터로 옮긴 뒤 이른 아침 택배 기사를 통해 문 앞에 배달되는 과정이 길어야 이틀, 보통은 하루 내에 이뤄집니다. 거미줄 같은 교통망을 갖추고 아파트형 밀집 주거구역이 많은 한국이기에 가능한 일입니다.

한국에 비해 98배나 넓은 미국은 어떠할까요? 뉴욕에서 로스앤젤레스까지 6,000km, 자동차로 24시간을 꼬박 달려도 3일 가까이 걸리는 곳에서 당일, 익일 택배는 상상하기 어렵습니다. 비행기를 이용할 수 있겠지만 몇 달러짜리 티셔츠를 사려고 십수 달러의 항공료를 지불하기는 아깝습니다. 하지만 아마존은 2019년 초 미국 인구의 72%에게 당일, 익일 배송이 가능하다고 선언하였습니다. 그런 일이 어떻게 가능했을까요?

비법은 고도로 정교화된 SCM(supply chain management)에 있었습니다. 주문 즉시 상품을 인수해 구매자에게 인계하는 방식을 뛰어넘어 '누가, 언제, 어떤 상품을 주문할지'를 예측해 인근 지역에 필요한 상품을 미리 갖다 놓는 물류 시스템입니다. 빅데이터, 인공지능을 활용한 소비패턴 분석으로 특정 지역의 상품 수요를 예측하여 물류 이송을 최소화한 방법이었지요. 아마존은 소비자 만족도를 높이면서 물류 비용도 줄임으로써 두 마리 토끼를 잡았습니다.

이 물류 네트워크에 아마존의 자체 생산 상품을 얹으면 제조부터 판매, 배송까지 아우르는 전천후 경제 생태계가 완성됩니다. 사람들이 필요로 하는 상품을 사전에 예측하고 준비하는 개념인 건데 이는 공산주의 계획경제의 이상이었습니다. 자본주의 기업의 첨단 기술이 공산주의의 사회 모델을 실현한 것이지요. 물론 아마존 시스템과 공산주의 계획경제의 실행 방식은 전혀 다릅니다. 구소련의 모델은 정치 엘리트들이 책상머리에서 정치적 의도에 따라 수요를 예측하는 하향식 체계인 반면, 아마존 시스템은 기업가의 이익을 최대화하기 위해 소비자 구매패턴을 분석하여 수요를 예측하는 상향식 체계입니다. 그러나 겉으로 드러난 모습, 소비자 혹은 국민의 수요를 예측해 필요한 물건을 만들어 분배하는 개념은 쌍둥이처럼 닮아 있습니다. 전자는 국력 증강을 위해, 후자는 기업 이익을 위해 극도의 효율을 꾀한 결과인 거죠.

이렇게 민주주의와 사회주의, 개인과 집단, 좌와 우, 진보와 보수로 나누었던 이분법적 경계가 희미해지고 있습니다. 진보가 보수의 주장을 인용하고, 보수가 진보의 가치를 대변하는 혼란은 일부 영역에서 벌어지는 특별한 사건이 아닙니다. 이제 세상의 복잡도는 좌파, 우파 같은 기존 사상으로 설명할 수 없는 단계에 이르렀습니다. 세계 경제가 당면한 성장의 한계 문제에 관해서도 양쪽 모두 명쾌한 비전을 제시하지 못하는 이유입니다. 양쪽 주장 어느 하나에만 편을 들면 현실 문제는 더 꼬여버리는 경우가 태반이거든요.

중지를 모아 고민하여도 풀기 어려운 난제가 산적한 상황 앞에 현실의 정치는 자신만의 옳음을 강변하는 세력 몰이에 급급합니다. 초가삼간 홀랑 불타고 있는데 빈대 죽는 것에만 속 시원해하는 꼴입니다. 게다가 사회에 만연한 물질 만능주의, 자기 잇속만 챙기는 겉과 속이 다른 사람들의 만행은 사회를 지탱하는 철학적 토대를 증발시켰습니다. 한 치 앞이 보이지 않는 백척간두의 시대를 살아가는 보통 사람들에게는 울화통이 터질 노릇입니다.

05
한 차원 높은 시선에서

중앙화 대 탈중앙화, 모더니즘 대 포스트모더니즘은 서로 공존할 수 없는 대립쌍 같아 보입니다. 중앙행정 국가와 지방자치제도처럼 어느 한쪽에 권한을 주면 다른 한쪽의 권한이 줄어드는 트레이드오프(trade-off) 관계에 있기 때문입니다. 그러다 보니 양측은 상대적으로 유리한 고지를 차지하기 위한 기싸움을 합니다. 너의 이득은 나의 손해, 나의 불이익은 너의 이익이란 관점입니다. 언제까지 이런 소모적인 힘겨루기가 계속될까요? 한 차원 높은 시선에서 세상을 봐야 할 때입니다.

모더니즘의 대안으로 등장한 포스트모더니즘은 20세기 중반의 현실 사회를 비판하며 시작되었습니다. 제2차 세계대전의 참상을 겪었음에도 세계 곳곳은 크고 작은 전쟁이 끊이질 않았으며 미국과 소련이 벌인 상호 확증 파괴의 공포[13]는 사람들에게 기성 질서에 의문을 품게 하였습니다. 이는 사랑과 평화로서 약자를 보듬고 피폐해진 세계를 치유하려는 히피 세대를 탄생시켰고, 1969년 미국 우드스톡 페스티벌[14]을 통해 전세계에 히피 사상이 퍼져나갔습니다. 시대 변화를 포착한 문학가, 예술

---

13 제2차 세계대전 이후 전 세계가 자본주의 진영과 공산주의 진영으로 대립하면서 어느 날 갑자기 대규모 핵전쟁이 일어나 인류가 멸망할 수도 있다는 두려움이 팽배했습니다.

가들은 이들의 저항 정신과 다원성 원리에 주목하였고 1979년 철학자 장프랑수아 리오타르는 이 새로운 문화 조류를 포스트모더니즘이라고 정의하였습니다.

모더니즘의 등장도 사뭇 비슷했습니다. 자연과학에 대한 이해가 부족했던 17세기 이전에는 대부분의 산업이 농업 및 수공업에 머물러 있었습니다. 정치는 국왕과 엘리트 귀족, 종교 지도자 같은 일부 특권층이 독점했으며 왕권신수설[15], 종교적 신비주의를 굳게 신봉하였지요. 농사의 작황과 사람의 생사는 신의 뜻에 달려 있었으므로 신(god)에게 복종하는 삶이 진리로 통용되었습니다. 그러던 중 17세기에서 19세기에 걸친 영국의 명예혁명, 산업혁명, 프랑스 시민혁명은 사람들의 관점을 완전히 뒤바꾸어놓았습니다. 신성한 왕의 권력이 귀족 이하 시민들에게 분배되고, 자연을 극복해 풍요로운 경제를 견인했으며, 선민적 계급 질서가 평등한 시민 사회로 재편되었죠. 태어난 혈통에 속박되지 않고 후천적 노력으로 돈을 벌어 사회적 지위를 높인 신인류의 탄생, 그들의 위대한 힘은 모더니즘 사상의 기초가 되었습니다. 그리고 이 사상 조류는 국가 사회를 발전시켜 해가 지지 않는 대영제국, 프랑스의 벨 에포크(Belle Époque), 철혈재상 비스마르크의 독일 제국 통일, 메이지 유신을 통한 일본 근대화의

---

14 반전, 자유, 사랑, 평화를 주제로 1969년 8월 15일 뉴욕 베델 평원에서 시작된 대규모 록 페스티벌. 기성세대의 모더니즘적 질서에 저항하는 젊은 청년들과 게이, 노숙자, 히피 같은 사회적 소수자들이 대거 참여하면서 큰 성공을 거두었습니다.

15 국왕의 통치권은 신이 내려준 신성한 권한이므로 모든 국민은 그에 절대복종하고 따라야 한다는 이론.

근간이 되었습니다.

이 과정은 포스트모더니즘 이전의 모더니즘, 모더니즘 이전의 자연 종교적 세계관으로 정리됩니다. 뒤집어보면 자연 종교적 세계관이 모더니즘 세계관으로 대체되었고 모더니즘에 대한 반발로 포스트모더니즘이 등장하였습니다. 일차원적 관점은 이것을 '자연 종교적 세계관 대 모더니즘의 세계관', '모더니즘 대 포스트모더니즘' 같은 평면적 대립으로 바라봅니다. 늘 반복되던 주류 세력과 그에 대항하는 신진 세력의 다툼의 연속인 거죠. 한 차원 높은 시선에서는 이를 연속적 발달 과정 속 시대의 전환으로 이해합니다. 긴 안목에서 인류의 여행길을 상정하고 필히 거쳐 가야 하는 정류장으로 시선을 확장하는 것입니다. 모더니즘도 포스트모더니즘도, 심지어 모더니즘 이전의 자연 종교적 세계관도 각자의 장점과 시대적 기여를 하였고 그 토대 위에 다음의 시대가 존재하였습니다. 물론 각각의 한계가 분명했기에 새로운 세계관이 등장하였지만 어디까지나 이전 시대의 질서를 보완하는 진화였지 과거와의 완전한 단절은 아니었습니다. 때론 상대에 대한 철저한 절멸을 부르짖기도 했지만 그 결과는 역사의 반동, 과거로의 회귀 같은 부정적인 결말이었습니다.

이것이 전근대와 근대의 관습, 현대의 제도와 문화가 뒤얽힌 잡종 사회의 혼란을 정돈할 실마리입니다. 좁은 시야에서 누가 옳으냐에 함몰되지 않고 넓은 지평으로 그 다음을 통찰하는 것입니다. 전근대적 자연주의 사상과 근대 모더니즘 사이의 대립에서 벗어나 포스트모더니즘이 등장한 것처럼, 모더니즘과 포스트모더니즘을 아우를 상위의 세계관을 탐구하는 일입니다. 이를 위해 공동의 지도를 펼치는 과업이 선행되어야 합니다. 영역의 성숙도에 따라 중앙화와 탈중앙화의 적합성을 판단하는 것처럼 특정 사안에 대해 전근대와 근대적 관습, 현대적 문화 중 무엇이 더 옳은지 판단하는 거죠. 현대 문화가 더 세련되고 지향해야 할 목표임은 분명하지만 상황에 따라서는 근대적 또는 전근대적인 관습을 취해야 할 때도 있습니다. 과거의 오래된 사상을 타파해야 할 적폐로 내몰지 않고 끌어당겨줄 개선의 대상으로 바라보는 열린 태도가 이를 뒷받침할 것입니다.

06
다시, 자연으로

1517년 10월, 독일의 성직자 마르틴 루터는 인간의 죄를 사면하는 증표인 면죄부를 팔던 로마 교황청을 반박한 95개 조항의 선언문을 비텐베르크 교회 정문 앞에 붙였습니다. 당시 교황청은 '모든 죽은 자는 하나님의 큰 심판을 받기 전 소소한 잔죄를 치르는 연옥을 통과해야 한다. 그리고 이 기간은 수십 년 혹은 수백 년일 수도 있다. 면죄부를 사면 하나님의 말씀을 전파하는 로마 가톨릭에 기여한 것이므로 연옥을 건너뛰고 바로 하나님 앞에 갈 수 있다.'는 논리로 돈을 받고 면죄부를 팔았습니다. 사람은 누구나 살면서 사소한 죄들을 짓습니다. 가끔은 직장에서 게으름을 피우고, 어려운 이웃을 도울 수 있으면서 모르는 척 눈감아버리기도 합니다. 잘 나가는 친구를 질투하고 인적 없는 횡단보도에선 빨간불을 무시한 채 건널 때도 있습니다. 그런데 하나님은 이런 사소한 죄까지 모두 알고 그 대가를 연옥에서 치러야 한다니 얼마나 무서운 이야기였을까요? 중세 유럽인들은 나 또는 죽은 가족을 위해 힘들게 모은 돈을 면죄부 구입에 사용하였습니다. 그럼에도 대다수의 가난한 평민들은 면죄부를 사지 못해 연옥의 공포에 떨며 자신의 못남을 탓할 뿐이었습니다.

마르틴 루터는 95개 조항 선언문을 통해 다음의 주장을 펼쳤습니다. '하나님은 벌은 하나님의 기준으로 주어지는 것이다. 교황이 정한 교회

법을 지키지 않는다 하여 연옥의 죄를 짓는 건 아니다. 누구든 자기 자리에서 신실하게 하나님을 섬기는 것이야말로 진정한 신앙의 길이다. 인간이 만든 교회법을 어겨 연옥에 빠지거나 교황의 면죄부로 죄를 면한다는 로마 가톨릭의 논리는 신성을 모독하는 행위다.'라는 것이었습니다. 요약하면 신의 대리인인 교황이 신의 권능을 흉내 내는 건 이치에 어긋나므로 로마 가톨릭에 의지하지 말고 직접 주님을 섬기며 구원을 받으라는 탈중앙 사상의 정립이었습니다. 중앙화된 시스템의 혜택을 독식하던 로마 교황청의 입장에선 천인공노할 노릇이었지요. 교황 레오 10세는 그의 행동에 괘씸죄를 물어 성직에서 파문[16]시켜버렸지만 루터의 새로운 성서 해석은 가톨릭의 핍박에 힘겨워하던 독일 민중에게 열렬한 지지를 받았고 종교 개혁의 불씨가 되어 프로테스탄트 신교 탄생으로 이어졌습니다. 근대 유럽의 시작을 알리는 신호탄이었습니다.

---

16 당시 로마 교황청은 유럽 최고의 권력 기관이었습니다. 그런 곳에서 성직자의 자격을 박탈당했다는 건 사회적 사망 선고에 다름없었습니다.

17 공자의 유교사상은 주역의 원리를 인간 사회의 것으로 치환하여 각 신분 계급이 마땅히 해야 할 의무를 통해 황제, 제후, 신하로 이어지는 국가 질서의 기틀을 세웠습니다.

18 예수의 유일신 사상은 다신론 사상에 기초한 로마 공화정의 정치적 혼란을 종식시키는 데 큰 영향을 미쳤습니다. 콘스탄티누스의 313년 밀라노 칙령은 기독교 박해를 금지하였고, 테오도시우스는 380년 기독교를 국교로 선포하여 황제의 유일한 지위를 유일신의 그것으로 받아들이도록 하는 데 활용하였습니다.

19 구 가톨릭에서 독립해 나온 개신교도들은 신은 전지전능하기에 누가 구원을 받을지 이미 알고 있다는 예정설을 주장했고 루터와 동시대에 살았던 칼뱅은 그 대표적인 인물이었습니다. 인간들은 누가 구원받을 자인지를 알 수 없고 현실의 삶에서 간접적으로 유추할 수 있었으므로 이는 곧 대중들로 하여금 성실과 검소, 부의 축적 같은 근대적 삶의 태도를 갖게 하는 데 큰 영향을 주었습니다.

역사적으로 한 사회가 부패와 왜곡으로 민중의 신뢰를 잃었을 때 새로운 철학을 제시한 사람들이 등장했습니다. 공자[17], 예수[18], 루터, 칼뱅[19], 데카르트[20], 루소[21], 애덤 스미스[22] 같은 위인들은 기존 상식을 근본부터 재해석하여 시대의 도약을 이끌었습니다. 사람들이 너무나 당연시하던, 그래서 생각지도 못한 질문을 던지고 통념을 뛰어넘는 답으로 세상의 틀을 바꾸었습니다.[23] 이는 시대적 한계를 뿌리부터 갈아엎고 새로운 싹을 틔워내며 찬란한 인류 문명을 이어간 위대한 전환이었습니다. 우리가 딛고 있는 오늘은 이런 역사적 사건, 생각의 전환이 빚어낸 도약의 유산입니다. 많은 현자들은 세상의 근본 원리에 다시 질문하고 답을 함으로써 당면한 시대의 위기를 돌파했습니다. 지금의 혼란도 다를 바 없습니다.

---

20 데카르트의 '나는 생각한다. 고로 존재한다'는 유명한 명제는 '스스로 생각하는 인간'이라는 자연(종교)으로부터 종속되지 않은, 독립된 근대적 인간관을 형성하는 데 중요한 근거가 되었습니다.

21 루소의 사회계약론은 당시 신이 정해준 인간의 사회적 역할에 대한 관념을 대체하여 왕과 신하, 국가와 국민은 보다 나은 삶을 위한 사회적 계약의 관계임을 역설했습니다. 이를 통해 국민주권과 혁명의 권리를 정당화함으로써 이후 프랑스 혁명의 사상 기반이 되었습니다.

22 애덤 스미스는 국부론을 통해 국가의 부는 왕이나 국가의 통제로 증진되는 것이 아니라 각 경제 주체의 이기적 필요가 교환됨으로써 증폭된다는 생각의 전환을 하였습니다. 이는 국가 경제 정책의 탈중앙적 전환으로서 초기 자본주의 시장의 형성에 중요한 역할을 하였습니다.

23 하지만 그들의 사상은 현실에 오롯이 구현되지 못하고 왜곡되거나 취사선택됨으로써 세상에 끼친 해악이 적지 않았습니다. 당시 권력자의 그릇된 의도와 대중들의 의식 수준의 한계 때문이었지요. 높은 시야의 해석에서는 보다 섬세한 관점으로 사상의 순수한 이치와 그것이 구현된 현실을 구분하여, 이(利)를 취하고 실(失)을 버리는 현명함이 필요합니다.

언젠가는 다음의 퀀텀 점프가 등장하여 새로운 흐름을 창조하고 미래 시대의 문을 열어젖힐 것입니다. 인류 진화를 도모할 근원적인 생각의 전환, 어디에서 어떻게 찾아낼 수 있을까요?

답은 현실 세계에 있습니다. 정확하게는 인간이 만들어낸 인위법이 아닌 자연, 즉 우주의 운행 원리를 재해석하는 것입니다. 자연은 변함없이 그대로 존재합니다. 천만년 전 지구와 지금의 지구는 여전히 생명을 품은 어머니 행성이며, 10억 년 전 우주와 지금의 우주는 다름없이 별들로 수 놓인 광활한 공간입니다. 달라진 게 있다면 지구를 또 우주를 바라보는 인간의 지식과 시야입니다. 아이의 키가 자라면서 때에 맞는 옷을 갈아입듯이, 인류 역시 기술이 발달하고 지평이 넓어질수록 그에 걸맞는 세계관과 제도를 도입하여 새로운 시대를 맞이했습니다. 매 성장의 시기마다 그에 맞는 철학을 새로이 세우는 일은 우주가 우리에게 부여한 과제이고 숙명입니다.

인류가 답보한 가장 첨단의 지식과 지혜로 이 우주를 다시 살펴보는 것에서 시작해야 합니다. 당연히 받아들여온 현상에 '왜?'라는 질문을 던져 우리의 통념을 깨는 행위에서 새 시대의 기틀을 마련할 수 있습니다. 아울러 이는 보다 나은 길로 가기 위한 방편입니다. 우주의 물리 법칙 위에 생명이 탄생했고 영장류가 등장했으며 사회가 구성되었기에 근본 법칙에 위배된 규칙의 사회는 지속 가능할 수 없기 때문입니다.

우주와 사회와 인간에 관한 이야기, 지금까지 인류가 밝혀낸 가장 높은 시선을 통해 살펴보도록 하겠습니다.

우주 :
자연의 진화 법칙

07
왜 우주를 사유하는가

수십억 인류와 수천억 동식물이 살아가는 드넓은 지구이지만 우주의 스케일에선 점보다도 못한 티끌에 불과합니다. 1초에 지구 7바퀴 반을 주파하는 빛조차 태양계를 가로지르는 데에는 4년, 우리은하를 횡단하는 데에는 10만 년이 걸리며 우주의 끝에 닿기 위해서는 138억 년의 시간이 소요됩니다. 그리고 그 광활한 공간 안에 지구의 모든 생명체를 합친 수보다 많은 별과 행성이 있습니다. 도시 밤하늘에 별빛 구경하기 어렵게 된 지 오래이지만 지금도 가로등 없는 시골 샛길에 들어서면 놀라울 정도로 많은 별이 떠 있고 그마저도 전체에 비하면 극히 일부에 불과합니다.

하늘 아래로 시선을 돌려볼까요. 우주 차원에서는 존재하지 않다시피 한 지구이지만 그 안에는 무수히 많은 생명들이 살아갑니다. 인간만 따져도 79억 명[24]에 달하고 각 개인은 어느 하나 똑같지 않습니다. 인간의 몸을 구성하는 60조 개의 세포와 그 안에 들어 있는 30억 개 DNA 염기쌍의 세포핵, 그 염기쌍의 사소한 차이가 사람들마다의 고유한 개성을 빚어냅니다. 인간뿐 아니라 학계에 보고된 약 150만 종의 지구 생명체와

---

24 UN 2022 Revision of World Population Prospects 기준

아직 미발견된 1,000~2,000만 종의 동식물들도 인간 못지않은 다양한 DNA 염기쌍을 갖고 저마다 다른 형질로 일생을 살아갑니다. 만약 지구 밖 미지의 외계 생물들도 이와 비슷하다면 우주 안 생명체 수는 얼마이고 어느 정도로 다채로우며 또 그 생명을 이루는 세포핵의 종류는 얼마나 많고 다양할지 상상이 되지 않습니다. 우주는 그야말로 무한의 거대함, 무한의 심연이 얽힌 인간 이성 밖의 영역입니다.

그럼에도 불구하고 우리가 우주를 사유해야 하는 이유는 분명합니다. 우주의 시작에서부터 태양, 지구, 생명, 인간의 탄생, 그리고 문명의 건설에까지 적용된 진화 법칙은 지금 이 순간에도 우리의 삶에 지대한 영향을 미치고 있기 때문입니다. 앞으로도 오래도록 심지어 인류가 멸종한 후에도 이 원리는 변하지 않을 것이기에 우리는 우주의 법칙을 탐구하여 인류가 당면한 문제의 답을 찾아내야 합니다. 그리고 그것으로 창조된 미래는 지금보다 더 나은 내일로서 자연에 거스르지 않는 지속 가능한 삶에 한층 가까운 모습일 것입니다.

무한의 거대함과 무한의 심연으로 뒤덮인 우주이지만 그 시작은 무(無)로부터 유(有)로의 작은 변화였습니다. 아무것도 없는 텅 빈 상태에서 무언가로 채워진 존재의 상태, 디지털 언어로 0과 1의 두 상태가 나누어지는 것으로 우주는 탄생하였습니다. 하지만 이 단순한 0과 1의 조합은 지금의 오만 가지 삼라만상을 구현하였습니다. 컴퓨터 프로그래밍을 통해 화려한 그래픽의 네트워크 게임이 구동되는 것처럼요. 롤플레잉 게임 참여자들은 실제와 흡사한 가상공간 안에 다른 유저와 협업하며 그들만의 새로운 세계를 창조합니다. 세계 위에 또 다른 세계, 이렇게 고작 0과 1의 조합으로 시작된 단순한 세계는 점차 쌓이고 쌓여 복잡해져 갑니다. 우주라고 별반 다르지 않습니다. 우주의 기상천외한 삼라만상은 있음과 없음의 간단한 이분법 조합에서 시작하였습니다.

인간의 인식 체계도 마찬가지입니다. 있음과 없음의 이분법은 이성 자각이 없는 태아 시절의 강력한 생존 본능입니다. 따뜻한 어머니 배 속에 있다가 느닷없이 접하는 차가운 바깥 세계의 공기는 비로소 나 아닌 외부의 무엇이 있음을 깨닫는 중대 사건입니다. 어머니의 가슴을 찾아 물고 젖을 빠는 행동은 '외부의 무엇 중 어머니의 존재'를 각인하는 순간 이지요. 그렇게 무엇이 있고 없고, 어떤 것이 따뜻하고 시원하며, 무슨 소리가 들리고 들리지 않는 이분법의 체계는 어린 아기가 기초적인 언어를 익히기 전까지 세상을 인식하는 생물학적 본능입니다.

이 본능은 성인이 되어서도 지속됩니다. 우리는 세상 대부분을 있음과 없음으로 양분하는 걸 편안해합니다. 중심과 주변, 시작과 끝, 부분과 전체처럼 말이지요. 남성과 여성, 빛과 그림자, 신과 악마, 선과 악, 하늘과 땅, 음과 양, 흑과 백 등 수많은 대상을 이분법으로 인식합니다. 하지만 이 강력한 본능은 양날의 검입니다. 세상을 쉽고 빠르게 이해하도록 돕는 대신 경계의 틀에 갇혀 시야가 좁아지는 벽이 돼버리기 일쑤거든요.

중심과 주변은 전체 중 어느 한 영역을 특정하는 방법입니다. 중심은 전체 중에서 가운데의 지점을, 주변은 중심부를 둘러싼 그 외 영역을 의미합니다. 하지만 중심과 주변의 절대적인 위치는 존재하지 않습니다. 넓이의 중심, 무게의 중심, 부피의 중심처럼 전제를 살짝만 달리해도 중심의 위치는 달라집니다. 남자와 여자는 어떨까요? 생물학적으로 남성과 여성이 존재하지만 세상에는 이런 이분법에 속하지 않는 양성 생명체도 존재합니다. 겉 형상은 남성이지만 성격이나 성적 취향 등의 정신 특성은 여성인 사람도 있습니다. 생물학적 남성과 여성, 정신 영역에서의 남성과 여성, 직업에서의 남성적 혹은 여성적 역할 등 남성과 여성의 이분법도 여러 차원으로 겹쳐집니다. 그리고 대부분의 사람들은 가장 강한 남성성과 가장 강한 여성성 사이의 연속 스펙트럼 중 어느 한 지점에 위치합니다. 파란색에서 빨간색으로 서서히 바뀌는 그러데이션의 세계입니다. 그런데 우리의 익숙한 이분법은 누군가를 남성 혹은 여성으로 손쉽게 규정하고 그 틀에서 상대를 판단합니다. 이 관점이 어떤 측면에선 편리하고 옳습니다. 그러나 한 차원 높은 시선에서는 달라야 합니다. 남성과 여성 개념 사이의 섬세한 디테일을 감지하면서 최종적으로 두 성별이 '사람'이라는 공통분모 위에 있음을 깨닫는 것입니다.

우주에 관한 바른 이해는 우리에게 익숙한 이분법을 숙달하면서 동시에 이분법을 초월하여 인식하는 것입니다. 효율적이지만 우리를 틀에 가두는 양날의 이분법을 필요에 따라 적용하고 적시에 뛰어넘는 탁월함은 어느 것에 치우치지 않는 균형의 지혜입니다. 본격적인 우주에 관한 이야기, 상식을 뛰어넘는 기묘한 우주의 실체를 탐색함으로써 우리의 탁월함을 한층 성장시켜봅시다.

핵심 메시지

우주의 진화 원리는 우리의 삶과 밀접히 연결됩니다. 기본 원리를 벗어난 이질적 질서는 여지없이 무너졌고 지금까지 인류는 수없는 시행착오를 겪으며 값비싼 대가를 치렀습니다. 우주가 어떻게 생겨나고 구성되었는지를 바로 아는 것은 보다 나은 삶을 만들어가기 위해 필히 해야 할 준비 운동입니다.

세상을 0과 1로 나누는 이분법은 매우 효과적인 분류 방식이면서 우리를 사고의 틀에 얽매는 강력한 족쇄입니다. 우주는 0과 1로 시작되었고 대부분의 대상을 0과 1의 이분법으로 나눌 수 있는 게 사실이지만, 우리가 접하는 세계는 0과 1의 조합으로 이루어진 총천연의 세상입니다. 우리는 0과 1로 구분할 수 있으면서 그 이상의 시야로 다양한 관점을 가져야 합니다.

심화 주제

사람들이 세상 대부분을 중심과 주변, 시작과 끝, 부분과 전체, 남자와 여자, 빛과 그림자 등 이분법적 사고로 바라보는 이유는 무엇일까요? 우리가 그렇게 바라보기 때문일까요, 아니면 우주가 이분 법칙에 맞게 구성되어 있기 때문일까요?

08
상식 밖의 우주

빅뱅이론에 따르면 우주는 138억 년 전 하나의 점이 폭발하며 생겨났습니다. 폭발 직후 10^{-32}초 사이, 빛보다 빠른 속도로 쿼크와 렙톤[25]이 팽창하고 1초 뒤 쿼크에서 양성자와 중성자가 만들어집니다. 이 시기는 우주의 물질들이 광자조차 가로막힐 정도로 조밀해서 깜깜하고 불투명한 플라즈마[26] 상태였습니다. 그 후 3분에 걸쳐 양성자와 중성자의 핵융합이 일어나며 가벼운 원자핵들이 생성되고 약 38만 년에 걸쳐 서서히 식어가며 원자핵과 전자가 결합한 최초의 원소가 탄생합니다. 이와 동시에 원자핵 덩어리에 갇혀있던 광자가 탈출해 우주 전체를 빛으로 채우는데, 이것이 인간이 관측할 수 있는 우주 최초의 빛인 우주배경복사[27]입니다.

---

25 지금까지 밝혀진 가장 작은 물질 구성단위. 쿼크는 양성자와 중성자의 구성단위이고 양성자와 중성자가 결합하여 원자핵이 됩니다. 원자핵과 전자가 합쳐져 원소가 되는데, 전자는 렙톤의 일종입니다.

26 물질은 담겨 있는 에너지 양에 따라 고체, 액체, 기체의 세 가지 상태를 취하게 되는데 기체 상태의 물질에 더 많은 에너지가 투입되면 원자핵과 전자의 연결고리가 끊어져 이온핵과 자유전자의 상태로 변화되고 이를 플라즈마 상태라고 합니다.

27 우주배경복사는 빅뱅이론을 뒷받침하는 강력한 증거 중의 하나로서 아직까지 그 흔적이 남아 있어 우주의 기원을 밝히는 데 연구되는 주제입니다. 1964년 벨 연구소의 윌슨과 펜지어스가 우연한 계기로 우주배경복사를 발견하였고 그 공로로 1978년 노벨 물리학상을 수상하였습니다.

그 후 우주는 원자핵과 전자의 결합으로 만들어진 중성 원소 구름이 새어나오는 빛들을 가두면서 급격히 어두워지고 온도가 내려갑니다. 중성 원소 구름 가스가 가득 찬 우주는 우리의 시각으로 텅 비어 있는 공간[28]이었지요. 이 암흑기는 약 3억 년 동안 지속되었습니다. 그러다가 미세한 중력 차이에 의해 중성 원소들이 서서히 집결하기 시작하고 중력 붕괴 지점에 도달하여 핵융합이 이뤄졌는데 우주 최초의 별(항성)이 탄생하는 순간이었습니다. 이후 우주는 138억 년에 걸쳐 계속 팽창하였고 무수히 많은 별들이 생멸하면서 우리가 볼 수 있는 밤하늘에 이르렀습니다.

조금 생소한 물리학 용어들이 등장했지만 우주 탄생의 표준 이론을 요약하면 어느 한 점이 138억 년 전 폭발한 뒤 팽창하고 별이 생겨나며 지금의 우주가 되었다는 겁니다. 그리고 인간의 시간으로 21세기, 태양계 세 번째 행성 지구에 등장한 현생 인류가 문명을 개척하고 우주의 비밀을 풀어가는 중이지요. 자 이제 상식 너머의 우주를 이해하기 위한 평소 생각해보지 못했을 낯선 두 가지 질문을 제시해보겠습니다.

• • •

질문 하나, 우주의 중심은 어디일까요?

질문 둘, 21세기 지구의 1초와 138억 년 전 우주 중심의 1초는 같은 1초일까요?

---

28 바람을 불어넣은 풍선을 이해하면 쉽습니다. 풍선 안은 텅 비어 있지만 실은 공기로 가득 찬 상태이지요.

우주의 중심은 어디일까?

우주에 대해 깊이 사색해본 경험이 없다면 대개 우주의 중심을 '동서남북 혹은 위아래 어딘가'라고 생각합니다. 지극히 인간 중심으로 사고하는 사람이라면 지구를 우주의 중심이라 할 테고, 지구과학 지식이 있다면 우리 은하의 가운데 혹은 수많은 별들로 둘러싸인 어느 특정 지점을 떠올릴 것입니다. 이런 대답은 자연스러운 결론인데 지구는 태양을 중심으로 공전하고 태양계는 우리 은하를 중심으로 공전하고 있으니 우주도 그러하리라는 생각입니다. 어느 한곳을 기준하여 중심과 주변을 나누는 보편적 사고방식인 거죠. 하지만 우주는 그렇지 않습니다. 우주는 모든 곳이 중심이면서 또 모든 곳이 주변입니다. 언뜻 이해하기 어렵습니다. 저 사과는 사과인데 또 사과가 아니라니요. 가벼운 사고 실험(thought experiment)을 통해 알아보도록 하지요.

주변에 아무 물건 두 개를 골라 테이블 양쪽에 놓습니다. 예를 들어 컵과 스마트폰을 30cm 간격으로 놓았다고 생각해보겠습니다 두 물체 사이의 중심을 짚어보라 하면 사람들은 그 중간의 15cm 지점을 가리킵니다. 우리에게 익숙한 공간 개념이자 우주 중심에 관한 질문을 오답으로 이끄는 이분법적 사고입니다. 컵과 스마트폰을 '존재하는 1', 그 사이 공간을 '비어 있는 0'으로 인식해 두 물체의 중간 지점을 중심으로 생각합니다.

우주는 끝의 경계가 없는 단일체입니다. 물론 우주 안에 수많은 항성, 행성, 가스 구름, 블랙홀 같은 개체들이 있지만 우주 전체에서는 그에 속한 부분일 따름입니다. 바다, 땅, 공기, 나무, 새, 사람 등 지구 안의 다양한 개체들이 지구라는 단어로 통칭되는 것과 같습니다. 산과 지구는 독립된 대상이 아니라 산이 지구에 속해 있는 부분인 거죠. 우주도 마찬가지여서 태양, 지구, 달 같은 물리적 개체와 진공, 암흑물질 같은 우리 눈에 관찰되지 않는 공간까지 모두 합쳐 우주라 일컫습니다.

이 관계를 컵과 스마트폰에 적용해봅시다. 컵과 스마트폰, 그 사이의 공간은 하나의 단일체입니다. 컵도 존재하는 1, 스마트폰도 존재하는 1, 두 물체 사이의 비어 있는 공간도 무엇으로 채워진 존재하는 1입니다. 이때 이 존재들이 절반으로 작아졌다 가정해봅니다. 컵, 스마트폰, 빈 공간이 똑같이 50%씩 줄어드는 겁니다. 그러면 스마트폰 화면은 절반으로 축소됩니다. 폰 안의 배터리, 회로 칩셋도 50%씩 작아지겠죠. 컵 또한 절반으로 작아지고 컵과 스마트폰의 거리도 15cm 가까워집니다. 이렇게 작아진 대상을 한번 더 절반으로 줄입니다. 다시 또 절반, 또 절반을 축소시키다 보면 점에 가까운 크기까지 줄어듭니다. 우주에 빗대자면 빅뱅이 시작된 한 점으로 되돌아간 것입니다. 이 한 점 상태에서 '두 물체 사이에 어디가 중심인지'를 물어보면 쉽게 답할 수 있습니다. 눈앞의 작은 점 하나가 컵과 스마트폰, 그 사이의 30cm 공간까지 아우른 중심이자 전체의 씨앗입니다.

이제 이 씨앗을 원래 크기로 키워봅니다. 두 배, 다시 두 배, 또다시 두 배를 키워 30cm 간격의 컵과 스마트폰으로 되돌렸습니다. 똑같은 질문을 해보지요. 두 물체 사이 어디가 중심일까요? 처음과는 다르게 섣불리 답하기 어렵습니다. 컵과 스마트폰 사이 15cm 지점을 지목하기엔 최초의 씨앗이 두 배, 다시 두 배, 그 이상 커지면서 중심 또한 함께 확장되었으니까요. 결국 컵도 중심이고 스마트폰도 중심이며 두 물체 사이 모든 공간이 중심인 하나의 단일체라는 결론으로 이어집니다.

지구에서 우주 팔방을 관측하면 모든 위치의 별들이 지구로부터 거의 똑같은 속도로 멀어지는 중이라고 합니다. 일반적인 공간 개념에서는 지구가 우주의 중심이라 착각할 만한 근거입니다. 하지만 우리는 그렇지 않다는 것을 이해하고 있습니다. 지구가 우주의 중심이라기보다 우주의 모든 공간이 중심이면서 중심이 아닙니다. 달도 우주의 중심이고, 태양도 우주의 중심이며, 저 멀리 안드로메다 은하도 우주의 중심입니다. 그 말인즉슨 이 모두가 우주의 중심이 아닌 주변이라는 의미와도 같습니다. 결국 우주는 모든 곳이 중심이면서 모든 곳이 주변인 것이지요.

21세기 지구의 1초와 138억 년 전 우주 중심의 1초는 같은 1초일까?

2014년 블랙홀을 소재로 한 영화 『인터스텔라』가 개봉했습니다. 이론으로 예측하던 블랙홀을 영상으로 구현[29]한 인터스텔라는 영화에 관심 없던 사람들에게도 이목을 끌었습니다. 폐허가 된 지구를 대신할 외계 행성을 찾는 이야기가 주된 스토리인 이 영화는 블랙홀과 중력, 시간 왜곡, 차원 너머의 테서랙트[30] 같은 과학 개념을 담았습니다. 당시 국내에는 청소년을 위한 상대성이론 스터디가 유행할 정도로 흥행에 성공했지요.

그중 영화 중반 즈음 흥미로운 이야기가 전개됩니다. 지구 환경과 유사하다고 보고된 후보 행성 밀러에 주인공 쿠퍼와 브랜드가 착륙하게 되는데, 이 행성은 가르강튀아 블랙홀 근처에 있어서 지상에서 1시간을 보내면 지구는 7년이 흐르는 골치 아픈 문제가 있었습니다. 쿠퍼와 브랜드는 시간을 아끼고자 재빨리 다녀오고자 했지만 예상치 못한 실수로 서너 시간 지체되어 지구 시간으로 23년을 허비해버립니다. 중력에 의한 시간 왜곡 탓이었습니다.

---

29 그리고 2019년 4월, EHT(Event Horizon Telescope) 프로젝트 연구진은 8개의 전파망원경을 구성하여 세계 최초로 처녀자리 은하단 중심부의 초대질량 블랙홀을 관측했고 그 모습은 영화 인터스텔라에 묘사된 것과 흡사했습니다.

30 Tesseract, 4차원의 정육면체를 지칭하는 용어

특수상대성이론에 따르면 속도가 다른 두 물체는 서로 다른 시간이 흐릅니다. '빛은 어떤 경우에도 속력이 변하지 않는다'는 광속 불변의 원리를 전제로 1905년 아인슈타인이 발표한 가설입니다. 빛의 속도에 가깝게 날아가는 우주선이 앞쪽을 향해 빛을 쏜다 가정합니다. 그리고 우주선이 A지점에 도달하는 데 걸리는 예상 시간은 1년입니다. 이 경우 우주선이 쏜 빛은 A지점에 언제쯤 도착할까요? 일반 상식으로는 우주선이 빛에 가까운 속도로 날고 있으니 '빛에 근접한 속도＋빛의 속도'를 계산해 약 6개월 후 도착할 거라 생각합니다. 하지만 답은 그렇지 않습니다. 우주선이 쏜 빛은 약 1년이 되어서야 A지점에 도착합니다. 빛은 빛의 속도를 넘을 수 없으므로 빛의 속도에 근접한 우주선이 쏜 빛도 A지점까지 가는 데 1년의 시간이 필요합니다.

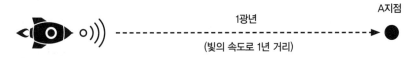

빛에 근접한 속도로 A지점으로 날아가는 우주선이
A지점을 향해 빛을 쏘아도 빛은 1년 뒤에 B지점에 도착합니다.

우주선 안에서 이 현상을 관찰해봅시다. 우주선이 쏜 빛은 빛의 속도로 A지점을 향해갑니다. 그리고 우주선은 빛에 가까운 속도로 날고 있으므로 빛은 1년이 채 되기도 전 A지점에 도착합니다. 이상하지요. 방금 전 빛이 A지점까지 가는 데 1년이 걸린다 했는데 지금은 그보다 빨리 도착한다니 말입니다. 이 모순이 해결되기 위해선 빛이 빛보다 빠른 속도로 가야 합니다. 하지만 빛의 속도는 불변하므로 우주선과 A지점 사이의 거리가 줄어드는 것으로 변화합니다. 사실 앞서 기술한 '우주선이 A지점에 도달하는 데 1년이 걸린다'는 문장에 함정이 있었습니다. 이때의 1년은 우주선 바깥 기준으로 1년이지 우주선에서의 1년이 아니었거든요. 우주선 밖에서 본 1광년의 거리는 우주선 입장에선 그보다 짧은 거리로 압축됩니다. 따라서 외부 시계로 우주선이 A지점에 도착하는 데 1년이 걸려도 우주선 안의 시계는 1년이 채 되지 않은 시점입니다. 결과적으로 우주선의 시간이 바깥보다 느려집니다.

이를 심화하여 아인슈타인은 새롭게 중력을 해석합니다. 보통 중력이라 하면 지구가 물체를 끌어당기는 힘이라 생각하는데 그는 중력을 '계속 끌어당기는 힘', 마치 자동차 가속 페달을 밟을 때 몸이 뒤로 젖혀지는 관성 같은 것[31]으로 보았습니다. 따라서 중력이 강한 곳은 그렇지 않은 곳에 비해 더 큰 가속력이 존재하는 것이고 특수상대성이론에 따라 시공간의 뒤틀림이 발생합니다. 중력이 무한대인 블랙홀 근처에서 시간이 느려지는 이유를 설명한 일반상대성이론입니다.

중력과 시간에 관한 새로운 지식은 138억 년 전 우주 중심의 1초가 21세기 지구의 1초와 다른 시간임을 깨닫게 합니다. 138억 년 전 우주는 아주 작은 공간에 온 우주 물질이 압축된 매우 무거운 상태였습니다. 지

---

31 그에 반해 일정 속도(등속도)로 움직이는 차에서는 아무 힘의 영향을 받지 않습니다.

구 중력과는 비교도 할 수 없는 엄청난 가속도가 작용했겠지요. 이를 일반상대성이론에 대입한다면 138억 년 전 우주 중심의 1초는 지구의 1초보다 훨씬 기나긴 1초라는 결론[32]으로 이어집니다. 앞서 빅뱅 후 1초 만에 양성자와 중성자가 만들어졌다고 하지만 그 시점에선 억겁에 가까운 시간이었을 수도 있습니다. 반대로 그 최초의 순간을 기준으로 지구의 138억 년을 가늠하면 순식간과 같은 찰나에 불과할지도 모릅니다.

이 논리를 확장해 어딘가에 있을 우주 탄생 초기에 만들어진 블랙홀을 상상해보겠습니다. 그 장소의 시간은 매우 느리게 흘러가기에 빅뱅 직후 얼마 지나지 않은 시점에 있을 겁니다. 지구에서 관측한 우주는 138억 년이 지나 있지만 그 블랙홀에서의 우주는 탄생한 지 얼마 되지 않은 세계입니다. 우주 최초의 빛인 우주배경복사를 빗대어도 비슷한 결론입니다. 어떤 물체가 빛의 속도에 근접할수록 물체의 시간은 정지 상태에 가까워지기 때문입니다. 빅뱅 후 38만 년이 지나 등장한 빛 혹은 탄생과 동시에 등장한 쿼크와 렙톤의 양자 세계는 그 시절에 멈춰 있지만 지구의 시간은 138억 년이 흘렀습니다. 이 최초의 빛은 우주가 소멸할 때까지 존재할 것이므로 결국 우주는 시작과 끝이 동시에 뒤얽힌 세계인 것입니다.

---

32 가르강튀아 근처의 밀러 행성의 예를 떠올려보면 밀러의 1시간은 지구의 수년에 필적하며, 지구의 1시간은 밀러의 몇 밀리초에 불과합니다. 따라서 밀러의 시간이 지구에 비해 밀도가 높으며 이를 상대적으로 기나길다고 표현한 것입니다.

물론 이는 정교한 수학적 계산으로 도출한 결론은 아닙니다. 빅뱅 후 한참이 지나서야 블랙홀이 등장했다거나 최초의 빛에 시간 개념을 적용하는 게 적절치 않을 수도 있습니다. 이 사고 실험의 요지는 우주의 시간이 균일하지 않다는 걸 깨닫는 데에 있습니다. 우주 어딘가는 빅뱅 후 얼마 지나지 않은 상태이고 또 어딘가는 이미 우주의 노년기에 이르렀을 수도 있다는 겁니다. 우주의 시작과 끝이 동시에 존재하는 신비로움을 어떻게 이해하면 좋을까요?

우주의 시간과 인간의 시간

우리의 시간 개념은 인간의 편의에 의해 정의된 시간입니다. 138억 년은 지구에 기준한 숫자일 뿐 우주의 시간은 흐르고 있지만 또 어딘가는 멈춰 있습니다. 높은 시선에서 세상을 본다는 건 이러한 우주의 실체를 인식하고 우리의 사고를 그에 근접한 수준으로 끌어올리는 일입니다. 존재와 존재하지 않음, 시작과 끝이 서로 이분된 개념이지만 상위 차원에서는 하나임을 수용하는 것입니다. 우주의 시간과 인간의 시간도 마찬가지입니다. 신비로운 우주의 시간, 현실적인 인간의 시간 어느 하나에 치우치지 않고 균형 있게 바라볼 수 있습니다. 우주의 시간을 탐구한 것 못지않게 인간의 시간을 숙고함으로써 자연의 본질에 한 걸음 다가갈 수 있는 것입니다.

우주의 시작으로부터 138억 년이 지난 오늘날 지구에서의 1초의 의미를 생각해봅시다. 솔직히 꽤 난해한 과제입니다. 1초면 1초이고 1분이면 1분이지 1초라는 시간에 어떤 의미가 있을까요? 그럼에도 이 사유를 제안한 이유는 1초에 대한 생각을 통해 그 너머에 '무엇이 우리에게 1초에 관해 고민할 수 있도록 하는가'의 의문을 품기 바랐기 때문입니다. 우리가 1초의 의미를 고민할 수 있는 건 우리에게 1초의 순간이 있는 덕분입니다. 다시 말해 시간이 존재하기에 우리의 의식 행위가 작동한다는 거죠. 시간이 멈춘다면 우리는 냉동인간이 된 것마냥 생각마저 정지할 것입니다.

우리가 평소 인지하는 1초조차 연속적인 시간의 흐름을 재단한 인간 편의의 산물입니다. 실상 시간은 물 흐르듯 이어지는 아날로그 연속체입니다. 그리고 사람은 이 시간의 흐름을 외부 세계의 움직임을 통해 인지합니다. 선풍기 팬이 돌고 새가 날갯짓하며 해가 뜨고 달이 지는 등의 변화입니다. 심지어 그 무엇이 보이지 않더라도 소리를 통해, 생각의 흐름으로 시간을 감지합니다. 우리가 쓰는 시간 단위가 지구의 자전에서 비롯된 것도 특기할 만한 부분입니다. 지구가 스스로 한 바퀴 도는 시간을 24로 나누고 그걸 다시 60으로 나눈 뒤 60으로 또 한 번 나눈 게 1시간, 1분, 1초[33]의 정의입니다.

---

33 현대 과학에서는 1초의 기준을 세슘 원자가 91억 923만 1770번 진동하는 시간으로 정의합니다. 천체 물리학에서는 광속 불변 원리에 근거해 빛이 진공 안을 2억 9979만 2458미터 가는 데 걸리는 시간으로 사용하기도 합니다.

깊이 들여다보면 더욱 복잡합니다. 절대적인 우주적 시간 외에도 인간이 경험하는 주관적 시간이 존재합니다. 뇌 과학자들에 따르면 사람의 뇌 안에는 각기 다른 주기의 타이머 세포가 있는데 사람은 이 타이머들의 조합으로 외부 자극 없이 시간의 흐름을 감지한다고 합니다. 예를 들어 3초 사이클 뇌세포와 7초 사이클 뇌세포가 조합하여 21초를 가늠하는 것입니다. 실제 세포의 사이클은 이보다 훨씬 짧으므로 10초 이상의 긴 시간을 정확히 맞히지는 못하지만 사람은 이런 내적 작용을 통해 마음속으로 시간을 어림합니다. 떨어지는 연필을 주시하다 적당한 타이밍에 손을 뻗어 잡는다든지, 책에 쓰인 글자를 눈으로 훑으면서 머릿속으로 의미를 해석하는 협응 능력은 뇌 안의 내적 작용이 발휘된 결과입니다. 즉 시간 흐름을 전제로 한 의식의 기초 기능인 거죠.

정리하면 우리가 인식하는 시간과 외부의 물리적 시간은 어떤 개체에서 일어나는 움직임과 관련 있습니다. 뇌세포가 주고받는 전기 신호, 분자들이 붙고 떨어지는 상전이 현상, 전자가 원자핵 주위를 맴도는 등의 모든 움직임이 시간이 흐르기에 가능한 일이고 또 시간이 흐르고 있음을 증명하는 근거입니다. 흘러가지만 동시에 정지해 있는 우주의 시간 어느 한편에 자리하고 있는 인간의 시간입니다. 그 덕에 우리는 생각을 하고 나에게 의식이 있음을 알아차립니다. 지극히 자기중심적이면서 이분법적으로 구성된 인간의 시간이 지극히 상대적이면서 이분법을 초월한 탈경계의 우주적 시간에 속해 있다니 참으로 신기하지요. 우주를 정확히 아는 것은 우리를 더 깊이 이해하면서 한계를 초월하는 행위임을 다시 한번 새길 수 있는 대목입니다.

핵심 메시지

'중심과 주변, 시작과 끝, 부분과 전체'를 구분하는 익숙한 습관은 우주를 바르게 이해하는 데 걸림돌이 됩니다. 우주가 0과 1의 이분법으로 탄생한 건 맞지만 우주 그 자체는 0과 1로 나누어질 수 없는 전체이기 때문입니다. 우주를 바로 알기 위한 사색은 인간의 이분법적 성향을 바로잡는 효과적인 훈련입니다.

우주 현상은 어느 하나의 관점으로 이해할 수 없습니다. 상대적이고 경계를 초월한 우주적 시간 속에 절대적이고 이분법적인 인간의 시간이 있으며, 이러한 중심점이 있기에 비로소 우주의 진면목을 탐구하는 기초를 세울 수 있기 때문입니다. 이처럼 양면성을 이해하고 양쪽의 관점을 필요에 따라 차용하는 행위는 비단 자연 법칙을 이해하는 데 국한되지 않고 다양한 사회 문제를 바라보는 데에도 꼭 필요한 역량이자 태도입니다.

심화 주제

모든 운동이 정지하는 절대영도 상태에서는 시간이 흐를까요? 아니면 멈춰 있을까요? 양자역학에 의하면 완전히 정지한 물체는 존재하지 않습니다. 절대영도는 이론적인 상태이기에 위 질문은 성립되지 않습니다. 다만 사고 실험의 일환으로 같은 두 원자가 각기 다른 온도에 있어서 어느 하나는 아주 느리게 진동하고 다른 하나는 매우 빠르게 진동할 때, 이 두 원자에 적용되는 시간은 동일할까요? 바깥세상의 관찰자 관점에서는 같은 시간이지만 각 원자에서의 시간은 다르지 않을까요?

09
빅뱅에서 생명까지

우리 몸은 팔, 다리, 심장, 간, 콩팥 등의 여러 기관으로 구성된 집합체입니다. 이 기관들은 혈관과 신경을 통해 영양분과 대사물질을 전달받아 고유의 기능을 수행합니다. 뇌, 척수를 포함한 중추 신경계는 각 기관의 지휘자[34]이며 우리 몸이 조화롭게 생명을 유지하도록 조율합니다. 이는 생명의 탄생으로부터 수억 년, 영장류로 한정해서 수만 년을 거친 진화의 결과입니다.

그 안을 자세히 들여다봅시다. 각 신체 기관들은 세포의 집합입니다. 그리고 세포들은 뇌, 심장, 혈관, 피부 등 기관의 특성과 용도에 따라 조금씩 다른 형태를 취합니다. 생각을 하고 피를 뿜어내고 양분을 실어나르고 외부 이물질로부터 몸을 지키는 데 필요한 고유 기능들입니다. 하지만 세포들의 구성 물질은 대동소이합니다. 세포 내 에너지 생산과 소비, 노폐물을 배출하는 세포막, 세포질, 미토콘드리아, 세포핵 등은 모든 세포에서 공통적으로 발견되는 소기관입니다. 인간이 아닌 동식물들도

---

34 그렇다고 해서 우리 신체가 오로지 뇌와 척수의 명령에 따르는 하이어라키식 체계인 것만은 아닙니다. 각 신체 기관들도 특유의 신호를 발산하고 상호 작용하는 헤테라키식 체계도 포함하고 있습니다.

마찬가지지요. 물고기의 아가미, 새의 날개, 식물의 뿌리, 섬모충의 지느러미 같은 특수 부위라도 단위 세포는 동일한 세포 소기관들로 구성됩니다. 그리고 이 모든 다양한 신체 기관, 다른 형태의 세포, 동일 기능의 세포 소기관은 각 생물이 지닌 단일 DNA[35]를 기초로 발현됩니다.

세포핵 안의 DNA는 아데닌(adenine), 구아닌(guanine), 시토신(cytosine), 티민(thymine)의 네 가지 염기로 구성됩니다. 이 네 요소의 염기쌍 조합은 세포를 만드는 방법, 여러 신체 기관의 형태와 작동 방식, 다른 기관들과의 상호 작용 방법 등을 결정합니다. 나아가 머리카락 색, 광대뼈 크기, 키의 상한선, 시력, 집중력, 인지 능력, 낙천성, 신경성 같은 겉 형상 및 심리 특성 정보까지 담긴 생명체의 청사진입니다. 물론 DNA 데이터가 수학 공식처럼 일관된 답으로 이어지지는 않습니다. 각 DNA가 신체 기관으로 발현되기까지 외부 환경의 영향[36]을 받게 되는데 똑같은 DNA를 가진 쌍둥이가 미묘하게 다른 성격과 재능을 갖는 이유는 이 때문입니다. 세계 인구가 79억이 넘지만 저마다 다른 개성과 특성을 뽐내는 건 이런 DNA 조합의 다양함과 발현 과정에서의 특이성 덕분입니다.

---

35 Deoxyribo Nucleic Acid. 살아 있는 생명의 고유한 유전적 정보를 담고 있는 가느다란 실 모양의 핵산 사슬. 현미경으로 봐야 겨우 희미하게 나타나는 작은 실뭉치 안에 쥐, 고양이, 사람, 고래를 구성하는 모든 정보가 담겨 있습니다.

36 DNA에 담긴 정보가 그대로 외형을 결정하지 않고 환경에 따라 다르게 발현되는 것을 연구하는 학문을 후생유전학(epigenetics)이라 합니다.

더 깊이 들어가면 화학의 영역입니다. 아데닌, 구아닌, 시토신, 티민은 탄소(C), 질소(N), 수소(H), 산소(O) 원자들로 구성된 분자 구조체입니다. 인류가 발견한 118개 원소 중 탄소, 질소, 수소, 산소의 네 원자가 모인 물질을 유기체라 부르는데 현대 과학자들은 이 유기체를 생명 탄생의 기원으로 추정합니다. 이 중 탄소는 제일 핵심이 되는 원소입니다. 탄소는 118개 원소 중 가장 많은 4개의 공유결합이 가능하면서 가볍기까지 합니다. 이 덕에 다른 원소들을 다양하고 복잡하게 연결하는 뼈대 기능을 맡을 수 있습니다. 규소(Si) 또한 4개의 공유결합이 가능해서 일부 과학자들은 규소 생명체를 상상하고 공상과학 소설의 단골 소재로 등장하지만 지구의 중력에서는 불가능하다는 게 중론입니다. 규소 결합은 탄소에 비해 무겁고 강직해서 빈번한 분해와 조합이 필요한 생명체의 요건에는 적합하지 않다는 거죠. 만약 우주에 탄소가 없었다면 유기체의 기본 물질인 고분자 탄수화물은 탄생하지 못했을 것이고 단조로운 조합의 무기물이나 생명체에 부적합한 무거운 물질들만 존재했을 겁니다.

이제 원소의 기원을 살펴볼 차례입니다. 화학 다음의 물리학 영역입니다. 빅뱅 초기, 쿼크에서 만들어진 양성자와 중성자의 핵융합은 수소 및 헬륨 원자핵을 탄생시킵니다. 이후 38만 년이 지나 렙톤의 일종인 전자가 원자핵과 결합해 우주 최초의 원소가 등장합니다. 그리고 약 3억 년 가까이 중성 수소, 중성 헬륨 구름이 가득 찬 우주가 지속됩니다. 이를 중성이라 표현하는 이유는 당시의 원소들이 매우 안정적인 상태에 있었기 때문입니다. 이온화되지 않은 안정적인 원소 집단은 빛 에너지(광자)를 흡수합니다. 그래서 과학자들은 이 3억 년의 시간을 우주 역사의 암흑시대(dark age)라고 명명하지요. 이윽고 중력의 작용으로 중력 붕괴가 일어나고 원소들이 핵융합[37]을 하는 항성이 탄생합니다. 비로소 우리에게 익숙한 별과 빛이 등장한 것입니다.

흔히 핵융합을 수소가 헬륨으로 변환되는 과정으로 한정해 생각합니다. 그럴 만도 한 것이 뉴스에서 언급되는 핵융합은 수소를 에너지원으로 한 발전 시스템의 개념으로 자주 소개되는 까닭입니다. 수소가 결합하여 헬륨이 되고 헬륨이 모여 리튬으로 변화하고 또 리튬이 충돌해 그 다음의 무엇이 되는 과정 모두를 일컬어 핵융합이라 부릅니다. 태양에서도 이 과정이 복합적으로 일어나 빛을 내뿜지요. 태양뿐 아니라 우주의 모든 빛나는 항성들이 수소, 헬륨, 리튬 등으로 이어지는 단계적 핵융합으로 에너지를 방출합니다. 다시 말해 항성에서 일어나는 핵융합은 빛 에너지의 원천이면서 자연의 구성 물질을 생산하는 공장입니다. 우주 최초로 생성된 수소 및 헬륨 원소가 항성 내 핵융합을 통해 보다 무거운 원소로 전환되면서 수소(H), 헬륨(He), 리튬(Li), 베릴륨(Be), 붕소(B), 탄소

---

37 원자는 원자핵을 중심으로 전자가 공전하는 구조이고 대개 이 구조는 안정적이어서 원자들이 섞이거나 하지 않습니다. 그런데 아주 뜨거운 온도에서는 전자를 잡아두는 원자핵의 힘과 원자핵을 이루는 양성자와 중성자의 힘이 약해지면서 두 개의 원자핵이 충돌해 새로운 원자핵으로 탄생합니다. 이때 충돌 전의 두 원자핵을 합한 무게보다 새로 만들어진 하나의 원자핵이 가볍게 되는데, 여기서 손실된 질량이 에너지로 방출됩니다. 이 과정을 핵융합이라 합니다.

38 핵분열은 핵융합의 반대 과정입니다. 무거운 원소의 원자핵이 중성자를 흡수하면 2개의 가벼운 원소로 분열합니다. 이때 35가지 종류의 원소가 무작위로 생성되는데, 분열된 2개의 가벼운 원소의 질량 합이 분열 전 1개의 무거운 원소의 질량보다 가벼울 경우 손실된 질량이 에너지로 방출됩니다. 핵분열 과정도 핵융합처럼 물질이 철(Fe)로 전환될 때까지 계속됩니다.

ⓒ 등이 만들어집니다.[38] 이런 원소의 전환 과정은 철(Fe)이 될 때까지 일어나는데, 철은 모든 원소 중 가장 안정적인 구조를 지닌 물질인 까닭입니다. 그리고 별이 태울 수 있는 연료의 상당 부분이 철로 전환되면 별은 그 무게를 견디지 못해 대폭발이 일어나고, 이 과정에서 엄청난 압력이 발생하여 철보다 무거운 원소들이 만들어집니다. 별이 태어나고 죽는 일생을 통해 우리 몸을 포함한 우주 만물의 기초 물질이 생겨난 것이지요.

정리해보면 최초 우주의 물리학적 사건인 빅뱅과 별들의 생로병사는 우주 천체의 구성 물질을 탄생시켰습니다. 그리고 그 물질들의 화학 조합은 지구 환경과 생명 탄생의 기반이 되었습니다. 고분자 탄수화물이 생명 특성을 획득하고 진화하여 각종 동식물과 영장류 인간으로 드러난 건 놀라운 생물학적 사건이었습니다. 우리 삶과 상관없어 보이는 우주적 사건이 실은 이 땅과 자연, 우리 신체의 존재 기원이었던 거죠.

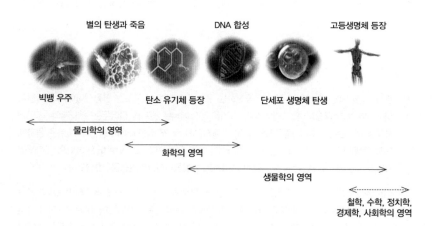

사람들은 흔히 물리학과 화학, 생물학이 각기 다른 영역의 학문이라 생각합니다. 하지만 우주의 연속적 발달 과정에 놓고 보면 서로 연결된 '부분들의 합'입니다. 물리학에서 화학으로 그리고 생물학으로 이어지는 진화 양상은 하위 세계를 포함한 상위 세계로의 창발적[39] 과정으로서 '홀론(holon)과 홀라키(holarchy)'라는 구조 모델로 불립니다. 창발적 진화는 생물학의 영역 다음에 의식의 탄생, 철학의 영역, 수학의 영역, 정치학의 영역, 경제학의 영역, 사회학의 영역으로 발전하면서 우리가 살고 있는 오늘의 인류 문명으로 이어졌습니다.

이런 관점의 확장은 우리에게 세 가지 지혜를 일깨웁니다. 첫째는 이 세계가 느슨하지만 강력한 끈으로 연결되어 있음을 깨닫는 것입니다. 개별 영역이 가로막힌 세계에서 연결된 세계로의 전환은 창의와 혁신, 이해와 수용의 가장 기본적인 조건입니다. 둘째는 기반 영역과 응용 영역을 구분할 수 있는 시야입니다. 각기 분리된 영역들을 층층이 쌓인 진화의 산물로 재구성함으로써 하위 세계는 원리로 접근하고 상위 세계는 응용으로 바라보는 분별력이 생겨납니다. 마지막으로 복잡다단한 세계를 섬세하게 다루는 정교함입니다. 물리학의 영역에선 물리학의 법칙, 생물학의 영역에선 생물학의 법칙을 적용해야 함을 깨달으면, 물리학에 생물

---

39 하위 계층에는 없는 특성이 상위 계층에 나타나는 현상을 창발성이라 합니다. 예를 들어 컴퓨터의 모니터는 물리적으로 여러 색을 발하는 광원의 집합에 불과하지만, 사람들은 모니터에 그려진 문자와 이미지를 읽고 해석합니다. 모니터를 이루는 작은 광원들 안에는 문자나 이미지의 의미가 담겨 있지 않지만, 그것들이 모였을 때 사람들이 이해할 수 있는 새로운 특성이 나타나는 것이지요.

학의 논리를 들이밀거나 생물학을 물리학의 잣대로 평가하는 오류를 범하지 않게 됩니다. 이는 사회적 문제, 정치적 문제, 문화적 문제를 각각의 고유 가치로 이해하고 평가하는 데도 활용되지요. 세상을 보다 높은 관점에서 바라보는 탁월한 시선의 사유인 것입니다.

핵심 메시지

물리학, 화학, 생물학, 철학, 정치학, 경제학, 사회학 등 서로 다른 분야로 생각되는 학문들은 사실 우주 진화 과정의 각 단계를 차지하고 있습니다. 물리학의 세계 위에 화학의 세계, 그 위에 생물학의 세계가 세워졌고 인류 문명이 등장한 이후 철학, 수학, 정치학, 경제학, 사회학 그 외 여러 가지 복잡한 학문 체계들이 쌓여가며 고도화된 현대 세계가 구성되었습니다.

각 층위에 놓인 여러 영역들은 고유의 규칙과 가치를 담고 있습니다. 세상의 조화는 각 영역들이 저마다의 규칙과 가치에 충실했을 때 이루어집니다. 상위 세계의 논리로 하위 세계를 억누르거나 하위 세계의 논리로 상위 세계를 평가하면 세상의 조화는 깨어지고 사회는 정체됩니다. 우리는 느슨하지만 강력하게 묶인 연속 영역의 세계를 이해하는 관점을 통해 경직된 사고의 폐해를 벗어날 수 있습니다.

심화 주제

우주가 생겨난 이래 얼마나 많은 별들이 생멸하며 우주의 구성 물질들을 만들었을지는 아무도 모릅니다. 어쩌다 기막힌 우연으로 탄소를 뼈대로 한 고분자 탄수화물이 합성되고 스스로를 복제하는 생명체까지 진화했다는 게 현대 과학의 생명 탄생 가설입니다. 이것의 진실 여부는 확실히 밝혀지지 않았지만 지금도 많은 학자들은 우주의 비밀을 풀기 위한 부단한 노력을 이어가고 있습니다. 이 가설이 참이라는 전제하에 우리 인간의 의식은 어느 층위의 세계까지 연결되어 있을까요? 쉽게 말해 우리 몸을 이루는 각 신체 기관과 어느 정도로 소통할 수 있는지, 그보다 하위 세계인 단위 세포의 수준까지 소통할 수 있는지의 질문입니다. 만약 그렇다고 한다면 그 소통의 한계는 어디일까요? 식물과의 대화, 물이나 땅 같은 무생물까지도 가능할까요? 또 그 반대로 이성 의식을 넘어선 상위 세계의 무엇과도 소통할 수 있을까요?

10
의식에 관한 새로운 관점

물리에서 시작해 생물에까지 이른 우주의 진화는 의식(consciousness)의 탄생으로 위대한 도약을 맞이합니다. 탄소, 질소, 수소, 산소의 분자 구조체에 기반한 가시적인 생명 현상이 의식이라는 눈에 드러나지 않는 추상의 영역으로 확장된 거죠. 이는 정확한 측정과 엄격한 재현을 중시하는 자연과학의 영역이 통계적 경향으로 느슨한 연관을 다루는 사회과학으로 넘어간 것으로, 전혀 다른 성격의 두 영역이 하나의 과정으로 연결되는 이 사건을 이해하는 건 여간 어려운 일이 아닐 겁니다.

전통적 관점으로 의식은 '느끼고 생각하는 무엇', '판단하고 행동을 끌어내는 그 어떤 것'을 의미합니다. 사물이나 사건을 인식하고 해석하여 상황에 적합한 행동을 선택하는 과정, 즉 의사 결정에 이르는 총체적 프로세스입니다. 우리는 의식이 있기에 생각하고 행동할 수 있습니다. 사실 그 반대로 말해도 마찬가지입니다. 생각하고 표현하며 행동하기에 의식이 있음을 인지할 수 있습니다. 이 문장을 읽고 이해하고 의문하며 답을 내는 것 역시 의식의 역할이자 의식이 있음을 증명하는 근거입니다.

이처럼 어려움 없이 정의되는 의식 현상이지만 과학으로 설명하기까지는 오랜 시간이 걸렸습니다. 의식이 있음을 증명하려고 의식이 있다는 걸 증거로 내세울 순 없었으니까요. 느끼고 생각하는 과정은 겉으로 드러나지 않거니와 지극히 자명한 사실이어서 의문을 가질 필요조차 없었습니다. 근대 철학의 아버지라 칭하는 데카르트에 이르러서야 "나는 생각한다 고로 존재한다."[40]라는 명제로써 '생각하는 자아'를 탐구하기 시작했지만 그마저 철학 담론의 일부였습니다. 그 당시에도 사람들은 '생각하는 대상'에 주목할 뿐 '생각 그 자체의 정체'는 궁금해하지 않았습니다.

의식 행위가 과학적 사실로 받아들여진 건 비교적 최근의 일입니다. 생명 현상의 미세한 움직임을 감지하는 기술과 이를 분석할 수 있는 강력한 컴퓨터의 연산력 덕분이었지요. 의료 기기의 첨단화로 뇌신경 세포 사이의 대사 전달을 관찰하고 정보 및 전자 공학의 발전으로 방대한 데이터를 빠르게 처리하면서, 뇌 생리학과 인지과학 분야에서 의식 행위와 뇌에서 일어나는 생명 현상을 연결할 수 있게 되었습니다. 뇌세포 사이의 물리 화학적 연결에서 의식이 형성될 거라는 초기 과학자들의 아이디어는 이제 정설로 받아들여지고 있습니다.

그럼에도 우리는 의식 현상에 대해 모르는 것이 많습니다. 보거나 만지거나 읽거나 생각하거나 감정을 느낄 때 뇌에서 나타나는 현상을 단편적으로는 밝혀냈지만, 이 신호 조각들이 모이고 통합되는 메커니즘은 여전히 풀지 못한 난제입니다. 예를 들어 평화로운 카페에서 향기로운 커

---

40   cogito, ergo sum.

피를 마시며 아름다운 에세이를 음미할 때 각인되는 경험의 총합이 어느 곳에서 처리되고 통합되는지는 모른다는 겁니다. 많은 과학자들이 이 '의식 센터'를 찾기 위해 백방으로 노력하고 있지만 아직까지 이렇다 할 결론을 내지 못하였습니다. 쉽게 생각하면 쉽지만 깊이 고민하면 정체를 알 수 없는 의식이란 무엇이고 어디에 있는 걸까요. 생물학적 현상에서 의식 현상으로 도약한 창발적 진화는 무(無)에서 유(有)로 변화한 우주의 빅뱅, 고분자 탄수화물이 섭생 생물로 진화한 생명의 탄생에 버금가는 신비로운 주제입니다.

어려운 의식의 문제를 풀기 위해 기존의 관점 말고 새로운 해석을 시도해봅시다. 우리가 방금 배운 내용을 활용해서 인간의 눈높이로 정의된 의식에 얽매이지 않고 각 하위 세계별로 나름의 의식 현상이 있을 거라 상상하는 방법입니다. 마침 레이 커즈와일[41]이 이와 유사한 작업을 하였습니다. 그는 자신의 저작 『특이점이 온다』[42]에서 우주 진화의 역사를 다음과 같이 제시합니다.

1단계 : 물리학과 화학의 수준
2단계 : DNA의 수준

---

41 레이 커즈와일(Ray Kurzweil). 21세기 천재 중 한 명으로 꼽히는 인물로서 15세 때 클래식 음악을 합성하는 패턴인식 프로그램을 제작할 정도였습니다. 세계 최초의 신디사이저인 커즈와일 브랜드는 그의 이름을 딴 것이며, 그는 현재 구글의 엔지니어링 이사로서 인공지능과 영생에 관한 비밀스러운 연구를 수행한다고 알려져 있습니다.

42 원제는 『The singularity is near : when humans transcend biology』입니다.

3단계 : 뇌와 의식의 수준

4단계 : 기술의 수준

5단계 : 기술과 인간지능의 융합 (특이점)

6단계 : 우주 만물의 수준

언뜻 보면 맥락 잡기 어려운 단계 구분이지만 우리는 다행히 이 주제를 앞서 다루었습니다. 물리학, 화학, 생물학으로 이어지는 연속적 발달 과정을 하나의 선으로 엮어보았지요. 커즈와일은 이 연속성을 '정보 처리 능력'으로 치환합니다. 연결, 소통, 개체와 개체 사이에 주고받는 영향이라 표현할 수도 있습니다. 그는 각 단계별 최소 단위 물질이 다른 물질과 얼마나 정교하게 정보를 주고받느냐에 따라 단계를 나눕니다. 예를 들어 원자핵과 전자가 엮인 원자 형태를 '물리학과 화학의 수준'이라 정의하는 것입니다. 이때 단위 물질에 들어 있는 정보는 원자에 속한 원자핵과 전자의 수이고, 주고받는 정보는 원자핵과 전자가 묶인 에너지입니다. 생물학의 수준도 마찬가지입니다. 신체 구성의 설계도인 DNA가 정보이고, 이 DNA가 생명체로 발현되는 과정과 발현한 생물의 섭생 행위가 주고받는 정보와 에너지입니다. 이는 1단계 '물리학과 화학의 수준'보다 훨씬 많은 정보를 담고 큰 에너지를 전달하며 복잡한 기능을 수행합니다. 이것이 커즈와일이 구분한 정보 처리 능력에서의 진화 단계이며 다음은 각 단계별 정보 처리의 수준에 대한 대략적인 요약입니다.

1단계 : 물리학과 화학의 수준

우주가 빅뱅을 일으키며 등장한 입자들의 고도화 단계입니다. 가장 가벼운 수소, 헬륨 원자가 핵융합을 거치면서 점차 무거운 탄소 및 철 원자로 전환됩니다. 철보다 무거운 물질들은 수명이 다한 항성이 폭발하며 생성됩니다. 무거운 원소는 가벼운 원소에 비해 더 많은 양성자와 중성자가 결합하고 전자의 수 또한 양성자의 수에 비례하여 늘어납니다. 그만큼 정보량이 증가하고 정교한 규칙이 형성됩니다. 핵융합, 핵분열 말고도 물질의 산화 환원 과정이라든지 광자가 매개하는 열에너지의 이동 같은 물리 화학적 변화도 이 단계의 정보 처리에 해당합니다. 원자보다는 분자가, 그리고 복잡하게 연결된 고분자일수록 많은 정보를 담고 정교한 규칙이 적용됩니다. 이것이 물리학과 화학의 수준에서 일어나는 정보 처리의 고도화이자 진화입니다. 이 과정에서 생성된 수많은 분자 화합물의 물성 변화는 이 단계에서 드러나는 창발성입니다.

2단계 : DNA의 수준

우연한 사건으로 세상의 수많은 화합물 중 특정 무기물질이 탄소에 기반한 고분자 탄수화물로 거듭납니다. 또 한 번의 기적적인 우연으로 자신과 같은 형태의 물체를 복제해내는 DNA 유기체로 진화합니다. 이 단계에 이른 유기체는 섭식과 복제 기능을 갖추고 있습니다. 주변의 다른 분자를 탐색하여 섭취하고 소화시켜 자신의 DNA를 복제하는 재료로 사용합니다. 이는 세포막, 세포질, 미토콘드리아, 세포핵 같은 세포 소기관으로만 구성된 단세포 생물의 형태로 발전합니다. 이런 기능을 수행하는 기관들의 설계 정보를 담은 DNA는 굉장히 많은 데이터를 포함하고 있으며 화학의 수준과는 비교할 수 없을 정도로 복잡하고 정교한 규칙을 수행합니다.

3단계 : 뇌와 의식의 수준

단세포 수준에서 기본적인 섭식과 복제를 하던 생명체는 다수의 세포로 구성된 다세포 생물로 진화하며 전문 신경계를 갖추기 시작합니다. 감각 기관, 운동 기관, 소화 기관, 배설 기관, 생식 기관 등이 분화되고 이들을 총괄하는 상위 신경계가 등장합니다. 현 챕터의 탐구 목표인 의식의 기본형이 등장한 단계입니다. 신체의 유기적인 협응을 위해 1단계 및 2단계보다 훨씬 복잡하고 정교한 커뮤니케이션을 수행합니다. 몸 안의 여러 기관들의 상호 작용에는 엄청난 양의 정보들이 오가게 되는데 이 신호들이 모순되지 않도록 조율하는 건 고난도의 작업입니다.

3단계 진화의 종착역은 영장류 인간의 탄생입니다. 일반적인 동물들은 배가 고프면 사냥하고 그렇지 않을 때에는 생존에 해가 되지 않는 단순한 활동으로 시간을 보냅니다. 이들에게 하루, 한 달, 일 년은 동일한 패턴의 연속입니다. 이전 세대의 생활양식이 이후 세대에서도 크게 달라지지 않습니다. 반면 인간은 경험을 축적해 패턴을 이해하고 상황에 따라 최적의 전략을 수행하는 고등 동물로 진화합니다. 이들은 도구를 쓰고 역사를 기록하며 이야기를 구성해 문화를 창조하였습니다. 그 과정에서 과거의 유산을 기억하고 부족 혹은 민족에 정체성을 부여해 자신과 일치시키는 고도의 사고 능력을 발휘합니다. 비로소 우리의 눈높이에 해당하는 의식 단계에 도달한 것이지요.

여기서 주목할 부분은 커즈와일이 정의한 각 단계별 의식의 형태입니다.[43] 지금까지 '인간의 고등 사고 능력'을 전제하여 의식을 설명하였으나 그건 인간의 협소한 시야로 내린 정의였습니다. 물리학의 영역, 화학의 영역, 인간 이전 생물학의 영역에도 각 단계에 해당하는 의식 개념이 있습니다. 단지 우리에게 익숙한 의식의 정의와는 사뭇 달라서 이해하기 어려운 것이지요.

생물의 발달 단계를 역행하여 짚어가봅시다. 먼저 사랑, 신뢰, 보살핌, 미움, 시기, 질투 같은 섬세하고 추상적인 인간 수준의 의식이 있습니다. 우리는 이런 단어들을 사용하여 자신의 의식 상태를 다른 사람에게 표현합니다. 그 아래에는 기쁨, 두려움, 슬픔, 분노 같은 기초 감정을 단순하게 정의한 동물 수준의 의식이 있습니다. 명료하게 자각하기는 어렵지만 나의 생각에 강한 영향을 미치는 의식 단계입니다. 인간을 포함해 스스로 움직일 수 있는 모든 동물들이 이와 같은 기초 감정에 따라 생존 확률을 높입니다. 그 밑으로 생체 기능 및 항상성을 유지하는 식물 수준의 의식이 있습니다. 자율 신경계라고 불리는 이 의식 단계는 주변 상황

43　커즈와일의 책 『특이점이 온다』에서는 이를 지능이란 단어로 표현했습니다.

에 맞춰 스스로 생육 상태를 조절합니다. 대개의 사람들은 이 수준을 자각하지 못하지만 우리 몸은 외부 환경에 대응해 신진대사를 조절합니다.

그보다 아래로 생물과 무생물 중간 즈음의 바이러스가 있습니다. 인간이나 동물 같은 정서 반응은 없지만 상황에 따라 살아 움직이다가도 무생물처럼 굳어버리는 수준의 의식입니다. 여기서부터 모호해집니다. 애써 구분한다면 주변 상황에 반응해 생육을 결정하는 식물 수준의 의식에 가깝습니다. 한층 더 낮은 수준의 무생물은 어떠할까요? 책상, 컴퓨터, 냉장고, 바위, 구름, 바다 같은 것들입니다. 이들도 그 수준에 해당하는 의식이 있습니다. 현재 상태를 유지하려는 경향성, 공간 속에 자기 존재를 드러내고 유지하는 에너지 작용 수준의 의식입니다. 이 단계는 인간의 의식과 비교하면 완전히 다른 개념입니다. 아예 의식이 없는 존재라고 판단하기 쉽지요. 그러나 우리 몸이 원자 단위에서부터 축적된 결합체임을 떠올려보면 우리와 무관하다고 단정하기 어렵습니다.

우리에게 익숙한 의식의 정의가 얼마나 좁은 의미였을까요. 인간 대 동물, 생물 대 무생물로 나누는 이분법에 갇혀 인간, 동물, 식물, 무생물, 분자, 원자에 이르는 연속성을 인식하지 못한 탓입니다. 가장 바닥 단계의 '형태를 드러내고 유지하는 에너지체'로 시작하는 의식의 진화 과정은 '신체 유지를 위한 자율 대사 시스템', '자신을 지키는 감정 시스템', '자아를 보호하는 무의식 시스템', '고도화된 의식을 이끄는 메타인지[44] 시스템'의 순서로 발전하며 영장류 인간의 의식 수준에 이르렀습니다.

하지만 이마저도 개별 정보를 하나로 통합하는 의식의 관제실을 찾기에는 부족합니다. 커즈와일이 제시한 정보 처리에 기반한 의식 정의는 컴퓨터 공학의 확장판에 가깝습니다. 그 관점에서는 데이터 A, B, C의 처리 방식과 순서를 결정하는 중앙처리장치(CPU)를 추적하는 것으로 관제실의 위치를 확인할 수 있습니다. 이 방법으로 최근 각광받는 인공지능 기술이 수천 번의 반복 연산을 통해 경로의존성[45]을 쌓고 인간 의식을 모방합니다. 하지만 인문 철학에서 정의하는 의식은 이것과는 다른 개념입니다. 우리가 알고자 하는 인문 철학적 의식은 자기 상태를 관조하는 상위 의식인 메타인지에 가깝습니다. 데이터 A, B, C의 처리하는 주체를 실무자 수준이라 가정하면 그 실무자를 관찰하고 또 자신이 실무자를 관찰하고 있음을 인식하는 관리자의 수준입니다. 데이터의 흔적을 좇아 확률적 선택에 의지하는 인공지능과 달리 인간의 상위 의식은 모든 형태의 자극, 즉 데이터를 분석하고 그것의 처리 과정까지 통합하여 일의 의미, 삶의 이유, 생의 목적 등을 탐구합니다. 컴퓨터 공학으로 시뮬레이션되는 유사 의식 이상의 무엇이 있는 것이지요.

---

44 자신의 인지 과정을 인식하는 더 높은 차원의 의식 수준. 예를 들어 자기의 감정에 매몰되지 않고 화를 내는 자신에 대해 '왜 내가 화내고 있는지'를 생각할 수 있는 능력을 의미합니다.

45 스탠퍼드 대학의 사회심리학자 폴 데이비드, 아서 교수가 정의한 개념으로 먼저 결정된 선택으로 인해 그 뒤의 선택이 일정한 방향을 향하는 현상을 의미합니다. 예를 들어 평평한 땅에 비가 내려 물길이 형성되면 그 후에 내리는 비도 처음의 물길을 따라 큰 강으로 발전하는데, 이때 처음 만들어진 물길을 크게 벗어나지 않는 현상을 경로의존성을 따른다고 표현할 수 있습니다.

핵심 메시지

인간의 의식 현상은 자연과학 방식으로 연구하기에 적합한 주제가 아닙니다. 그럼에도 의식 현상은 물리학, 화학, 생물학에서 이어지는 창발적 진화 과정의 산물입니다. 이는 이분법적 체계를 초월한 사유를 통해 얻을 수 있는 깨달음입니다.

의식 수준 단계의 연속성을 짚어가 보면 인간의 몸조차 가장 낮은 수준부터 층층이 쌓인 의식의 총체임을 알 수 있습니다. 하위 세계를 포함한 상위 세계의 통합인 홀론과 홀라키 자체입니다. 다만 우리의 자의식이 워낙 높은 차원에 있는 까닭에 사람들은 그 아래 수준의 의식이나 느낌, 그 위 수준의 메타인지적 의식을 잘 깨닫지 못합니다.

심화 주제

우리의 의식은 시간이 있기에 가능합니다. 반대로 의식이 있기에 시간이 있음을 인지할 수 있습니다. 1초의 시간을 찰나로 표현되는 플랑크 타임[46]으로 분할해본다 생각해봅시다. 0이 43개나 붙는 엄청난 양의 장면이 필름처럼

---

46 5.39×10^{-44}초. 물리적으로 의미 있는 가장 최소의 길이를 플랑크 길이라고 하는데, 이 거리를 빛이 이동하는 데 걸리는 시간입니다. 물리적으로 의미 있는 가장 최소의 시간으로 이보다 짧은 길이나 시간은 존재할 수 없다는 가설입니다.

나누어집니다. 그리고 이 필름이 재생되면서 영화와 같이 내 행동과 생각이 이어지게 됩니다. 이때 그 안에 '나의 의식'은 어디에 있을까요? 아주 짧은 시간 사이 우리가 자각하는 '나라는 느낌'이 들어갈 틈이 있을까요? 만약 의식의 존재를 시간 위에 특정할 수 없다면 의식은 무엇으로 정의할 수 있을까요?

더 읽을 거리

4단계～6단계 :
기술의 수준, 기술과 인간지능의 융합, 우주 만물의 수준

레이 커즈와일의 우주 진화의 역사 3단계 다음의 4단계는 기술의 등장입니다. 여기서 기술은 단지 과학 기술만을 뜻하지는 않습니다. 의사소통을 위한 언어와 문자의 발명, 생산과 분배의 정당성을 부여하는 정치 제도의 도입 같은 사회적 기술도 포함합니다. 이 단계에서 인류의 정보 처리 역량은 신체 및 뇌 용량의 한계를 뛰어넘습니다. 당대에 지식이 사라지지 않고 후대로 이어지는 기능까지 갖추는 것이지요. 아울러 복잡한 수식을 단 몇 초

만에 풀어내는 컴퓨터의 발명, 지구 반대편의 사건을 실시간으로 받아보고 제어하는 정보 통신 기술은 인류의 정보 처리 역량을 기하급수적으로 끌어올렸습니다. 3단계 뇌와 의식의 수준에서 가능했던 한계치를 훌쩍 뛰어넘는 새로운 단계로의 도약이었습니다.

이후 5단계는 싱귤래리티(singularity)로 잘 알려진 특이점의 단계입니다. 빅데이터 인공지능 중에서도 강한 인공지능이 개발되어 인간보다 훨씬 영민하고 뛰어난 컴퓨터 자아가 등장할 것이라는 예측입니다. 일부 미래학자들은 이때에 인공지능이 어떤 선택을 할지 알 수 없고 인간은 그것을 막을 능력이 부족하기 때문에 뛰어난 인공지능에게 종속당할 것을 우려[47]합니다. 그러나 커즈와일은 인간이 인공지능의 도움으로 신에 가까운 지적 능력을 갖출 것이라는 낙관적인 주장을 펼쳤습니다.

6단계는 특이점을 지나 온 우주, 모든 사물이 고도화된 정보를 처리하는 거대한 깨어남이 일어나는 시기입니다. 최근 우리 주변의 신형 전자기기들이 사물인터넷(IoT)을 통해 상호 작용 하듯이 지구 안의 모든 무기물과 유기체, 동물, 우주의 별들, 심지어 텅 비어 있다고 생각하는 공간조차 지능을 갖추어 정보를 주고받는다는 아이디어입니다. 극단적으로 바위 같은 존재조차 지능화되어 컴퓨터 기능을 수행해낸다는 거지요. 이러한 커즈와일의 과감한 미래 예측은 실현 가능성이 낮다 하더라도 그의 파격적인 관점 전환과 논리 정연한 근거 추론은 높이 평가할 만합니다.

---

47 대표적으로 노암 촘스키, 일론 머스크가 있습니다.

11
무의식과 비의식

　근대 이성의 합리적 사상이 인류를 신세계로 인도하던 20세기 초입의 유럽인들은 이성 과학의 성취에 경도되어 있었습니다. 그러한 시대 분위기는 의학계에도 강력한 영향을 끼쳐서 당시 의사들은 모든 병, 특히 정신과적 질환조차 이성 과학으로 증명할 수 있는 이유가 있을 거라 믿었습니다. 그 시절 근대 의학은 신의 형벌, 마녀의 농간으로 치부했던 괴질의 원인이 세균에 있음을 발견하고 각종 유행병을 치료하고 예방하는 획기적 전환을 이루어냈던 참이었거든요. 그들은 정신병 환자 역시 병을 일으키는 병균에 감염되었거나 특정 기억이 괴로움을 일으키기 때문일 거란 가설을 세우고 관련 치료법을 개발하는 데 집중하였습니다.

　오스트리아 출신 정신병리학자 지그문트 프로이트는 고향 빈에서 신경질환 전문의로 활동하면서 당시의 주류 이론에 의심을 품었습니다. 자신을 찾아온 환자들 중 상당수가 겉으로 아무 문제가 없는데도 신체적 불편함을 호소하였고 이들에게는 기존에 알려진 치료법이 소용없었기 때문입니다. 그는 프랑스 파리 유학 시기에 배운 최면 요법을 사용하여 환자가 잊고 있었던 과거의 기억이 병의 원인이고, 그 기억을 끌어올려 해소함으로써 증상이 나아지는 사례를 경험하였습니다. 너무 충격적이어서 의도적으로 잊어버린 기억, 아주 어릴 때 기억조차 나지 않는 부모의 기행이 어디엔가 남아 트라우마가 되어 병을 일으켰던 거죠. 프로이트는 사람이 기억할 수 있는 의식 이상의 무엇이 있음을 직감하였습니다. 그리고 자신의 치료법을 정신분석이라 명명한 뒤 본격적인 연구에 착수하지요. 자신의 어릴 적 경험과 환자 아닌 일반인을 대상으로 한 심리 연구는 이드, 에고, 슈퍼에고[48]의 의식 – 무의식 체계와 리비도, 에로스, 타나토스[49]의 본능을 제시한 정신분석학으로 발전하였습니다. [50/51] 신체적 나와 의식적 나 외에 의식 저편에 가라앉아 있는 또 다른 자아를 규정한 그의 무의식 담론은 의식 연구 및 근대 철학사에 크나큰 영향을 주었습니다.

---

48 Id, Ego, Super-ego. 각각 원초적 본능, 의식 자아, 도덕적 자아를 의미합니다. 프로이트는 모든 인간은 이드의 동물적 본능을 갖고 태어나는데 부모의 훈육을 통해 도덕적 자아의 기준이 형성되고 이것이 감시자의 역할을 해 의식 자아가 원초적 본능의 행동을 검열한다고 설명했습니다. 이때 무의식은 이드 속에 잠겨 겉으로 드러나지 않지만 지나친 슈퍼에고의 억압은 비뚤어진 형태로 에고에 영향을 미쳐 원인을 알 수 없는 신체적 질환으로 표출된다고 생각했습니다.

49 Libido, Eros, Thanatos. 각각 성적 충동, 삶을 향한 본능, 죽음을 향한 본능을 의미합니다. 프로이트는 대부분의 무의식적 억압이 성적 충동에서 왔다고 보았으며, 이는 후세에 프로이트 이론이 가장 많이 비판받는 지점이 되었습니다.

50 하지만 그의 이론에도 한계는 있었습니다. 프로이드 이후 심리학의 아버지 빌헬름 분트의 구성주의와 파블로프, 왓슨, 스키너의 행동주의 심리학이 주류가 되었고 인지 심리학, 뇌 생리학 등이 망라된 현대 인지과학 연구는 프로이트 정신분석학이 잘못된 가정이었음을 밝혔습니다.

51 일반 대중은 프로이트가 심리학을 창시했다고 아는 경우가 많습니다. 그러나 현대 심리학은 과학적 방법론으로 반증 가능성을 지닌 실험심리학을 심리학의 시초로 인정하고 빌헬름 분트를 심리학의 아버지라고 호칭합니다.

그 시절 유럽은 대항해시대[52]로서 거친 자연을 개척하고 산업혁명으로 기적 같은 생산력을 달성하여 세계 전역을 식민지로 통치하던 황금의 시대였습니다. 신에게 복종하던 과거를 극복하고 자연의 정복자로 우뚝 선 인간의 힘은 중세의 종교 사상, 비이성적이고 초자연적인 신비주의를 배척하는 풍조로 이어졌지요. 세상 모든 것은 인간의 이성 과학으로 설명할 수 있고 그것을 통해 수많은 문제를 해결할 수 있다는 자신감이었습니다. 프로이트의 정신분석학은 신앙과도 같았던 합리적이고 절대적인 모더니즘의 틀을 활용하여 상대적이고 비합리적인 무형의 세계를 해석하였습니다. 현대의 기준으로는 정신분석학의 상당 부분이 엄정한 과학적 요건을 충족하지 못하지만 당시 사람들에는 매우 신선한 시각이었죠. 그리고 얼마 지나지 않아 벌어진 두 차례의 세계 대전은 그의 연구가 사람들에게 널리 주목받는 계기가 되었습니다. 자신들이 굳게 믿었던 모더니즘 질서가 수많은 사람을 죽음으로 몰아넣었다는 현실에 큰 충격을 받은 유럽인들은 이성 과학의 합리적 세계관에 반기를 들고 프로이트의 정신분석학에서 새로운 출구를 찾았습니다. 언어로 설명할 수 없는 비합리적 세계, 비이성적인 무의식의 세계를 인정하자는 것이었지요. 이에 영향을 받은 작가와 예술가들은 초현실주의 같은 포스트모더니즘풍의 작품들을 내어놓았고 철학자, 사회학자들은 세상을 새롭게 해석하는 글들을 잇따라 발표하면서 일반 대중에게도 무의식 담론이 퍼져나

---

52 15~16세기에 걸쳐 일어난 유럽의 신대륙 개척 역사. 오스만투르크에 의해 콘스탄티노플(지금의 이스탄불)이 함락되고 동아시아와의 무역이 어려워지자 바다로 눈을 돌려 인도 항로, 아메리카 신대륙을 발견해 경제적 도약의 기틀을 마련합니다.

갔습니다.

프로이트의 무의식은 의식의 반대 개념이었습니다. 의식하지 못하는 의식, 의식의 심연에 가라앉은 감춰진 기억으로서의 의식이었지요. 프로이드의 무의식과는 다소 결이 다르지만 현대 심리학에서도 유사한 개념으로 '의식이 인식하지 못한 정보나 경험'이 사람의 의식에 영향을 미칠 수 있음을 인정하고 있습니다. 사람은 뇌세포의 시냅스[53] 활성화를 통해 의식을 자각하는데, 아주 미미한 흔적의 시냅스나 인지 체계의 교란으로 잘못 연결된 시냅스가 '의식은 못하지만 의식에 영향을 미치는 정보 덩어리'로 남아 의식 행위에 영향을 끼친다는 것입니다.

이 무의식은 우리가 의식의 발달 단계에서 살핀 인간의 의식, 동물의 의식, 식물의 의식 체계와는 다른 맥락입니다. 프로이트나 현대 심리학의 무의식은 공통적으로 '의식으로 해석할 수 있는 어떤 경험의 잠재화'를 의미합니다. 다시 말해, 볼 수 있지만 가려져 보이지 않는 물건 같은 개념입니다. 반면 동물 수준의 감정 의식, 식물 수준의 자율 대사 의식은 의식하지 못하는 무엇이긴 하지만 잊힌 기억은 아닙니다. 그보다는 의식 역치[54] 아래에 있는 자극에 가깝습니다. 영향을 받으면서도 의식으로 떠

---

53 신경세포 사이에서 세포 간 신호를 주고받는 연결 부위

54 어떤 물질이 반응을 일으키기 위해 필요한 최소한도의 자극 세기. 의식의 영역에서는 생물이 의식으로 자각하기 위해 필요한 최소한의 자극 세기로 정의합니다. 예를 들어 우리의 신체는 1℃ 미만의 온도 변화를 감지해내기 힘들지만 5℃ 이상의 온도 차이는 금세 알아차릴 수 있습니다. 이 중 사람이 차이를 인식하는 최소한의 몇 ℃가 역치 온도입니다.

오르지 않은 경험의 총체인 건 비슷하지만 애초부터 관찰할 수 없는 대상인 것이지요. 발달 단계의 관점으로 살펴보면 프로이트 및 현대 심리학의 무의식은 의식의 탄생과 함께 등장한 의식의 그림자입니다. 의식이 생겨났지만 의식이 인식하지 못한 경험인 거죠. 반면 우리가 살핀 무의식은 의식의 탄생 이전에도 존재한 '의식 이전의 의식'입니다. 이 두 용어가 같은 단어를 쓰지만 의미적으로는 분명한 차이가 있기에 이 글에 한하여 앞으로 이 개념을 비(非)의식[55]이라 부르도록 하겠습니다.

프로이드 이론을 발전시킨 칼 구스타프 융은 인류 역사와 문화가 응축된 총체로서 집단 무의식의 개념을 제시하였습니다. 그는 전 세계에 분포한 문명 이전의 인류 흔적에서 공통된 상징이 쓰였다는 것을 발견하였지요. 아프리카, 유럽, 중동 등 서로 왕래가 있을 리 없는 동굴인들이 유사한 상징을 새기고 숭배한 것을 두고 독립된 개체의 인간들이 보이지 않는 끈으로 연결된 집단이었다는 주장의 증거로 삼았습니다.

융의 무의식에 관한 관점은 의식에 관한 연구를 자연과학의 합리적 세계에서 초자연의 영역으로 확장시켰습니다. 그는 물리적 실체로서 국

---

55 정신분석학에서도 비의식이란 용어를 사용합니다. '억압된 의식'을 무의식으로 정의하는 것에 대비하여 '의식하지 못하는 모든 것'을 비의식으로 정의합니다. 언뜻 정신분석학적 비의식이 이 글에서 명명한 비의식과 같은 개념처럼 보일 수 있으나 그렇지 않습니다. 정신분석학의 비의식은 '의식이 의식하지 못한 것'으로서 의식 주체 중심의 정의인 반면, 이 글에서 정의한 비의식은 '인간의 의식으로 의식되지 않지만 의식 토대를 이루는 물리, 화학, 생물학적 영역을 구성하는 규칙 혹은 에너지'로서 더 구체적인 개념을 담고 있습니다.

소적 연결의 세계뿐 아니라 비국소적[56] 연결의 세계가 있으며 이것이 우리의 삶에 지대한 영향을 준다고 생각하였습니다. 이는 의식과 무의식을 넘은 영성(spirituality)의 영역이었지요. 우리의 의식은 사실 개별 의식 상위에 있는 집단 무의식에 영향받고 있으며 이를 깨닫지 못한 의식은 소위 '영성의 부름을 자각하지 못한 닫혀 있는 상태'라고 보았습니다. 이성 과학의 관점에서는 상당히 과격한 미신적 주장이었지요. 그런 이유로 프로이트의 무의식 담론이 현대 과학에서도 어느 정도 개념 차용되어 연구되는 것과 달리, 융의 집단무의식은 극소수의 연구자 외에는 유사과학의 언저리로 취급하고 있습니다. 융의 이론이 옳을지는 훗날 밝혀질, 어쩌면 이성 과학으로서는 영원히 밝히지 못할 주제일 수도 있겠지만 그의 새로운 발견과 시도는 의식과 무의식, 영성을 탐구하는 데 중요한 디딤돌이 되었습니다.

이제 우리는 물리학, 화학, 생물학까지 연결했던 영역의 끈을 그다음으로 확장할 수 있게 되었습니다. 여기서 잠깐 복기하는 차원에서 살펴보도록 하지요. 물리학의 영역에서 화학의 영역으로, 그다음 생물학의 영역으로 넘어간 창발적 진화는 의식의 탄생으로 인류 문명을 꽃피웁니

---

56 국소성(locality)과 비국소성(nonlocality). 국소성은 충분히 떨어진 두 물체는 곧바로 상호작용하지 않고 거리에 비례한 시간을 두고 영향을 주고받는 것을 의미합니다. 반면 비국소성은 어떤 거리에 상관없이, 심지어 빛의 속도로도 한참을 가야만 닿을 수 있는 위치의 두 물체가 곧바로 상호작용할 수 있음을 의미합니다. 국소성의 세계는 근대 이성 과학의 핵심 전제로서 물리적으로 원인과 결과가 연결된 설명 가능한 역사를 가정합니다. 이에 반해 비국소성의 세계는 차원을 뛰어넘는 연결을 가정하므로 근대 이성 과학으로는 설명할 수 없는 현상에 주목합니다.

다. 그리고 수천 년간 의식 영역이 고도화되면서 근대 이성 과학의 시대가 열리고 현대 세계로 발돋움하였습니다. 비의식은 이 발달 단계와 궤를 같이합니다. 원자의 구성 형태에 담긴 규칙과 경향성으로 시작된 비의식은 우주 탄생과 함께 물질세계를 형상화하는 에너지로 이어지다가 의식의 자각, 정확히는 근대 철학의 '의식의 발견' 이후 점차 의식 아래로 내려갑니다.[57] 한편 의식의 탄생과 함께 의식을 보호하기 위한 시스템으로서 등장한 무의식은 프로이드의 연구를 계기로 의식의 영역으로 진입하고 융의 탐구를 통해 비국소적 세계로 확장되었습니다. 우리가 경험하는 이 세계가 독립된 개체로서의 우주가 아닌 긴밀하게 연결된 전체의 우주일 수 있다는 생각, 이 비의식과 무의식의 결합은 인간 수준의 의식으로 하여금 그다음의 세계인 영성에 대해 호기심을 자극하고 그에 대한 이해를 조력하기 시작하였습니다.

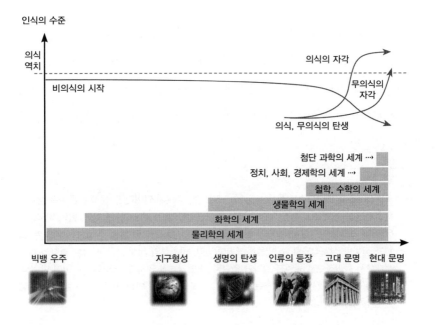

핵심 메시지

무의식은 의식의 탄생과 함께 등장하였습니다. 의식이 드러난 빛이라면 무의식은 가려진 그림자입니다. 하지만 이것을 이성 의식으로 이해하기 시작한 건 19세기 말 프로이트의 정신분석학 덕분이었습니다. 이는 인류 사회가 의식을 인지한 17세기 데카르트 이후 200년 만의 사건이지만 사실 의식이 탄생한 건 인류가 고등 문명을 이루기 시작한 수천 년 전의 일이었습니다.

비의식은 의식 이전에 우주가 탄생한 시점부터 세계의 현상 아래를 주관하는 규칙이자 경향성, 에너지입니다. 의식이 탄생하면서 의식의 수면 아래로 내려갔지만 여전히, 앞으로도 존재할 총체적 기반입니다. 무의식의 발견, 집단 무의식으로의 확장, 이어 비의식과의 연결은 사람들로 하여금 의식 이상의 영성에 관심 갖게 하였지만, 이미 고대의 신비주의적 종교는 영성에 관한 심오한 지혜를 이해하고 있었습니다.

심화 주제

우리가 인식하지 못하는 무의식, 비의식은 나에게 얼만큼의 영향을 미칠까요? 프로이트의 정신분석학은 주류 심리학의 인정을 받지는 못했지만 그가 제시한 무의식 개념은 인본주의, 임상심리학의 치료 장면에서 상당한 비중을 차지하고 있습니다. 그럼 비의식은 어떨까요? 정서와 관련된 동물 수준의 의식, 자율신경을 관장하는 식물 수준의 의식은 우리의 몸과 마음에 지대한 영향을 미칩니다. 오히려 이성 의식보다 더 큰 힘으로 우리의 판단에 결정적인 역할을 한다는 것이 현대 경영이론의 정설입니다. 그렇다면 우리가 별 의식 없이 지나치는 일상 경험은 우리의 삶에 얼마나 많은 영향을 미칠까요? 너무나 익숙해서 무뎌진 삶의 스트레스나 미처 자각하지 못한 긍정적, 부정적 느낌들조차 말입니다. 만약 그렇다면 내가 무심코 내뱉는 부정적인 말들, 생각이라든지 일상 주위의 번잡스러운 사건, 불쾌한 환경들까지 나의 신체적, 정신적 건강을 해치고 있을 것이 분명합니다. 내가 의식하지 못하는 사이 서서히 파고드는 질병처럼 말이지요.

---

57 비의식이 의식 아래로 내려가는 시점을 근대 철학 이후로 정의한 이유는 그 전에는 신비주의적 종교관을 통해 비의식이 주관하던 영역을 중요히 다루었기 때문입니다.

12
영성

20세기 인지주의(cognitivism)와 인지과학은 머릿속의 정보 처리 과정을 논리적으로 설명하고 뇌세포 간 신호전달로 확인하면서 오래도록 신비에 싸여왔던 의식 현상의 실체를 밝히기 시작했습니다. 이후 의식에 관한 현대적 지식은 경영학, 경제학, 사회학 등에 응용되었고 인류의 사회 양식을 한 단계 업그레이드 하였습니다. 인간 심리를 활용한 홍보마케팅, 조직 경영이론, 인간의 비합리성을 염두에 둔 현대 경제학과 사회문화 이론은 책 밖에 존재하는 실제 세상을 이성 과학으로 정교하게 설명하였고 그만큼 우리의 삶은 더 윤택해졌습니다.

그러나 이성의 빛이 드세었던 만큼 그에 드리워진 그림자 역시 짙었습니다. 세상 모든 것을 과학으로 해석할 수 있다는 자신감과 그렇게 해야만 진실로 인정받을 수 있다는 강박관념은 과학으로 설명되지 못하는 현상을 배척하는 풍조로 이어졌습니다. 신의 계시, 종교적 터부 같은 비합리적 중세 세계관에 오랫동안 억눌린 반발 심리 때문이었지요. 증명 불가능한 신비주의 마법, 점성술, 타로, 주역, 사주, 풍수지리 같은 미신적 지식들은 미개함으로 치부되었고 이런 것을 믿는 사람은 시대에 뒤떨어진 자로 인식되었습니다. 그렇게 대중들은 오랜 전통의 종교적 신비주의 지식과 멀어졌습니다.

영성(spirituality) 역시 같은 운명이었습니다. 과거에는 신의 말씀을 받들었다든지, 진리의 빛을 접했다든지 하는 신비적 경험이 대단한 성취로써 사람들의 부러움을 샀지만 현대에 와서는 정신 질환으로 치부되거나 감언이설로 돈을 갈취하는 사이비 종교인 취급을 받을 만한 이야기가 되었습니다. 당장 주변 사람에게 '귀신은 있을까?', '영혼은 존재할까?', '환생을 믿니?' 류의 질문을 해보면 '없거나, 믿지 않는다'고 대답하는 사람이 태반입니다. 있다 생각하는 경우라도 신내림 받은 무당이나 귀신 목격담, 전생 체험 같은 흥밋거리 가십에 지나지 않습니다. 간혹 깊은 신앙심을 지닌 종교인이나 신비주의 영성가를 만나기도 하지만 보통 사람들에겐 흔치 않은 경험이고 썩 달갑지 못한 만남일 가능성이 높습니다.

근대 산업화 이후 주류에서 밀려난 종교적 신비주의 영성의 맥은 신과의 합일 또는 진리의 깨달음을 얻으려는 극소수의 수행자들 사이에서 근근이 이어졌습니다. 봉쇄수도, 고행, 묵언, 참선 같은 수련법은 일반인의 시각으로는 비이성적이었지요. 그러나 속세를 벗어난 은둔자의 삶은 1950년대 미국 젊은 지성인들이 일으킨 비트 운동을 계기로 전환기를 맞이합니다. 비트족은 훗날 우드스톡 페스티벌을 꽃피운 히피의 조상 격으

---

58 lyseric acid diethylamide. 강력한 환각 증세를 불러오는 합성 물질입니다 1938년 스위스의 호프만 박사가 맥각균을 이용한 실험을 하던 중 우연히 발견하였고, 1960년대 미국의 젊은 예술가들이 창의의 원천을 경험하기 위한 용도로 사용하였습니다. 이후 LSD는 마약으로 분류되어 전 세계 대부분의 국가에서 금지되었으나 다른 종류의 마약류보다 낮은 중독성과 부작용으로 최근 정신과적 문제를 치료할 후보물질로서 제한적인 연구와 사용허가가 이루어지고 있습니다.

로 그들 역시 세계대전 이후 억압적인 국가제도에 반기를 들고 차별 없는 평등과 사랑을 주장하였습니다. 동시에 당시의 주류 세계관이었던 국가주의 및 과학만능주의에 대항할 대안 문화로서 영성을 탐구하기 시작하였습니다. 그들은 인도의 구루, 일본의 선사를 찾아 명상과 참선에 빠졌고 일부는 LSD[58] 및 환각 버섯, 대마초 같은 약물을 통해 유사 영성 체험을 하였습니다. 이를 통해 자신이 딛고 있던 이성 과학을 뛰어넘는 미지의 영역이 있음을 느꼈고 그 경험의 지혜는 20세기 말 실리콘밸리 부흥의 밑천이 되었습니다. 이는 근대 이전 역사적 작품을 만들어낸 위인들이 신비주의 체험을 통해 천재적 영감을 얻는 것과 비슷한 방식이었지요. 히피 문화에서 유래된 실리콘밸리의 신비주의적 전통은 이후에도 적극 계승되었습니다. 세계 유수의 IT기업 리더들은 버닝맨[59], EDM[60] 페스티벌에 참여하거나 마음챙김(mindfulness) 같은 명상 프로그램을 도입하여 창조의 원천으로서 영적 체험을 추구하고 있습니다.

하지만 이러한 영적 조류를 대중의 언어로 푸는 건 불가능에 가까웠습니다. 철학, 사회학, 심리학, 인류학 등 다방면의 학자들이 영성을 깨우치고 사람들에게 전파하고자 노력했지만 이성 과학의 프레임은 너무도 굳건했습니다. 객관적 사실로서 제삼자의 증명을 중시하는 데 익숙한

---

59 미국 네바다주 사막에서 매해 8월 개최되는 종합 예술 축제입니다. 사람들은 블랙록 시티라는 가상의 도시를 만들고 생활하는데 모든 축제가 끝나면 사용했던 임시 건축물 및 상징 조형들을 모두 태운 뒤 흔적도 남지 않게 치우는 것으로 유명합니다.

60 electronic dance music. 빠르고 몽환적인 전자음을 주로 사용하는 음악으로 청취자로 하여금 음악에 취한 듯한 몽롱한 의식 상태를 끌어냅니다.

대중의 지식 체계는 주관적 언어로 간접 묘사만 가능한 영성의 영역을 받아들이기 어려워하였습니다. 그나마 영성이란 언어로 규정할 수 없으며 억지로 정의하는 순간 오히려 진리로부터 멀어진다는 모순만을 설명할 수 있었습니다. 존재하나 스스로 체험하지 않고선 알 수 없는 '백문이 불여일견(百聞不如一見), 백견이 불여일행(百見不如一行)'이었습니다. 특히 영성은 지극히 개인적 영역으로서 정해진 답안은 없으며 각자의 업(karma)에 알맞은 방법을 찾아 깨우쳐야 한다는 불문율은 영성의 실체를 밝히기 어려운 것으로 여겨지게 하였습니다.

다행히 21세기 들어 알려지기 시작한 현대 물리학의 양자 역학 정리는 간접적으로나마 영성의 존재 가능성을 이해할 수 있게 도왔습니다. 거시 세계의 관점으로 미시 세계를 해석할 수 없고 그 반대의 경우도 마찬가지인 고전 물리학 대 양자 역학의 관계가 의식 대 영성의 그것과 비슷했거든요. 이성으로 파악할 수 없는 영성의 세계가 의식 너머에 있음을 아는 것만으로도 사람들의 호기심을 일으키기 충분했습니다. 아울러 인터넷이 널리 보급되면서 소수에게만 열려 있던 신비주의적 지식이 대중에게 전파되기 시작했지요. 각박한 세상살이, 사회생활의 스트레스로 몸과 마음이 피폐해진 사람들은 대안적 삶의 방식을 찾았고 일부는 종교가 아닌 영성(SBNR)[61]의 세계에 발을 들였습니다.

---

61 spiritual but not religious. 영적인 체험을 추구하되 인격적인 신을 믿거나 제도화된 종교를 지양하는 문화 운동입니다.

영성의 정체를 이성 언어로 정의할 수는 없지만 영적 체험을 한 사람들은 '의식의 해체'로서 고도의 집중력 혹은 정반대의 이완을 통해 '인식과 생각을 멈추었을 때 일어나는 느낌'을 공통적으로 언급합니다. 통합의식 센터가 풀어헤쳐진 낯선 상태에서 쉴 틈 없이 밀려오는 일상의 시각, 청각, 후각, 미각, 촉각, 생각[62]을 재인식하는 것이지요. 이 상태에서는 논리가 느슨해지고 시간의 전후가 뒤섞입니다. 평소에는 전혀 생각지못한 아이디어가 떠오르고[63] 알아차리지 못했던 빛과 감정이 온몸을 휘감아 돕니다. 과거로 돌아가 마치 자신이 그 시간에 다시 실재하는 듯한꿈을 꾸며 그때는 포착하지 못했던 주변의 생각과 감정이 내 것인 양 공감되기도 합니다. 아예 생전 처음 보는 장소에 도착하여 생시보다 생생한 경험을 하기도 하고요. 1분 정도로 느꼈던 시간이 1시간을 훌쩍 넘기고 수 시간을 보낸 경험이 깨어보면 10분이 채 지나지 않은 경우도 있습니다. 이렇게 시작과 끝, 중심과 주변이 하나인 듯 떨어진 듯 경계가 풀어진 체험을 하면 대부분의 사람들은 큰 깨달음을 얻습니다. 바로 세상만물이 하나이자 나 자신이라는 총체성입니다. 너와 내가 분리되지 않은자타불이(自他不二)를 경험함으로써 1970년대 히피들이 내세운 Love & Peace를 깊이 이해하고, 한층 더 나아가 불교적 윤회를 연결 지어 생의무한함을 체득하기도 합니다. 우주 만물을 사랑함으로써 내 안의 평화를

---

62 불교 용어로 인간을 색(色)에 잡아두는 여섯 가지 감각인 안이비설신의(眼耳鼻舌身意)라고합니다.

63 의식의 통제가 느슨해졌을 때 일어나는 자유로운 개념 연결은 창의적 아이디어의 발상으로 이어집니다. 무언가에 골똘히 집중해도 풀지 못하던 문제가 잠을 자거나 샤워하는 도중불현듯 해결되는 건 잠이나 샤워가 의식을 부분적으로 이완시키는 덕분입니다.

찾는 길인 것이지요.

물론 모든 사람들이 이 체험을 할 수 있는 건 아닙니다. 누군가는 극도의 환희와 기쁨을, 누군가는 극한의 공포와 외로움을 경험합니다. 이를 그저 단순한 생리적 환각으로 해석하는 사람이 있고 우주의 진리 혹은 신의 섭리를 마주했다 받아들이는 사람도 있습니다. 하나 된 세상을 느끼면서 지극한 겸손을 터득하는 이가 있는 반면 세상의 진리를 깨우친 양 교주 행세를 시작한 이도 등장했습니다. 의도와 목적이 무엇이었는지, 체험자의 실제 자아[64]가 어땠느냐에 따라 결과는 천차만별이었습니다. 영적 체험이 이토록 주관적이면서 일관적이지 않다 보니 이것을 아는 이들마저 섣불리 '이것이다' 말할 수 없었습니다. 한 가지 확실한 점은 이것이 정답이라는 주장만큼은 거짓이란 것이었지요. 선지자들은 진리에 도달하기 위한 간접적 방법을 일렀을 뿐 자신의 진리는 어디까지나 각자가 찾아야 한다고 조언하였습니다.

과거 전통적 수행자들은 극한 고행으로 감각을 마비시키는 방법, 고도의 집중으로 의식의 끝을 증폭시키는 방법, 하나의 화두에 몰입하여 의도적으로 잡념을 떨치는 방법 등 여러 수련법 중 하나를 택해 깨달음에 매진했습니다. 중남미 인디오 전통에서는 신비로운 약초를 통한 영적

---

64 칼 융이 언급한 페르소나(가면, persona)에 감추어져 있던 진짜 인격으로 본인 스스로도 인지하지 못한 어두운 내면을 의미합니다. 이것이 어두운 내면인 이유는 평소 사람들은 자신의 좋은 모습만 남들에게 보여주려 하다 보니, 그렇지 않은 부정적인 모습은 자신도 모른 채 의식의 심연에 가라앉아 누적되기 때문입니다.

의식, 중세 유럽의 오컬트에선 점성술 및 연금술을 이용한 비의적(祕儀的) 지식이 있었고, 최근에는 최면이나 명상 기도를 통해 의식 너머를 탐구하는 시도가 이뤄지고 있습니다. 인터넷, 특히 유튜브 같은 영상 미디어가 중추적인 역할을 하고 있으며 이 모두가 의식의 해체를 위한 방법들이란 공통점이 있습니다.

이를 물리의 영역부터 시작하여 의식의 영역까지 이른 창발적 진화, 그리고 비의식과 비국소성의 세계로 연결해보면 흥미로운 결론에 다다릅니다. 신 혹은 우주의 절대 진리까진 아니더라도 우리가 의식할 수 있는 대상보다 훨씬 드넓은 세계가 우리를 감싸고 있다는 사실입니다. 의식의 틀에 둘러싸여 의식 아래, 의식 위의 존재를 인식하지 못한다 해서 그것이 존재하지 않는 건 아닙니다. 단지 우리의 인식 역치에 이르지 못했을 뿐 비의식은 끊임없이 그리고 강력하게 우리를 휘감고 있으며 내가 모르는 사이 나와 관련된 많은 것을 결정하고 있습니다.[65]

이성 의식으로 이해할 수 있는 최소한의 영성은 의식이 해체된 상태에서 비의식이 전하는 느낌을 인식하는 섬세한 알아차림입니다. 이는 한 차원 높은 단계에서 세상을 조망하는 탁월한 사유의 시선과도 같습니다. 의식과 영성 사이의 연결을 이해하고 그것을 매개하는 비의식의 존재를

---

65 예를 들면 내 신체를 구성하는 물질들의 에너지 차원의 존재 의지라든지, 어떤 사건을 대했을 때 알아차리지 못한 정서적 느낌, 나와 미묘하게 연결된 외부의 대상들은 나의 의사결정에 주요한 영향을 미치며 그런 경험들이 쌓여 나 자신의 정체성으로 굳어지는 것입니다.

느끼며 '동시에 더 많은 정보를 인식'하는 능력입니다. 이를 통해 나를 잘 이해하고 내 주변을 더욱 세심하게 파악할 수 있습니다. 그리고 하나의 맥으로 우주 만물과 소통함을 느낌으로써 타인에 대한 인애(仁愛, mercy)가 우러납니다. 다시 말해 현실적인 사회 문제를 해결할 근원적인 자기 세움과 상호 포용이 시작되는 것이지요.

핵심 메시지

이성 의식이 과학의 영역으로 인정받고 현대 사회의 주요한 도구로 활용되는 반면 영성은 여전히 비과학적인 소수 문화로 치부되고 있습니다. 하지만 영성은 의식과 비의식이 빚어내는 신비한 현상으로 그것이 무엇인지 정의하기는 어렵지만 분명히 존재하는 무엇임을 부정할 수 없습니다.

낮은 문턱의 영성은 창의성의 원천, 내면의 평화, 세상에 대한 사랑으로 이해됩니다. 그보다 높은 단계에선 우주 만물과의 연결, 전체와 하나 된 나를 경험합니다. 이를 훨씬 넘어선 단계에선 죽음을 초월한 삶, 우주 그 자체로서 나의 경지에 이르게 됩니다. 그럼에도 모든 사람이 가장 높은 단계의 영성을 지향할 필요는 없습니다. 각자의 끌림에 따라 자신의 보폭에 맞춰 가는 것으로도 세상은 충분히 밝아질 수 있습니다.

심화 주제

일상생활을 살아가는 나와 그것을 바라보는 내가 있습니다. 전자가 의식 영역의 나라면 후자는 좀 더 확장된 감각의 나입니다. 그중 진짜 나는 누구일까요? 그리고 후자의 내가 더욱 커져 마침내 비의식 또는 영성의 단계를 감지해냈을 때 그것을 오직 온전한 나라고 말할 수 있을까요? 인문 철학 관점에서 자기를 관조하는 메타인지, 모든 형태의 자극과 데이터를 분석하고 그것을 처리하는 과정까지 통합하여 삶의 이유와 생의 목적을 탐구하는 의식의 관제실은 영성과 비의식의 영역에 닿아 있을지도 모릅니다.

13
홀로 존재하고 함께 창발하는 자연의 진화

물리학의 영역에서 의식의 영역까지 이어지는 '하위 세계를 포함한 상위 세계로의 창발적 진화'를 일컬어 홀론(holon)이 이루는 홀라키(holarchy)의 구조라고 명명합니다. 우리의 신체를 예로 들어 홀론과 홀라키의 개념을 살펴보도록 하지요.

심장 세포는 스스로 완결된 신진대사를 하는 하나의 개체입니다. 동시에 피를 뿜어내는 기관인 심장의 일부입니다. 이렇게 자기 완결의 완전체이면서 상위 체계의 일부인 단위를 '홀론'이라 부릅니다. 그리고 피를 뿜어내는 심장의 기능은 하위 세계의 세포에서는 드러나지 않은 특성으로 세포 홀론들이 이룬 상위 세계에서의 창발적 진화입니다. 마찬가지로 심장은 하나의 홀론이면서 다른 홀론 장기들과 연합해 상위 세계인 우리 몸을 구성합니다. 보고 듣고 생각하고 움직이는 우리 몸의 총체는 어느 하나의 장기에서 찾아볼 수 없는 새로운 창발입니다. 또 나 한 명은 완전한 개인이면서 가족의 구성원이고, 가족은 하나가 소단위 공동체이면서 마을에 속한 가구 중의 일부입니다.

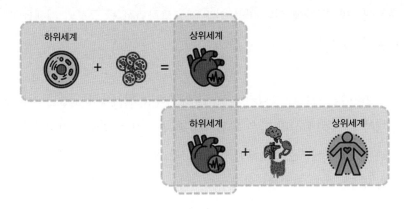

'홀라키'는 홀론들로 구조화된 통치 시스템입니다. 존재를 설명하는 용어로서 홀론이라 일컫고 하위 홀론과 상위 홀론 사이의 일정한 규칙과 계층을 홀라키라 부릅니다. 심장이 뛰기 위해 세포들이 해야 할 역할, 우리 몸의 항상성 유지를 위해 심장이 맡은 기능 같은 것들입니다. 가족과 마을 사이에서는 마을의 경제와 치안을 위해 각 가정에 주어진 의무, 마을과 국가의 관계에서는 국가 단위의 정치 행정을 위해 각 마을에 부여된 특정한 역할, 이러한 것들의 총체가 홀라키입니다.

홀라키는 위 예시처럼 하위 세계의 의무만 강요하는 일방적 착취구조가 아닙니다. 심장이 뛰는 데 필요한 역할을 수행하는 심장 근육과 세포는 그 대가로 혈액 속 영양분을 받고 노폐물을 배출합니다. 심장은 우리 몸에 피를 순환시키는 보상으로 위장에서 소화하고 소장에서 흡수한 영양분을 공급받습니다. 의식적으로 행해지는 개인의 섭생은 우리 몸이 적시에 영양분을 섭취하여 각 장기가 생존에 필요한 에너지를 얻게 합니다. 가족이 있기에 개인이 생장하고, 마을이 있어서 가족의 경제 활동이 수월해지며, 국가에 의해 마을 안전을 도모하면서 큰 규모의 재해를 대비할 수 있습니다.

정리하면 홀론과 홀라키는 각 단위가 각자 위치에서 온전한 기능을 수행하고 그것이 상위 혹은 하위 홀론을 보조하는 생태적 전체입니다. 우리 주변의 모든 존재는 하위 세계로부터 창발된 결과이자 상위 세계를 창발시키는 어느 위치에서의 홀론입니다. 이 모두를 연결해보면 온 세상은 홀론과 홀라키의 총체임을 깨달을 수 있습니다.

그런데 우리는 이 세계를 수직으로 엮인 범주로 파악할 때가 많습니다. 일례로 가장 상위에 동물의 범주를 두고 그 아래로 척추동물, 연체동물, 절지동물 등을 나누고 그 하위로 포유류, 어류, 조류 등을 구조화합니다. 그렇게 아래까지 내려가 비숑프리제, 치와와, 사모예드 같은 품종까지 분류하고 이것을 뭉뚱그려 동물이란 개념으로 총체화합니다. 가장 상위에 동물이 있고 그다음 척추동물이 있으며 그다음 이어지고 이어져 비숑프리제, 푸들이 존재한다 이해하는 것이지요.

국가와 개인을 빗대어 살펴봅시다. 대부분의 현대적 국가관은 나라 혹은 민족에 대한 의무를 중요시합니다. 국가와 민족이 강해야 개인의 삶이 보장된다는 논리입니다. 국가뿐 아니라 일반적인 사회 조직도 그렇습니다. 회사의 매출이 좋아야 직원의 삶이 윤택해지며 검찰이 있기에 검사라는 직책이 존재할 수 있다는 명제입니다. 문자 그대로 본다면 맞는 말입니다. 이 논리가 탄탄한 이유는 그렇지 않다고 말할 수 없기 때문입니다. 국가가 부유해야 국민의 삶이 풍요롭고 회사가 돈을 잘 벌어야 직원의 연봉이 높아질 수 있습니다.

통념을 깨고 우주와 자연, 인간 사회를 바르게 보는 것은 자연현상에 대한 기존의 이해를 새로운 관점으로 재해석하는 작업입니다. 이 경우 탑다운, 수직 구조의 시각에서 바텀업, 홀론과 홀라키의 시각으로의 전환입니다. 물리학의 영역에서 의식의 영역까지 진화한 창발의 자연법칙을 떠올려봅시다. 자연은 가장 최소 단위의 무엇부터 시작해 그다음의 세계로 발전했습니다. 원자가 결합하여 분자가 되고 분자가 모여 고분자 탄수화물, 다시 그들이 모여 세포가 되고 각 신체 장기로, 고등 동물로, 의식을 가진 인간이 등장했습니다. 사람이 모여 가정을 이루고 사회를 조직하고 대규모의 행정을 갖춘 국가에 이르렀습니다.

홀론과 홀라키의 관점에선 우리가 당연시한 상식이 흔들립니다. 이 발달 단계를 대입해보면 국가가 있고 개인이 있는 게 아니라 개인이 모여 국가가 되는 게 옳습니다. 이는 오직 개인만을 앞세운 포스트모더니즘과는 다릅니다. 개인주의에 경도된 포스트모더니즘은 공동체의 입장은 도외시한 채 개인의 절대 우위를 주장합니다. 그러나 홀론과 홀라키의 구조에서는 개인들이 나름의 규약을 맺어 공동체를 이루고 국가로 발전하는 것이므로 개인에게는 상위 세계인 국가가 원활히 기능하기 위한 수행 의무가 부여됩니다. '개인이 먼저냐 국가가 우선이냐'는 이분법의 함정에 빠지지 않고, 시기와 상황에 따라 가치의 가중치를 달리하는 유연한 태도는 홀론과 홀라키의 관점으로 얻을 수 있는 보다 높은 시선의 지혜입니다.

하위 홀론과 상위 홀론 간의 약속은 상호 기대하는 역할을 해낼 수 없을 때 조정되거나 해체됩니다. 심장이 멎으면 우리 몸은 죽고 반대로 신체 기능이 정지하면 심장 또한 제 기능을 발휘할 수 없습니다. 수많은 개인이 법을 일탈하면 국가 기반이 위태해지고, 국가가 투명하지 않아 부패로 점철되면 국민의 삶이 피폐해집니다. 상위 세계와 하위 세계의 구성원들은 상호 의존적 관계를 염두에 두고 각자의 책임과 역할에 충실 해야 합니다.

그러나 현실에서 두 세계의 약속은 그리 공평하지 못합니다. 거의 모든 분야에서 부분(하위)보다 전체(상위)를 우선합니다. 국가를 위해 개인이 희생하고 회사가 어려워지면 직원을 해고합니다. 손끝이 썩어 들어가면 손목을 잘라내 생명을 보전하고요. 전체가 무너지면 모두가 고통스럽지만 일부의 희생은 전체의 큰 고통을 막아내기 때문입니다. 게다가 작은 부분이 희생되더라도 전체는 살아남아 다음을 기약할 수 있으니 부분에 해당하는 개인은 국가나 조직을 우선하는 데 동의할 수밖에 없습니다. 이런 사상이 굳어지면 수직 구조의 관점을 당연하게 여기고 어느 순간 전체를 위한 희생을 강요하는 추태를 저지릅니다.

수직 구조의 관점과 홀론과 홀라키의 관점은 조직의 해체 이후 결정적인 차이가 드러납니다. 수직 구조의 관점에서 전체의 몰락은 그 자체로 종말입니다. 내가 다니는 회사가 파산하면 내 삶도 사라진다고 두려워하는 것입니다. 우리가 상위 세계의 해체에 좌절하는 이유는 길들여진 편안함, 불안정한 미래에 대한 두려움, 소멸을 세상의 끝으로 단정하는 이분법적 자기중심 사고에 있습니다. 지극히 자연스러운 반응입니다. 하위 세계의 홀론은 상위 세계에 소속될수록 더 큰 힘을 발휘합니다. 한 명의 개인보다 여러 명의 분업이 훨씬 많은 일을 처리해냅니다. 그것이 현대 사회의 풍요를 빚어낸 자본주의 경제 시스템의 비결입니다. 사람들은 지금 이 순간에도 이렇게 조직된 국가, 경제 제도, 전문 직업화를 통해 적은 에너지를 들여 큰 효용을 얻고 있습니다. 그러니 상위 세계의 해체가 두려울 수밖에 없습니다.

홀론과 홀라키에서의 해체는 해체와 동시에 새로운 시작을 포함합니다. 우리 몸이 기능을 다해 죽어도 여력이 남은 일부 장기는 다른 사람에게 이식되어 제 기능을 발휘할 수 있는 것과 비슷합니다. 하위 홀론은 그 하나로 완결된 단위이기에 국가가 망해도 개인의 삶은 계속된다는 관점입니다. 국가는 개인들이 모인 집합체일 뿐 개인 자체는 아니니까요. 그들은 다시금 새로운 방식으로 마을을 꾸리고 상위 공동체를 이루어가며 또 다른 형태의 국가로 발전할 가능성을 품고 있습니다. 전체는 일순간 해체되면 그것으로 사라지지만 부분은 새로운 전체를 구성합니다. 전체보다 끈질긴 생명력을 지닌 것이 부분입니다. 극단적으로 내가 죽어 의식이 사라지더라도 우리 몸을 이루던 고분자 탄수화물, 분자, 원자들은 어딘가의 재료가 되어 새로운 무엇으로 재탄생합니다. 의식과 무의식, 비의식과 영성을 깊이 깨달은 사람은 의식 소멸의 두려움까지 극복해냅니다. 그들에게 있어서 소멸은 완전한 끝이 아닌 새로운 시작입니다.

이것이 인류가 최근에서야 알게 된 홀론과 홀라키의 자연법칙, 우주의 실체입니다. 수직적 체계로 여겼던 세계가 실은 홀론과 홀라키의 총체였습니다. 국가가 있기 전에 개인이 있었습니다. 국가 사회가 생멸을 반복하는 동안에도 개인의 삶은 유유히 이어졌습니다. 오히려 새로운 시작을 거듭할 때마다 진일보한 무엇으로 나아갔습니다. 끝이 끝이 아니라 더 나은 시작이었던 거죠. 그러하기에 이 세상을 홀론과 홀라키의 관점으로 인식하는 것은 우리의 미래를 보다 올바른 모습으로 재탄생시킬 용기와 지혜를 얻는 일입니다. 우주는 오래전부터 그 자리에 있었고 이제 우리가 시선의 차원을 높여 우주의 진면모를 바라볼 차례입니다.

핵심 메시지

우리는 대개 조직을 떠올릴 때 수직적인 명령 체계만을 생각합니다. 혹은 그 극단으로 절대 평등의 수평 구조를 지향합니다. 하지만 세상은 홀론과 홀라키의 창발로 진화하였습니다. 같은 홀론끼리는 수평적이면서 창발된 상위 홀론과는 일정한 약속으로 상호작용 하는 전체입니다. 그 안에서 상위 홀론은 하위 홀론을 보호할 책임이, 하위 홀론은 다른 홀론과의 상호 협력을 통해 상위 홀론을 지지할 의무가 있습니다.

우리가 접하는 모든 사물, 현상, 제도는 그 무엇의 홀론이며 총체적 홀라키의 부분입니다. 또한 이 구조는 늘 흐르고 변화합니다. 상위 세계의 해체는 하위 세계의 재조합을 촉진하며 보다 진일보한 새로운 상위 세계를 구축할 기회이기도 합니다. 우리 자신을 독립된 혼자가 아닌 하위 세계와 상위 세계로 연결된 연대로 인식하는 것은 그 기회를 놓치지 않기 위한 최소한의 노력입니다.

심화 주제

창발적 진화는 두 가지 의미를 지닙니다. '이전에 없던 특성이 새롭게 등장하는 것' 그리고 '하위 체계를 포함하면서 발전하는 것'입니다. 상위 세계는 하위 세계가 지닌 특성과 규칙을 존중하고 긍정적인 방향으로 발현되도록 조력해야 합니다. 우리 사회의 발전 과정을 본다면 포스트모더니즘의 사상은 모더니즘 사상의 장점을 인정하고 포용해야 한다는 의미입니다. 그런데 과연 현대의 상대주의적 관점은 근대의 물질 중심적 관점을 얼마나 수용하고 있을까요?

인간 의식의 관점에서는 우리 신체의 죽음을 모든 것이 무(無)로 돌아가는 소멸로 생각합니다. 그런데 비의식의 관점에선 어떠할까요? 나의 진의식이 이성의 의식뿐 아니라 무의식과 비의식, 영성을 포함한 전체라고 가정한다면, 진정한 나는 이생의 죽음으로 이 세상에서 완전히 사라질까요? 아니면 어디선가 다시 새로운 나로 재탄생하는 걸까요?

14
역사의 필연, 개인의 우연

복잡계 과학의 산실 산타페 연구소 소장을 지낸 제프리 웨스트는 2017년 『스케일 : 생물, 도시, 기업의 성장과 죽음에 관한 보편 법칙』[66]을 통해 '규모의 법칙'으로 재해석한 우주의 진화 법칙을 대중에게 소개했습니다. 복잡계의 관점에서 산술이 아닌 지수(기하급수)로 해석되는 자연을 설명하고 이것이 생물과 인간, 도시 및 기업의 생멸에 어떤 영향을 미치는가를 다루었습니다. 복잡계 과학을 가볍게 정의하면 '최소 단위 개체들의 상호작용으로 일어나는 전체의 움직임'을 연구하는 학문입니다. 경제학을 예로 들어보지요. 전통적인 경제학은 물가, 통화량, 환율, 무역수지 같은 큰 단위의 경제 지표를 다루는 거시경제와 각 경제 주체들[67]의 경제 활동으로 빚어지는 자원의 분배 양상[68]을 다루는 미시경제로 나뉩니다. 현대 경제학은 이 두 가지 관점을 양 날개 삼아 발전했지만 이것으로 현실의 경제를 완전히 설명하지는 못했습니다. 대개 국가의 거시 경제 정

---

66 원서는 『Scale : The Universal Laws of Life, Growth, and Death in Organisms, Cities, and Companies』입니다.

67 크게 가계, 기업, 정부의 세 가지 주체로 구분합니다.

68 예를 들면 공급과 수요에 따른 가격 변동, 상품 공급량의 변화, 노동자 임금 추이 같은 것들입니다.

책은 각 경제 주체의 미시 행동에 영향을 주고 그 결과는 다시 거시 정책 수립에 참조되는데 이 둘을 연결할 이론이 미비했거든요. 경제학자들은 거시 경제와 미시 경제를 연결할 이론을 탐구했고 그 가능성의 하나로 복잡계 경제학이 제시되었습니다.

복잡계 경제학은 가장 소단위 경제 주체인 소비자의 경제 활동이 빚어내는 전체적 결과를 연구합니다. 예를 들어 1,000명의 개인을 가정하고 이들을 무작위로 짝지어 협상 게임을 실시했을 때 벌어지는 현상을 분석하는 것입니다. 협상 게임은 죄수의 딜레마를 응용한 경제 시뮬레이션입니다. 죄수의 딜레마에서 두 참가자는 협력과 배신의 두 선택지 중 하나를 선택할 수 있습니다. 둘 다 협력을 선택하면 양쪽에게 3만 원의 상금을, 어느 한쪽이 배신을 선택하면 배신자에게만 5만 원의 상금을, 둘 다 배신을 선택하면 양쪽에게 1만 원의 상금을 줍니다. 그리고 몇 번의 시행을 통해 각자의 상금을 받아가게 되죠. 이때 제일 아름다운 상황은 둘 다 완전한 협력으로 3만 원씩 받아가는 것입니다.[69] 하지만 한쪽 입장에서 가장 성공적인 상황은 상대가 협력할 때 나는 배반하여 5만 원을 받는 것이므로 참가자는 선택의 기로에 놓이고 이를 죄수의 딜레마라고 합니다.

다수의 참여자가 벌이는 협상 게임에서는 한층 더 역동적인 장면이

---

69 3만 원+3만 원 = 6만 원이므로 다른 어떤 선택보다 양쪽의 상금 합이 많습니다.

연출됩니다. 상대방 한 명과 게임을 하고 끝내는 게 아니라 불특정 다수의 사람들과 여러 번 게임을 해야 하기 때문입니다. 각 참여자는 나름대로의 협상 전략을 갖고 게임에 임하지만 어떤 전략의 상대를 만날지 예측할 수 없습니다. 따라서 게임 시행의 횟수, 게임 상대 결정의 방식, 전체 참여자들의 전략 비중[70], 전략 선택에 따른 상금 수준에 따라 전략의 유불리가 달라지고[71] 결과 또한 매번 다르게 도출됩니다. 가장 소단위 주체인 개인의 전략들이 전체 결과의 변화로 이어지는 복잡계 과학의 대표적인 실험입니다.

참가자 B \ 참가자 A	협력	배신
협력	A : 3만 원, B : 3만 원 **총 6만 원 획득** ⇐ 최상의 결과	A : 5만 원 **총 5만 원 획득**
배신	B : 5만 원 **총 5만 원 획득**	A : 1만 원, B : 1만 원 **총 2만 원 획득** ⇐ 현실의 결과

가장 이상적인 상황은 A와 B 모두 협력하여 총 6만 원을 획득하는 것이지만, 어느 순간 배신자가 등장해 5만 원을 갈취하는 일이 벌어집니다. 이후 두 참가자는 상대에 대한 신뢰를 잃어 배신을 선택하고 도합 2만 원 밖에 획득하지 못하는 악순환이 반복됩니다.

---

70 극단적으로 모두가 배반만 일삼는 무신뢰 상태, 모두가 협력만 하는 고신뢰 상태가 펼쳐질 수 있습니다. 그러나 실제 게임에서는 각자의 전략에 따라 배반과 협력의 확률이 다르고 어떤 참여자들이 게임에 임할지 알 수 없기에 게임을 할 때마다 다른 상황이 전개됩니다.

71 그럼에도 대부분의 상황에서 가장 현명한 전략으로 밝혀진 것이 팃포탯(tit for tat)이었습니다. '눈에는 눈, 이에는 이'로 표현할 수 있는 대응 전략인데, 상대가 나를 배신할지 협력할지 모르는 상황에서 가장 처음엔 협력을, 그 이후의 협상에서는 상대가 보여준 선택을 따라 합니다. 상대가 배신을 했다면 다음 협상에서는 나도 배신하고, 상대가 협력을 했다면 나도 협력하는 방식입니다.

난제는 이 게임을 실시하는 데 너무 많은 자원이 소모된다는 점이었습니다. 1,000명의 참가자가 100명의 상대를 만나고 20번씩 협상을 진행한다 가정해도 총 2,000,000개의 게임 결과를 기록해야 합니다. 게다가 게임은 한 번으로 끝나지 않고 조건 변수를 달리하여 수십 번 실시하게 되는데 사람의 손으로는 도저히 풀어낼 수 없는 규모였습니다. 80년대 이후 컴퓨터의 성능이 급상승하고 연산 비용이 급격히 낮아지면서 복잡계 연구의 가능성이 열리기 시작하였습니다. 연구자들은 컴퓨터를 이용해 수천 명의 참여자를 가정하고 몇 가지 조건을 부여한 뒤 수만 번의 협상 시행을 계산하고 결과를 손쉽게 시각화하였습니다. 덕분에 큰 비용을 들이지 않고 가설을 검증할 수 있었고 심지어 가설 없이 무작위 조건을 설정해 결과를 지켜보는 것도 가능했습니다.[72] 이런 방법론이 경제학 연구에도 접목되면서 미시 경제와 거시 경제를 잇는 복잡계 경제학이 시작되었습니다.

---

72 이는 복잡계 연구 역사의 매우 중요한 전환이었습니다. 창발성이란 하위 세계에 없던 특징이 상위 세계에 나타나는 것, 다시 말해 양 세계 사이에 개연성이 없음에도 무엇이 드러나는 개념을 의미합니다. 개연성을 바탕으로 가설을 설정하는 전통적인 연구 방법론은 복잡계를 탐구하기에 너무나도 비효율적일 수밖에 없었지요. 가설 없이 수백 번의 시도와 결과를 관찰하는 시뮬레이션 기법은 복잡계 연구에 최적이었습니다.

선형 세계관 대 복잡계 세계관

영국의 기상 물리학자 루이스 프라이 리처드슨은 1차 세계대전 시절 무엇이 국가 간 갈등과 전쟁을 일으키는지 예측할 이론을 찾았습니다. 그리고 두 이웃 국가의 전쟁 확률은 서로 마주한 국경 길이에 비례한다는 가설을 세우고 각 나라의 국경 길이가 기록된 자료를 수집했습니다. 그런데 그가 발견한 건 각 자료 값이 저마다 다르고 차이가 크다는 사실이었습니다. 일례로 스페인과 포르투갈 사이의 국경 길이가 어떤 기록에서는 987km, 또 다른 기록에는 1,214km로 적혀 있었던 거죠. 측량기술이 고도로 발달된 20세기에 이런 현상이 나타난 것에 의문을 품은 리처드슨은 이 주제를 깊이 탐구하기 시작합니다. 그리하여 국경을 잴 때 어떤 척도를 쓰느냐에 따라 길이가 달라진다는 결론을 얻었습니다. 아래 그림처럼 같은 지도를 사용해도 측정 간격에 따라 110m 혹은 125m로 차이 났었던 거죠.

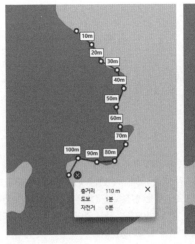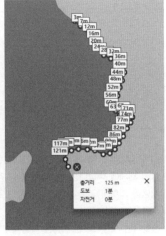

일반적으로 척도의 해상도가 높을수록 실제에 가깝게 측정된다고 알려져 있습니다. 예를 들어 10.22cm 길이의 막대를 1cm 자로 재면 10cm지만, 1mm 자로 재면 10.2cm이고, 0.1mm 자로 재면 10.22cm인 것처럼요. 그런데 리처드슨의 발견은 그 반대였습니다. 위 그림에서 보는 것처럼 간격이 촘촘할수록 더 긴 값이 측정되었습니다. 국경의 길이는 어째서 척도 해상도가 높을수록 늘어났던 걸까요? 답은 자연물과 인공물의 차이에 있었습니다. 자연적으로 형성된 것들은 대개 울퉁불퉁한 모습을 띠고 있어서 척도가 정교할수록 측정값이 증가합니다. 반면 인공적으로 만들어진 것들은 대부분 매끈한 선으로 되어 있어서 척도가 정교해질수록 측정값이 정확한 값으로 수렴됩니다. 리처드슨은 자연물을 측정할 때에는 어떤 척도를 썼는지 제시하는 게 중요하다는 것을 알리면서 지금까지의 과학이 얼마나 자연의 실체를 오해하고 있었는지를 깨닫게 해 주었습니다.

우주 대부분의 자연물들은 구불구불하거나 거친 불규칙한 패턴으로 이루어져 있습니다. 멀리서 지구를 볼 때는 매끈한 원형이지만 바로 앞 땅 위에서는 높은 산, 깊은 골짜기가 가득합니다. 사람 피부도 마찬가지여서 언뜻 보면 매끄럽지만 현미경으로 들여다보면 자글자글한 주름으로 굴곡지어 있습니다. 그리고 그 패턴은 불규칙하지만 자기 유사성이 확장되는 형태입니다. 이를 프랙탈(fractal) 도형이라고 부르는데 아래 그림처럼 멀리서 보이는 특정 패턴이 가까이서도 드러나는 자기 복제의 연속 모형입니다. 과학자들은 해안선의 굴곡, 번개의 가지, 눈꽃의 모양, 여러 종류의 식물 열매 등 많은 자연물에서 비슷한 패턴을 발견하였고 프랙탈이 자연의 규칙, 자연의 기하학이라고 생각하였습니다.

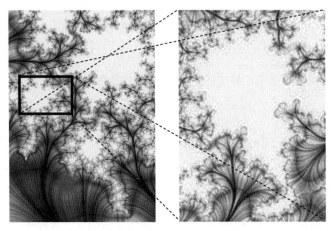

• 출처 : 픽사베이

수학자 브누아 망델브로는 1967년 사이언스에 「영국의 해안은 얼마나 길까? 통계적 자기 유사성과 프랙탈 차원」[73]을 기고하여 리처드슨의 연구에 프랙탈 개념을 추가합니다. 리처드슨이 정리한 각 나라 해안선의 매끈함 그래프에 수학 계산을 위한 숫자를 정의한 작업이었습니다. 간단하게 요약하면 1에 가까울수록 매끈한 선, 2에 가까울수록 불규칙한 선이었습니다. 그리고 어떤 선이 극도로 불규칙할 경우 매끄러운 면이 되는 것으로 가정했습니다. 길게 뻗은 철사를 우그려 납작하게 누르면 면의 형상이 되는 것처럼요. 비슷한 방식으로 3은 불규칙한 면 혹은 매끈

---

73 원제는 「How Long is the Coast of Britain? Statisical Self-Similarity and Fractional Dimension」입니다.

한 입체 도형이 되었습니다. 망델브로의 수학 공식과 불규칙한 패턴이 자기 유사성으로 확장되는 프랙탈의 특성은 복잡계 연구의 기초가 되었습니다. 그때까지 일반적인 수학 공식은 매끄러운 선형 기반의 것이었습니다. 그래서 불규칙한 패턴의 자연물을 모방하지 못했고 한다 해도 낮은 효율로 많은 비용을 투입해야 했습니다. 반면 망델브로의 공식은 간단한 변수 조정을 통해 자기 유사성을 지닌 값을 확장 복제하였으므로 불규칙한 자연의 형상을 묘사하기에 적합했습니다. 복잡한 반복의 주식 그래프 예측, 공식 따윈 없을 것 같은 얼룩말 무늬의 재현, 실제 세계를 찍은 듯한 게임 그래픽과 영화 CG들이 리처드슨의 상식을 깬 통찰과 망델브로의 공식화 덕분에 가능한 기술이었지요. 인류는 20세기 후반에 이르러서야 자연에 가까운 세상을 시뮬레이션할 수 있는 수준에 도달하였습니다.[74]

첨단 과학 기술은 이 수준에 이르렀지만 보통 사람의 눈높이는 유클리드의 선형 세계에 머물러 있습니다. 매끈한 선과 면, 부피에 익숙한 사고방식은 주변의 모든 사물을 직선과 곡선, 미려한 다각형 및 부피로 이해하고 그와 유사한 인공물을 생산합니다. 주변을 둘러보아도 대다수의 인공물들은 일정한 선과 면, 정률의 곡선으로 이루어져 있습니다. 네모난 테이블, 평평한 스마트폰, 좌우 대칭의 유리컵, 선이 잘 빠진 승용차

---

74 루이스 프라이 리처드슨과 브누아 망델브로의 복잡계 발견 역사는 제프리 웨스트의 저서 『스케일 : 생물, 도시, 기업의 성장과 죽음에 관한 보편 법칙』에 소개된 내용을 요약 정리한 것입니다. 더 심도 있는 이야기가 궁금하신 분은 해당 도서를 읽어보시길 추천합니다.

같은 것들이지요. 이들은 고대부터 이어진, 우리에게 낯익은 형태의 물건이면서 산업화 시대에 적합한 정량, 표준, 대량화의 요건이었습니다.

선형 세계관은 우리의 행동 양식과 문화에도 깊이 묻어납니다. 가장 위에 최고 책임자가 있고 그 아래로 권한이 위임되는 하이어라키 조직은 선형 세계관의 대표 사례입니다. 회사뿐 아니라 국가 행정, 군대, 학교, 회사 심지어 가정 내에서도 존재하는 구조이고 근래 들어 개인의 자유를 억압하는 단점이 부각되는 형태입니다. 전통적인 학문에서의 선형 세계관은 원인과 결과를 일정한 논리로 연결하여 지식을 확장하는 방법론으로 나타납니다. 예측하고 계획해서 적합한 방법을 제시하는 확실성의 세계이지만 변화가 빠르고 창발성이 두드러진 최근의 시류에는 취약한 면모를 드러내고 있습니다. 일반인이 문제를 대하는 방식은 더 단순합니다. 왼쪽 아니면 오른쪽, 옳지 않으면 그른 것, 우리 편 아니면 적으로 규정합니다. 세상에 일어나는 수많은 사건들을 한쪽의 관점으로 해석하고 그것이 절대 답인 것처럼 주장합니다. 실제 세계는 그렇지 않은데 말이지요.

자연에 가까운 복잡계는 원인과 결과를 분명히 연결 짓기 어려운 우연한 상호작용의 진화입니다. 잔디밭에 피어난 엇비슷한 들꽃들을 자세히 들여다보면 저마다 조금씩 다른 크기와 색, 모양을 띠고 있습니다. 계획을 세우고 그에 맞춰 내용을 채워가는 탑다운식 작업으로 만들어낸다면 한 세월 힘써야 구현할 수 있는 다채로움입니다. 하지만 작은 단위 세포가 상호작용하며 창발적 상위 체계를 만들어가는 홀론과 홀라키의 구조에서는 수월합니다. 그렇게 피어난 들꽃은 지역 생태계 속 하나의 홀론이고 또 다른 홀론들과 상호작용 하며 자연계를 이루어가고요. 최소 단위 개체에서 전체가 창발되는 복잡계의 관점은 우리가 알고 있는 사상 중 가장 자연과 닮아 있습니다.

인류 역사, 사회 구조에 대입해도 같은 결론으로 이어집니다. 개인들의 상호작용으로 여러 특성의 씨족이 등장하고 그 씨족들이 모여 특정 문화의 도시국가를 이루었습니다. 여러 도시국가 사이의 역동은 큰 규모의 국가로 규합되고 각 국가들의 상호 작용은 특정 지역, 대륙의 문화 습성을 형성합니다. 어떤 나라의 정치, 경제, 사회, 문화적 특색은 국가법 혹은 리더의 성향으로 결정된 게 아니라 가장 작은 단위 개인들의 일정한 특징이 경로의존성을 따라 진화한 창발의 결과입니다. 우리는 국가 중심의 사관으로 과거를 배우지만 이는 현상의 결과일 뿐입니다. 우리가 역사로부터 배워야 할 진짜 교훈은 개인으로부터 시작된 창발의 과정에 있습니다.

정리해보면 복잡계적 관점은 '전체 안의 개인을 규정'하는 경직된 사고를 '개인 간의 역동이 전체를 형성'하는 유연한 사고로 변화시킵니다. 전체에 함몰되어 개인을 소외시키거나 개인만을 강조해 전체를 무시하는 이분법의 함정을 벗어난 '한 차원 높은 시선'으로의 성장입니다. 아울러 변화무쌍한 개인들의 역동을 민감하게 감지하며 과거에 묶이지 않고 변화하는 미래를 잡는 것은 복잡계 관점이 주는 최고의 선물입니다.

미래를 가늠할 수는 있지만 누가 언제 어떻게 될지는 알 수 없는 자연의 세계

한편 복잡계 원리에서는 흥미로운 두 가지 특징이 발견됩니다. 첫째, 가장 작은 단위의 특성으로 최종 결과가 제약됩니다. 둘째, 전체의 경향성은 알아낼 수 있어도 작은 단위의 사건은 정확히 예측해내지 못합니다. 무슨 뜻인지 쉽게 이해가 안 되는 문장이라 다음의 예시로 자세히 알아보겠습니다.

2×2 크기의 1g짜리 레고 블럭이 있습니다. 이 레고 하나가 버티는 힘의 한계를 100g이라 가정합니다. 그리고 제일 아래 최초 블럭이 있고 다른 블럭을 쌓아가며 모양을 만들어갑니다. 이 경우 쓸 수 있는 블럭 수는 최대 101개입니다. 그 이상 쌓으면 가장 아래 블럭이 무게를 견디지 못해 무너지고 말거든요. 이 규칙을 적용해 블럭을 쌓으면 다양한 모형을 무한대에 가깝게 시도할 수 있지만 그 어떤 것도 102cm를 초과하지 못합니다. 제일 넓게 퍼뜨리는 방식으로 2개씩 층층이 양옆으로 쌓아 올려도 51층이 한계이고 이때의 길이는 102cm입니다.[75] 가장 작은 단위의 블럭 특성이 모형의 최대 길이를 제약하는 현상입니다. 이때 최대 길이를 더 늘이고 싶으면 어떻게 해야 할까요? 블럭 특성을 바꾸어야 합니다. 만약 블럭 사이즈가 2×3이라면 최대 203cm까지 길이를 늘일 수 있

---

75 51(층) × 2(cm) = 102(cm)

습니다.[76] 블럭 사이즈를 그대로 두고 블럭이 버티는 힘의 한계를 200g으로 늘이는 방법도 있습니다. 이 경우 쌓을 수 있는 최대 블럭 수는 201개, 101층이므로 202cm까지 도달할 수 있습니다.[77] 결국 복잡계의 세계는 무한한 다양성이 있지만 분명한 한계점이 있고 그 한계는 가장 작은 단위의 특성이 결정합니다.[78]

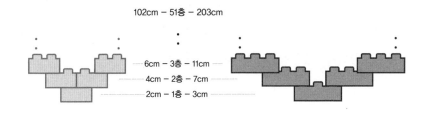

복잡계의 흥미로운 두 번째 특징을 살펴봅시다. 인구 통계에는 기대수명이란 개념이 있습니다. 특정 해에 태어난 사람이 몇 살까지 살 수 있을지를 평균으로 추정한 나잇값입니다. 통계청에 따르면 2018년 기준 한국인의 평균 기대수명은 약 82.7세입니다. 2018년에 태어난 아이들은 평균 82.7세를 살 수 있다는 뜻입니다. 정부와 기업들은 이 데이터를 참

---

76 1층은 3cm, 2층은 7cm, 3층은 11cm로 증가하는(층수) × 4(cm) − 1(cm)의 함수이므로, 51(층) × 4(cm) − 1(cm) = 203(cm)

77 101(층) × 2(cm) = 202(cm)

78 인류의 역사 또한 마찬가지여서 영장류 인간의 특성이 인류의 발전 가능성을 제약합니다. 그 한계를 뛰어넘는 건 개별 인간이 한층 업그레이드되는 방법뿐이지요.

조하여 2018년생들의 생애주기를 계산하고 그에 맞춰 국가 정책 및 사업 전략을 수립합니다. 전쟁이나 천재지변 따위의 이변이 없다면 대개는 그 예측이 틀리지 않고 2018년생 사람들은 평균적으로 82.7세에 죽음을 맞이합니다. 하지만 이 정보는 2018년에 태어난 김 모군의 사망 나이를 예측하지는 못합니다. 아주 불운하다면 어릴 적 교통사고로 일찍 죽을 수 있고 운이 좋다면 100세 이상을 살 수도 있습니다. 통계로 파악할 수 있는 최선의 정보는 20세 이전 교통사고 사망률이라든지, 50대 성인병 사망률 같은 확률 값 정도입니다. 그러나 이조차도 김 모군의 사망 나이를 맞히지 못합니다. 대략적인 경향성만 알 수 있을 뿐입니다.[79]

최소 단위 개체 특성이 전체를 제약하고, 경향성은 알지만 특정 사건은 예측 못하는 복잡계의 두 가지 흥미로운 특징은 놀라운 결론으로 이어집니다. 복잡계 세계에서 '거시 방향성은 미시 세계에 의해 결정되지만 그렇다 해서 미시 세계의 정확성을 예측하지는 못한다.'는 것입니다. 인류 역사에 빗대어보면 인류 사회는 어떤 필연적 결론을 향해 나아가고 있지만 중요한 역사적 사건들, 예를 들어 나폴레옹이 일으킨 유럽 정복 전쟁이나 제임스 와트의 산업용 증기기관 발명은 우연적 발현이었다는 뜻입니다. 다시 말해 거시 방향성에서 유럽 정복 전쟁이나 산업용 증기기관의 등장은 역사의 필연이었으나 그 주인공이 나폴레옹과 와트인 건

---

79 아마존 SCM 사례도 동일합니다. 스프링필드의 심슨 가족이 몇 월 며칠에 화장지를 살 것인지 맞히기는 어렵지만 그 마을 전체의 월간 화장지 구매량은 예측 가능하기에 지역 창고를 이용한 미국 내 당일 배송을 구현할 수 있었던 것입니다.

미시계의 우연으로 그들이 아니더라도 다른 누군가가 그 과업을 해냈을 것입니다.

이 논리를 우리의 삶에 적용해봅시다. 사람들은 누군가의 성패를 필연과 우연 중 하나의 관점으로 해석[80]합니다. 필연을 믿는 사람은 운명론자, 우연에 무게를 두는 사람은 자유의지론자입니다. 그리고 자기 객관화가 잘 되어 있지 않은 경우에는 상황에 따라 자신에게 유리한 결론을 내립니다. 나의 성공은 노력에 의한 필연이라 자만하고, 실패는 재수 없이 당한 우연으로 평가절하 하지요. 이런 사람은 타인의 성공을 재수 좋게 얻어걸린 우연, 실패는 부족한 노력으로 맞이한 필연이라 생각합니다. 전형적인 내로남불 심성입니다. 반대로 생각하는 경우도 있습니다. 나의 실패는 절대 넘어서지 못했을 운명이었고 타인의 성공은 이미 그렇게 되도록 정해진 필연이라 여기는 자포자기 정서입니다. 생각의 방향만 다를 뿐 어느 한쪽에 기울어진 판단이라는 점은 매한가지입니다.

복잡계 관점에서는 이 모든 주장이 반쪽의 진실입니다. 거시 방향성에서는 성공과 실패의 역할이 필연적으로 존재합니다. 하지만 누가 승자가 되고 누가 패자를 맡을 것인지는 각자의 노력에 달려 있습니다. 다만이 말을 노력으로 모든 난관을 돌파할 수 있다는 의미로 오용해서는 안됩니다. 복잡계의 창발은 가장 작은 단위에서의 경로의존성을 따른다고

---

80   이 역시 우리에게 익숙한 이분법적 사고입니다.

하였습니다. 유복한 환경에서 태어난 아이와 불운한 조건에서 태어난 아이는 근본적인 차이가 존재합니다. 내전 중인 국가의 난민 캠프에서 나고 자란 청소년은 아무리 노력해도 성공 한계가 명확합니다. 반면 억만장자의 외동 청년은 수십 번을 실패해도 남부럽지 않게 살 수 있는 재력이 보장됩니다. 이처럼 사람에게는 복잡계 원리에 따라 저마다 정해진 미래 제약이 있으며 그것의 극한에 이르는지 한참 미치지 못하고 주저앉을지가 개인의 자유의지에 달려 있습니다.

이를 올바르게 이해하면 삶의 태도에 관한 소중한 교훈을 얻을 수 있습니다. 나의 성공은 '주변 상황이 어우러진 협력의 결과'라는 겸허함, 타인의 실패는 '주어진 조건에 매여 어찌하지 못할 결과'로 이해하는 포용심입니다. 또 나의 실패는 '성공할 수 있었지만 부족한 무엇이 있었다'는 자기반성, 타인의 성공은 '다가온 기회를 적시에 잡아낸 노력의 결과'라는 존경심도 있습니다. 이는 앞서 보여준 자만심, 평가절하, 자포자기 같은 태도와 종이 한 장 차이입니다. 나의 성공과 실패 그리고 남의 성공과 실패의 귀인(歸因)[81]을 어디로 하는지, 거시적 필연과 미시적 우연을 함께 볼 수 있는지의 여부입니다.

복잡계 관점을 적확하게 체화하기 위해서는 거시적 필연과 미시적 우연을 분리해서 봐야 합니다. 전체에서 드러나는 경향성을 보고 작은

---

81 특정한 사건의 원인을 어디로 혹은 누구에게 돌리는지의 과정입니다.

단위의 사건을 예측해서는 곤란합니다. 평균 기대수명의 통계를 가지고 김 모군의 사망 예상 연도를 추정할 수 없는 것처럼요. 반대로 작은 단위의 사건들만 참조해서 전체의 경향성을 속단해서도 안 됩니다. 성급한 일반화의 오류[82], 심리적 확증 편향[83]이 이와 밀접하게 관련되어 있습니다. 그런데 사람들은 자신에게 익숙한 영역에 있어서는 전체의 경향성을 절대 진리 삼아 모두에게 적용합니다. 또 자신의 좁은 시야로 포착한 결과를 전체의 경향성으로 착각합니다. 이 두 가지 태도가 조합된 경우 그야말로 최악의 빌런이라 하겠습니다.

세상을 현명하게 살아가는 길에는 왕도가 없습니다. 나의 행동이 거시 세계에 어떤 경향성을 일으킬지, 또 그 경향성이 지금 나의 선택에 부합할지 아닐지는 아무도 알 수 없기 때문입니다. 그저 우리가 할 수 있는 최선은 현실에 충실하고 끊임없이 세상을 새롭게 바라보며 원하는 미래를 향해 노력하는 것뿐입니다. 그 결과는 거시적 경향성, 즉 하늘의 뜻에 맡긴 채로 말이지요.

---

82 일부 사례만을 가지고 전체를 결론 내어버리는 논리적 오류
83 자신의 관점에 부합하는 정보만 수용하고 그렇지 않은 정보는 무시하는 경향성

핵심 메시지

복잡계와 홀론 홀라키는 같은 개념을 다른 관점으로 바라본 이란성 쌍둥이입니다. 가장 작은 단위의 상호작용으로 형성되는 전체의 경향성에서 홀론은 하나의 작은 단위이고 홀라키는 상호작용에서 비롯되는 전체의 경향성, 즉 규칙으로 치환됩니다. 반대 관점으로 설명하면 하위 세계 홀론들의 상호작용은 복잡계의 미시 행동, 하위 홀론들이 빚어낸 창발된 상위 세계는 복잡계 속 전체의 경향성입니다. 아울러 그렇게 만들어진 상위 세계의 홀론들이 상호작용하여 그다음 상위 세계의 홀론으로 창발되는 진화의 거듭 과정은 복잡계의 프랙탈이 연상되는 대목입니다.

복잡계는 가장 작은 단위에서 시작해 전체를 아우르지만 특정 원인과 결과를 단정할 수 없는 역동적인 세계입니다. 이는 인류가 최근에서야 재현할 수 있게 된 보다 자연스러운 우주의 실체입니다. 자연스럽다는 건 더 탄력적이고 지속 가능하다는 의미입니다. 그러나 우리는 아직 선형의 세계관에 익숙합니다. 전통적인 경제학, 사회학, 심리학, 정당 조직, 행정부, 회사, 학교 모두 선으로 연결되는 분명한 원인과 결과의 세계입니다. 이는 매우 효율적이지만 경직되어 있고 변화에 취약합니다.

심화 주제

나의 미래는 예측할 수 없지만 세상의 방향은 어느 정도 짐작 가능합니다. 이것은 얼마나 더 넓은 관점에서 다양한 사건을 읽고 연결시킬 수 있느냐에 달려 있습니다. 아울러 어떠한 사건 이면에 있는 여러 가지 원인들, 사건이 미칠 다양한 영향들, 그리고 원인과 사건과 영향들이 빚어내는 리드미컬한 패턴을 읽어내는 역량까지 필요합니다. 우리의 익숙함에 '왜'를 묻는 습관을 통해서 말이지요.

15

진화와 도태의 사이에서

"인생은 가까이서 보면 비극이지만 멀리서 보면 희극"[84]이라고 한 찰리 채플린의 격언은 복잡계의 특성을 고스란히 담고 있습니다. 인류 역사를 돌아보면 작은 개인의 삶은 무수한 경쟁과 실패, 죽음으로 점철되었습니다. 지배층과 피지배층으로 나뉘고 강한 국가와 약한 국가로 나뉘어 전쟁과 약탈, 핍박이 빗발치는 와중에도 개별 인간은 끈질기게 생명을 이어갔지요. 대부분은 약자의 위치에서 연명하였지만 강자라 해서 그 힘이 영원하지 못한, 승자와 패자가 수시로 뒤바뀌는 혼란의 연속이었습니다. 그럼에도 개인들이 이룩한 인류의 역사는 경이로웠습니다. 압도적 힘을 행사하는 대제국이 등장하고 초월적 규모의 종교가 일어났습니다. 혁신을 거듭한 과학 기술은 하나의 세계로 묶인 산업 시스템을 구축했고 그 덕택으로 21세기 현대인들은 역사 이래 최대의 풍요를 맞이하였습니다.

세계적 심리학자 스티븐 핑커가 『우리 본성의 선한 천사』[85]에서 논증한 바대로 인류는 확실히 진보하는 중입니다. 지구촌 어딘가에는 가난과 폭력, 전쟁이 지배하고 있는 건 사실이지만 100년 전, 1000년 전 세상과

---

84 "Life is a tragedy when seen in close-up, but a comedy in long-shot."

85 원제는 『The Better Angels of Our Nature』입니다.

는 비교할 수 없을 정도로 살인과 기아는 줄어들었고 인간의 평균 수명은 향상되었습니다. 그럼에도 우리의 삶이 마냥 아름답지 못했던 이유는 인류의 역사와 개인의 역사가 달랐기 때문입니다. 인류 전체는 진화를 거듭했지만 도태하지 않으려는 개별 인간의 몸부림은 변함이 없었습니다. 교과서에 짤막하게 소개되는 근대 산업혁명의 이면에 시대에 뒤처진 수천만 노동자의 굶주림이 있었던 것처럼요. 이는 지금도 마찬가지여서 21세기 정보 혁명의 첨병인 스마트폰은 수만의 재래식 제조산업을 애플리케이션으로 대체하였습니다.

지금도 우리는 진화와 도태의 갈림길에서 살아남기 위해 부단히 노력합니다. 삶의 평균적인 질이 상승한 것에 비례해 눈높이도 높아지고 경쟁의 강도 또한 거세졌습니다. 어떤 현명한 지혜를 깨우쳐 승리자가 되는 비법을 터득하면 좋으련만 불행히도 개인의 미래는 평범한 인간이 예측해낼 수 없는 영역입니다. 그저 역사의 필연 속에 개인의 우연이 적중하길 바라며 열심히 살아가는 수밖에 없습니다. 그럼에도 복잡계의 지식은 조금이나마 우리의 의문을 해소시켜줄 것입니다. 누가 경쟁에서 이길지 알아내지는 못하지만 어떤 원리로 진화와 도태가 이뤄지는지 엿보는 방법으로 말이지요.

사회진화론과 상호부조론

다윈의 진화론은 프로이드의 정신분석학만큼이나 인류 사회에 막대한 영향을 주었습니다. 그의 이론은 살아 있는 생물들이 세대를 이어가면서 환경에 알맞게 진화한다는 것인데, 이에 영향을 받은 허버트 스펜서는 인간 사회의 역동을 사회진화론(social darwinism)으로 설명하였습니다. 국가 사회도 생물의 진화와 마찬가지로 보다 나은 방향으로 발전한다는 것입니다. 당시 영토 확장에 사활을 건 제국주의자들은 자신의 침략 행위를 정당화하기 위해 사회진화론을 변질시켰습니다. 환경에 적응한 자는 살아남고 그렇지 못한 자는 도태되는 게 인류 전체의 진화라 주장하였습니다. 그들은 자신의 신념에 따라 약소국을 당당히 유린하고 자긍심을 느꼈습니다. 그리고 이 시절 구축된 국가 간 힘의 우위는 지금까지도 유효합니다.

국가 단위에서 도용된 적자생존의 정의는 일반 대중에게도 수용되었습니다. 사람들은 은연중에 강한 자가 선(善)이고 약한 자가 악(惡)이란 등식에 익숙해졌습니다. 이는 전형적인 모더니즘 사고방식으로서 될 만한 곳에 투자하고 그렇지 못할 곳은 외면하는 풍조를 낳았습니다. 이에 대한 반발로 포스트모더니즘은 모든 이가 평등하게 살 권리를 지닌다고 주장하며 나름의 성취를 이루었지만 실질적인 경제 논리는 모더니즘 세계관에 기울어져 있는 것이 현실입니다.

러시아 태생 지리학자 표트르 알렉세예비치 크로포트킨이 제시한 상호부조론(mutualism)은 적자생존 반대편의 사상입니다. 명문 귀족 집안에서 태어나 엘리트 교육을 받고 촉망받는 지리학자가 된 그는 자신이 관찰한 동물들의 생태와 문화인류학적 지식을 토대로 경쟁이 아닌 상호 도움에 의한 삶의 방식을 깨달았지요. 그리하여 잔혹한 서구 열강의 제국주의가 휘몰아치던 19세기 중엽, 생존 경쟁 원리를 내세운 사회진화론을 비판하며 자발적인 상호 조력과 협동으로 사회가 진화한다는 상호부조론을 펼쳤습니다. 서로 피 흘리며 경쟁하는 인간 사회는 자연과 동떨어져 있으므로 동물들, 특히 고등 포유류 집단을 본받아 사교적 협력을 통해 안정적인 번식과 진화를 도모하자는 내용이었지요.

당시 힘을 가진 제국주의자, 국가주의자들에게 크로포트킨은 입안의 가시 같은 존재였습니다. 타국을 침략하여 국력을 증강해야 하는 치열한 경쟁의 시대에 그의 주장은 어리석은 논리에 불과했습니다. 그 결과 크로포트킨은 모국인 러시아를 비롯해 유럽 대부분의 국가에서 요주의 인물로 찍혀 평탄치 못한 일생을 보냈습니다. 그럼에도 그가 남긴 역작 『만물은 서로 돕는다 : 크로포트킨의 상호부조론』[86]은 아나키즘(anarchism)[87] 조류에 인문학적 토대를 제공한 최초의 책으로서 지금까지도 자유를 갈망하는 이들의 필독 고전으로 손꼽히고 있습니다.

---

86 원제는 『Mutual Aid : A Factor of Evolution』입니다.

87 한국어로 무정부주의로 번역되어 있는 개인주의 사상이고 흔히 정부를 전복하려는 과격 분자로 오해받고 있는 경우가 많습니다. 하지만 아나키즘은 an(없음) — archism(지배체제), 즉 지배와 피지배의 권력 구조를 반대하는 사상으로서 무조건적인 정부 붕괴를 노리는 급진주의와 일치하지는 않습니다.

여러분은 사회진화론과 상호부조론, 적자생존과 상호협력의 양극에 있는 두 사상 중 어느 것에 동의하나요? 아마도 냉정한 현실 세계에서 실질적인 생존 기술을 중시한다면 적자생존의 사회진화론, 인본주의적인 이상 세계를 지향하고 상대적 다양성을 포용한다면 상호협력의 상호부조론이 심정적으로 끌릴 것입니다. 하지만 지금까지 글을 잘 이해하였다면 사회진화론과 상호부조론은 어느 한쪽의 진실이라는 점을 눈치챘을 겁니다. 홀론과 홀라키로 창발되는 복잡계에서 일어나는 작용은 상호부조론의 협력[88]에 가까우면서도 결과적으로는 진화와 도태로 드러납니다.

사자, 들소, 하이에나 등의 다양한 동물들이 적정하게 균형 잡힌 사파리를 생각해봅시다. 이곳에서 들소는 풀을 찾아 초원을 이동하고 사자는 들소를 잡아먹으며 하이에나는 죽은 동물의 시체를 청소합니다. 무엇이 좋고 누가 나쁘다고 말할 수 없는 조화의 상태입니다. 사자와 들소, 하이에나의 관점에서는 먹고 먹히는 냉혹한 생존의 장이지만 생태계 전체로 보면 그것으로 말미암아 사파리가 유지되는 상호부조의 상태입니다. 사자가 들소를 멸종시킬 일이 없고 들소가 초원을 황폐화시킬 일이 없으니까요.

---

88 크로포트킨도 적자생존의 경쟁이 인류를 발전시킨다는 점은 어느 정도 인정했습니다. 다만 부분적, 간헐적으로 나타나는 현상이며 근원에는 상호부조의 공동체가 뒷받침하고 있음을 강조하였습니다. 적자생존 경쟁이 절대 진리인 것마냥 호도되었던 시대 흐름 탓에 대중의 기억에는 적자생존 경쟁을 전적으로 부정하는 인물로 각인되었습니다.

하지만 자연의 변화는 외부에서 불현듯 찾아옵니다. 극한 가뭄이 들어 초원이 메말라버려 들소가 자취를 감춰버리는 거지요. 이렇게 되면 사자 역시 먹이가 부족해져 고통을 받고 점차 개체 수가 줄어들게 됩니다. 자연 상태라면 어느 시점에 비가 내리면서 균형을 되찾겠지만 여기에서는 수십 년에 걸쳐 가뭄이 계속된다고 가정해 보겠습니다. 이 경우 들소는 멸종해버릴 것이고 사자도 명맥을 이어가기 힘들게 됩니다. 이때 인간의 명령에 순종하는 별난 사자가 등장합니다. 유전적인 돌연변이로 태어난 극소수의 개체입니다. 이 순종하는 사자는 사파리가 망가지는 것과 상관없이 사람의 애완동물이 되어 유전자를 이어갑니다. 그 결과 초원의 왕으로 군림하던 용맹한 사자는 도태되고 사람에게 애교를 부리는 온순한 사자가 생존 경쟁의 우위를 차지합니다. 이 스토리에서 우리는 애완동물이 된 사자가 그렇지 않은 사자보다 우월하다고 평가할 수 없습니다. 인간의 손에 길들여졌으니 열등하다고도 말 못하지요. 다만 의도치 않은 상호부조를 통해 안정된 삶을 이어가던 사파리의 동물들은 예상치 못한 변화를 맞이해 누군가는 적자가 되고 도태자로 전락합니다.

이렇듯 서로 대립하는 사상의 대표 격인 사회진화론과 상호부조론조차 어느 하나가 답일 수 없습니다. 상호부조로서 현재를 가꾸어가지만 외부 환경의 변화에 의해 선택되거나 배제됨으로써 진화하거나 도태되는 것이 자연의 본모습입니다. 사회진화론과 상호부조론이 공존하고 역동함으로써 앞으로 나아가는 것이지요. 결국 전체의 진화는 거시적 역사의 필연이고 개별 개체의 도태는 미시적 홀론의 운명인 걸까요. 사파리 예시는 상호작용을 통한 생태계의 균형, 그리고 환경 변화에 따른 진화와 도태의 과정을 가치중립적으로 전달합니다. 홀론과 홀라키의 관점으로 표현하면 홀론들의 상호 협력과 견제로 이루어왔던 항상성이 외부 환경의 변화로 진화 압력이 가해지는 바람에 적응에 성공한 홀론은 살아남아 진화하고 그렇지 못한 홀론은 사라져 도태되어버렸습니다.

그러나 이 논리를 인간 세계에 적용하면 사뭇 다른 느낌으로 다가옵니다. 민족, 인종, 성별, 계급, 세대로 나뉜 인간 사회에서는 특정 집단이 적응에 성공해 진화하고 그렇지 못한 집단이 도태되어 사라지는 현상을 중립적으로 수용하기 어렵습니다. 사회진화론자는 상호작용으로 이루어진 생태계 균형을 얕보며 특정 사회의 도태를 당연시할 것이고, 상호부조론자는 부적응을 도태의 근거로 내세우는 행위를 비윤리적이라 비난할 것입니다. 이는 사람으로서 갖는 당연한 정서이며 사실 이런 본능적 불편함이 우리로 하여금 더 바른 미래로 나아가도록 이끄는 원동력입니다. 그럼에도 현상 자체는 이성으로 직시해야 합니다. 감정적으로 불편함을 느낀다고 이성의 눈까지 멀어버리는 건 옳지 못한 태도입니다. 사람들이 벌이는 진화와 도태의 아수라장을 메마르게 바라보는 건 인간적이지 못하지만 누군가는 변화에 적응해 살아남고 또 누군가는 그렇지 못해 낙오 도태되는 게 주변의 현실입니다. 우리가 이 가련한 운명을 벗어나기 위해서는 냉철한 시선으로 현상을 파악할 수 있어야 합니다.[89]

잠시 감정은 내려놓고 있는 그대로의 모습을 살펴봅시다. 선악의 가치관에 매이지 않고 건조하게 현상을 바라볼 때 자연의 온전한 실체를 파악할 수 있습니다. 익숙지 않은 경험이지만 높은 차원의 시선에서 세상을 읽기 위해 필요한 훈련입니다. 그렇게 현실을 충분히 숙고하고 나서 잡아두었던 가슴속 불씨를 밝혀 변화를 모색하였을 때 비로소 현명함과 인자로움의 가치가 함께 실현될 것입니다.

필연적 도태와 인류의 진화

무작위로 뿌려진 점 128개가 있습니다. 이들은 아무 상호작용이 없는 최소 단위입니다. 이 점들을 1분에 하나씩 두 개의 점으로 짝짓습니다. 두 점이 상호작용을 하며 하나의 그룹으로 탄생하는 것이고 모든 점이 그룹이 되기까지는 64분이 소요됩니다. 그다음은 두 점으로 묶인 그룹을 네 점의 그룹으로 연결합니다. 64개의 그룹이 있으니 32분이 지나면 연결이 완료됩니다. 다음 단계는 점 여덟 개의 그룹입니다. 역시 1분에 하나씩이고 16분이 지나면 모든 점이 여덟 개 그룹으로 묶입니다. 이런 식으로 두 그룹을 서로 묶어나가면 그룹의 크기는 2배씩 늘어나면서 필요한 시간은 절반씩 단축됩니다. 8분, 4분, 2분 그리고 1분이 지나면 128개 점이 모두 엮인 하나의 그룹으로 통합됩니다.

---

89 잠깐 선행하자면 각자의 진화와 도태는 전체 인류가 나아가기 위한 역할이며 인간의 성장은 그중 하나의 역할을 맡아 충실히 임하고 교훈을 깨달았을 때 이루어지는 것입니다. 상당히 영성적인 내용이고 관점에 따라서 현실 도피 혹은 선민주의로 이어질 수 있는 조심스러운 문장입니다. 좀 더 구체적인 이야기는 인간 편에서 다루도록 하겠습니다.

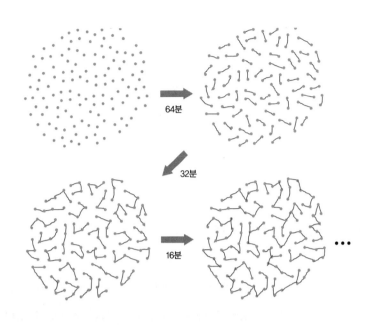

이 시뮬레이션을 인간 사회에 대입하여 점은 한 명의 개인, 선은 두 사람을 잇는 관계로 가정합니다. 최초 128개의 각 점들은 자유롭지만 연약한 한 명의 개인입니다. 이 점이 선으로 연결되어 묶이기 시작하는 것은 그 사이에 질서나 계약, 문화 같은 상호작용 등이 생겨난다는 의미입니다. 그 덕에 힘은 좀 더 강해지지만 그 대가로 개인의 자유를 내어 주어야 합니다. 혼자 있을 때와 달리 상대에 대한 의무를 지킴으로서 관계가 유지됩니다. 점이 셋 이상을 초과해 연결되는 것은 부족, 공동체, 회사 같은 사회 집단과 유사합니다. 둘이 있을 때보다 훨씬 큰 힘을 낼 수 있지만 개인의 자유는 더욱 제한받습니다. 게다가 그룹 안에 설정된 규칙의 수는 그룹 구성원 수가 늘어나는 것보다 빠르게 증가합니다. 두 명의 그룹에서 규칙이 한 개라면 세 명의 그룹에서는 규칙이 세 개이고

네 명의 그룹에서는 여섯 개, 다섯 명의 그룹에서는 열 개의 규칙이 등장합니다.[90]

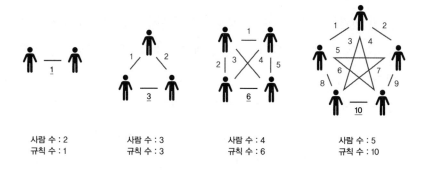

| 사람 수 : 2 | 사람 수 : 3 | 사람 수 : 4 | 사람 수 : 5 |
| 규칙 수 : 1 | 규칙 수 : 3 | 규칙 수 : 6 | 규칙 수 : 10 |

위 사고 실험을 종합하면 두 가지 원리가 도출됩니다. 하나는 조직의 진화 과정은 '거듭제곱 법칙'에 따라 규모는 두 배씩 늘어나고 시간은 절반씩 줄어든다는 것입니다. 지루한 듯 느껴지던 초기 성장 시간은 부지불식간에 규모가 폭증하여 어느새 감당할 수 없을 정도의 크기로 성장합니다. 앞서 언급한 제프리 웨스트의 『스케일』에서 설명하는 지수 성장의 자연을 묘사하는 내용입니다. 두 번째 원리는 조직 규모가 커짐에 따라 그룹 규칙은 구성원 수 이상으로 증가한다는 것입니다. 가령 여덟 명이 모인 그룹의 경우 그룹 내 규칙 수가 스물여덟 개에 이르지요.

---

90 한 명의 구성원이 추가될 때마다 규칙 수는 해당 그룹의 원래 인원수만큼 늘어납니다. 이미 규칙이 설정된 세 명의 그룹에 한 명이 더 들어오게 되면 그는 원래 구성원들과 각각의 계약을 맺어야 하기 때문입니다.

이것만 보면 굳이 조직 규모를 키울 필요가 있나 싶습니다. 머릿수가 많아져 조직의 힘이 강해진다 한들 그보다 더 많은 규칙을 지켜야 하니 손해인 것 같아 보입니다. 하지만 두 가지 방법으로 페널티가 만회됩니다. 첫 번째는 단일한 규칙을 모두에게 적용해 발생 가능한 경우의 수를 줄이는 것입니다. 물론 이 때문에 개인의 다양성은 침해되지만 조직이 발휘하는 힘의 보상은 그보다 크고도 남습니다. 둘째는 조직 내 구성원 수가 늘어남에 따라 조직의 역량 다양성을 기하급수적으로 꾸릴 수 있습니다. 예를 들어 A, B, C의 세 사람이 속한 그룹이 취할 수 있는 연결 방식은 3가지뿐입니다. A-B-C, B-A-C, A-C-B이고, 이를 수식으로 표현하면 3! ÷ 2입니다. 여기에 D가 더 참여하면 4! ÷ 2이므로 12가지로 늘어납니다. 위 사고 실험의 중간 단계인 네 명과 여덟 명 그룹을 비교해보면 4! ÷ 2 = 12 대 8! ÷ 2 = 20,160으로 엄청난 차이가 있음을 알 수 있고, 사실 이것이 조직 규모가 클수록 유리한 근본적인 이유입니다.[91] 왜냐면 이 수식이 나타내는 연결 방식의 경우의 수는 어떤 조직이 갖는 잠재 역량, 가능성의 확률이기 때문입니다. 한 명이 퇴장당한 축구 경기를 떠올리면 이해가 수월한데 열 명이 플레이하는 팀은 단지 한 명의 팀원이 부족해서 불리한 게 아니라 전술의 다양성이 제약되기 때문에 정상 수의 팀에게 밀리는 것입니다. 이러한 가능성 차이는 다른 그룹과의 경쟁에서 우위에 설 수 있는 기회이면서 외부 환경에 대응하여 더 효

---

91 이 사고 실험은 산타페 연구소의 연구원 에릭 바인하커가 출간한 『부는 어디에서 오는가』에 소개된 주제를 각색한 내용입니다. 복잡계 경제학과 미래 조직 경영 전략에 관심 있는 분들에게 추천하는 도서입니다.

과적인 조직 체계를 갖출 수 있는 저력입니다.[92]

하지만 조직의 규모화에 따른 장점이 무한히 계속되지는 않습니다. 어느 시점이 되면 조직 내에 설정된 규칙의 수가 조직을 옭아매는 상황이 벌어집니다. 복잡성의 함정이라 불리는 현상인데 조직이 어느 정도 커지면 초기의 경로의존성을 벗어나기 어려우면서 빠른 외부 환경 변화에 취약해집니다. 조직의 내막을 자세히 살펴보도록 하지요. 조직 내 구성원들의 여러 가지 규칙은 상호 관련됩니다. 위 예시에서는 단순히 구성원 수와 규칙의 수, 두 가지 요소를 가정하였지만 실제로는 규칙과 규칙 사이에도 규칙이 설정됩니다. 예를 들어 일반적인 축구 팀은 공격수, 미드필더, 수비수, 골키퍼의 역할 그룹으로 나뉘어 있습니다. 이때 공격수와 미드필더 사이의 규칙은 미드필더와 수비수 사이의 규칙과 유기적으로 연계되어야 합니다. 미드필더와 수비수 사이의 규칙 또한 수비수와 골키퍼 간 규칙과 모순이 있어서는 안 됩니다. 그래야 전체 팀원이 한 몸이 되어 효율적으로 공간을 활용할 수 있습니다. 그런데 게임이 풀리지 않아 공격수와 미드필더 간 규칙에 변화를 주고자 할 경우 감독은 둘 사이 규칙뿐만 아니라 미드필더, 수비수, 골키퍼 사이에 엮여 있는 규칙까지 고려해야 합니다. 공격과 수비만 있다면 한 번 고민하면 될 일인데 말이지요. 그러다 보니 규모가 크고 여러 규칙이 복잡하게 얽혀 있는 조직

---

92 물론 현실 세계에서는 조직(인구) 규모가 무조건 크다고 강한 것은 아닙니다. 조직의 체계 구조, 정보의 소통 형태, 구성원 연결의 유연성 같은 요소들이 복합되어 조직의 힘을 결정합니다.

에서는 한번 규칙이 설정되면 조그마한 것도 섣불리 바꾸기 어렵습니다. 그렇게 처음 만들어진 규칙에 기반해 그다음 규칙들이 연결되는 경로의 존성을 따르게 되고요. 첫 단추를 어떻게 꿰느냐가 중요한 이유입니다.

이 원리를 인류 역사에 비추어보면 수없이 등장하고 사라진 국가들의 생애가 그대로 겹쳐집니다. 어떤 지역에 국가가 등장한다는 건 그만큼 주변 세력에 비해 월등한 힘과 경쟁력을 갖추었음을 의미합니다. 법체계, 행정 제도, 사회 구조 등의 구성원 간 규칙들이 국가 생산력을 극대화하도록 잘 짜여 있어서 다른 세력을 정복하거나 흡수하여 국가 규모로 탄생하는 것입니다. 그리고 건국 초기는 비교적 열려 있는 사회이기에 외부 환경의 변화에도 민감하게 대응할 수 있습니다. 하지만 시간이 흐를수록 추가 규칙들이 등장하고 이는 이전의 규칙과 얽혀 변화의 여지가 줄어들어갑니다. 영토가 넓어지고 인구는 늘어나 국가 생산력은 증폭되어도 전통과 금기가 생기면서 기존 양식이 관성적으로 유지됩니다. 이때 예기치 못한 변화가 찾아옵니다. 연이은 흉작으로 기근이 닥친다든지, 폭군 혹은 탐관오리가 나타나 국가 경제가 부패한다든지, 국경 밖의 이민족이 새로운 무기를 개발해 침략해오는 등의 사건입니다. 한두 번의 시련은 그동안 쌓아온 자원으로 그럭저럭 견딜 수 있습니다. 그러나 국가가 변화하기는 무척이나 어렵습니다. 128개 점의 진화 시뮬레이션에서 보았듯 어느 하나를 바꾸기 위해서는 너무 많은 사항을 고려해야 합니다. 혁신의 고통이 크고 자칫 그 과정에서 망할 수도 있기에 대부분은 기존 질서를 최대한 고수하며 버티기를 선택합니다. 지켜야 한다는 강박관념은 보수적인 생각, 경직된 사회로 이어집니다. 건국 초기의 인상적인 국가 생산력은 환경 변화로 말미암아 쇠퇴하거나 다른 세력에 비해 상대적 열세에 놓이게 됩니다. 이윽고 국가 내부의 혁명 혹은 변화에 적응해 강대해진 외부 세력의 침략으로 무너지게 됩니다. 융성했던 국가가 변화에 적응할 수 없기에 맞이하는 비극입니다. 재밌는 점은 이렇게 새로이 등장한 국가 또한 대동소이한 운명으로 부흥했다가 이내 멸망한다는 것입니다. 국가뿐만 아니라 기업들, 정치 세력들, 이익 단체들의 운명도 별반 다르지 않습니다.

다행인 건 새 국가는 적어도 그 이전의 국가보다는 더 발전된 형태를 갖추고 있다는 점입니다. 거시적 틀에서 보면 이 과정은 새로운 도약을 위한 필연적 소멸입니다. 만약 정체된 국가가 사라지지 않았다면 사람들은 여전히 오래된 규칙에 따라 과거를 반복하고 정체되어 있었을 테니까요. 국가는 사라졌지만 인류는 진보하는 얄궂은 역사의 한 페이지가 넘어간 것입니다. 또한 홀론과 홀라키의 조직 관점에서 살펴본 바처럼 국가는 멸망해도 개인들은 다시 자신의 삶을 이어나갑니다. 물론 그 과정에서 무수한 생명이 희생되고 수많은 가족이 해체되는 아픔을 겪어야 하지만요. 인간의 감정으로는 비정한 사건이지만 냉철한 이성으로는 인류의 진화입니다.

누가 진화를 결정하는가 : 적합도 지형

진화 생물학[93]에는 적합도 지형(fitness landscape)이란 개념이 있습니다. 특정 생물종이 외부 환경에 적응하고 살아남아 자신의 유전자를 후세에 남기는 과정을 등산에 비유하여 시각화한 모형입니다. 예를 들어 아래 그림과 같은 지도[94]를 가정합니다. 여기서 평면 X, Y축은 해당 생물의 유전자 특성이고 세로 Z축은 해당 좌표 점의 환경 적합도입니다. 고도가 높을수록 적응에 성공해 번식에 유리한 위치이고 낮을수록 적응에 실패해 도태될 우려가 있는 위치입니다. 각 생물은 자신들의 유전자 특성에 따라 여러 곳의 좌표 평면에 위치합니다. 운 좋게 높은 곳에 놓인 생물은 번성하고 그렇지 못한 생물은 도태됩니다. 그리고 세대를 거듭할 때마다 돌연변이에 의해 형질이 변화하는데 이 모형에서는 조금씩 그 근방의 좌표 평면으로 이동하는 것으로 그려집니다. 그 결과 원래 위치보다 조금 더 높은 곳으로 이동한 개체는 보다 적합한 환경에 도달하여 더 많은 번식 기회를 맞이하지만 운 없게도 원래 위치보다 낮은 곳으로 옮겨간 개체는 적합하지 않은 특성 탓에 번식률이 낮아집니다. 이 과정을 반복하다 보면 특정 좌표에 생물종이 쏠리게 되는데 이를 진화론 관점에서 자연선택에 의한 진화, 그렇지 못한 생물종의 도태라고 표현합니다.

---

93 진화론의 주요 개념인 자연선택을 기본 골자로 특정 환경이 생물의 진화와 도태, 변화에 미치는 영향과 과정을 연구하는 학문 분야

94 출처 : Randy Olsen / Wikimedia

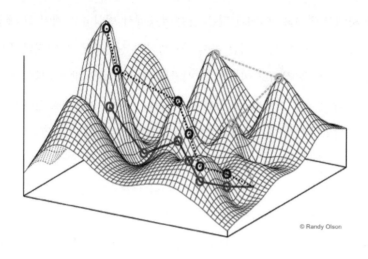

© Randy Olson

이 모델에서 주목해야 할 점은 두 가지입니다. 첫째는 어떤 생물종이 진화에 유리했는가이며 둘째는 후세대가 유리한 진화의 고지를 찾아간 비결은 무엇이었느냐입니다. 사실 이 질문의 답은 바로 위 문단에 적혀 있습니다. 잠깐 찾아볼까요, 아니면 바로 답을 할 수 있으신지요?

두 질문의 답은 허무하게도 '누군가가 우연히 혹은 운이 좋아서'입니다. 외부 환경은 개별 생물체가 어찌할 수 없는 선천적인 제약입니다. 그나마 인간은 자연을 이용할 수 있는 능력이 있지만[95] 그렇지 못한 거의 모든 동식물은 타고 태어난 특성을 가지고 환경에 적응해야 합니다. 뿌리를 길게 내리는 특징이 있는 선인장이 사막에서 살아남거나 어둡고 습

---

95 하지만 그마저도 전체를 포함한 진화적 생태에서는 특색 있는 장점이 되지 못합니다.

한 곳에서 잘 사는 이끼가 깊은 산속 계곡에서 번식하는 것이 그 예입니다. 만약 이 둘이 서로 사는 곳이 바뀌었다면 선인장은 며칠 지나지 않아 짓물러 죽었을 것이고 이끼는 한 시간도 버티지 못해 말라비틀어졌을 겁니다. 후세대의 진화 또한 마찬가지입니다. 세포 수준의 돌연변이는 문자 그대로 돌연하게 일어나는 예측 불가능한 유전자 변형입니다. 사막에 물이 더 메말랐다 해서 선인장의 씨앗이 뿌리를 더 길게 내리도록 진화하는 게 아닙니다. 선인장의 씨앗 중 더 길게 뿌리를 내리는 형질과 더 짧게 내리는 형질이 무작위로 심어지는데, 그중 전자가 살아남고 후자는 점차 도태되는 것이지요. 표면상으로는 선인장의 뿌리가 더 길게 진화된 것처럼 드러나지만 그 과정은 우연한 변이와 적합도 지형의 조합에 따른 진화와 도태입니다. 역시나 '운이 좋아서'입니다.

이 관점으로 제국주의자, 국가주의자들이 왜곡시킨 사회진화론을 보면 그들의 사상이 얼마나 알량했는지를 깨닫습니다. 우연히 운 좋게도 유럽 대륙에서 살고 있어서 근대 산업화의 여명을 밝힐 기회를 얻은 것이지 그들에게 아주 특별난 재능이 있거나 초인적인 노력으로 얻어낸 성취라고 하기는 어렵습니다. 물론 척박한 자연환경을 극복하고자 한 개척정신과 치열한 국가 간 경쟁의 틈바구니에서 살아남기 위한 투쟁은 높이 평가할 업적이지만, 스스로를 사회진화론적 인류 진화를 앞당기는 선민사상의 선봉장으로 포장한 건 한참 선을 넘은 자만입니다.

적합도 지형의 다음 단계를 알면 인간의 부풀린 자의식에 대한 비판은 더욱 극명해집니다. 실제 계에서의 적합도 지형은 두 가지 특징이 추가되는데, 하나는 외부 환경이 예기치 못하게 변화하며 생존에 유리한 좌표점이 바뀐다는 것이고 둘째는 여기서의 외부 환경이란 기온, 강수량, 먹잇감의 분포, 상위 포식자의 번식 같은 자연 요건에 그치지 않고 그 생물종들 사이의 역동, 인간으로 치면 인간들 사이의 경쟁으로 말미암아 적합도 지형 자체가 변화하는 그야말로 모든 것이라는 점입니다.

적합도 지형은 예상치 못한 사건으로 변화합니다. 인류 역사에서는 14세기 중세 유럽 흑사병 대유행[96]이라든지, 19세기 초 탐보라 화산의 폭발[97], 2011년 동일본 대지진 같은 일들입니다. 2020년 SARS-CoV-2 바이러스의 등장[98] 또한 훗날 역사를 바꾼 커다란 사건으로 기록될 테고요. 이런 대형 악재는 기존에 유지하던 인간 사회 질서를 크게 뒤흔들었습니다. 노동자 수가 급감하여 봉건 귀족들의 입지가 흔들린다든지, 정교했던 국제 분업 시스템이 두 축으로 갈리는 기점이 되었던 거죠. 이는 기존에 유리한 고지에 올라 번성하던 국가(혹은 계층)에게는 지배 권력에 대한 도전으로, 그렇지 못한 이들에게는 새로운 힘을 축적할 수 있는 기회

---

96 14세기 유럽 흑사병의 대유행은 주거 환경이 좋지 않았던 농노들이 더 많은 희생을 치렀습니다. 하지만 당시 주된 생산물이었던 농작물을 키울 노동력이 급감되자 봉건 귀족들은 더 많은 농노를 확보하기 위한 경쟁을 펼쳤고 이는 당시 주 서민층이었던 농노들의 사회적 지위가 향상되는 결과로 이어졌습니다.

97 1815년 인도네시아 숨바와 섬의 화산이 화산 폭발 지수 7의 강도로 분화하면서 수년간 전 세계의 평년기온이 하락하였습니다. 이로 인해 유럽, 아메리카, 아시아 주요 국가의 식량 생산량이 줄어들었고 기근으로 인한 면역력 저하는 콜레라 등의 전염병이 창궐하게 만들었으며 이에 대한 대중들의 불만은 세계 각지의 폭동과 혁명으로 발현되었습니다.

98 Covid-19, 한국명 코로나19 바이러스의 정식 명칭

로 다가왔습니다. 적합도 지형이 순식간에 뒤틀려 재빨리 고지를 선점해야 하는 게임이 시작된 거죠. 물론 대부분은 그전의 기득권들이 민첩하게 대응하여 제자리를 고수하였지만 그 과정에서 계층 이동이 발생하고 사회 질서 또한 이전으로 돌아갈 수 없게 되었습니다. 이는 누구도 어찌할 수 없는 자연의 대사건으로 인간은 그저 바뀐 상황에 적응하는 수밖에 없었고 그마저도 우연하게 또는 운이 좋아야 유리한 기회를 잡을 수 있었습니다.

적합도 지형의 두 번째 특성은 더 현실적인 상황을 묘사합니다. 사람들이 새로운 적합도 지형의 고지에 오르기 위해 치열한 수싸움을 벌임으로 인해 적합도 지형이 재귀적으로 변화한다는 점[99]입니다. 이 과정은 끊임없이 조정되기에 우리는 하루 한시도 안심할 수 없는 생존의 장을 살아야 합니다. 국가 간 연합 블록, 기업들의 마케팅 경쟁, 개인의 취업 전략 모두 각자의 선택이 적합도 지형을 바꾸는 치열한 생존의 장입니다. 어느 나라가 어느 나라와 협약을 맺는다든지, 어떤 기업의 마케팅 전략이 소비자의 이목을 먼저 끈다든지, 어떤 이의 개성적인 자기 어필이 인사 담당자의 눈에 띄어 취업에 성공하는 사건은 단지 그 사건으로 끝나

---

99 수백 년을 산 고목나무와 그로 인해 변화하는 주변의 식물 생태계도 이와 비슷합니다. 식물이 잘 성장하기 위해서는 충분한 햇빛과 물, 적절한 바람이 필요합니다. 보통의 언덕이라면 여러 식물들이 고르게 자원을 얻고 살아가지만, 어느 하나 높고 커다란 나무가 자리 잡고 나면 반양지 식물, 키가 낮은 들풀에게 유리한 생태로 변화합니다. 풍부한 일조량이 유리한 적합도 지형이 커다란 고목나무의 등장으로 반양지에 유리한 적합도 지형으로 변화한 것입니다.

지 않고 그다음 후발 주자에게는 똑같은 선택지를 고를 수 없는 환경을 만들어버립니다. 그러다 보면 누구보다 더 넓게 보아야 하고 더 많이 알아야 하고 더 빨리 실행해야 하는 무한 경쟁이 벌어지지요. 국가든 기업이든 개인이든 정주하지 못하고 끊임없이 성장해야 하는 아수라도의 세상입니다.

하지만 더 허탈한 점은 적합도 지형의 변화를 예측할 수 없듯 나의 전략이 앞으로의 적합도 지형에 맞을지 아닐지 확신하기 어렵다는 것입니다. 기업도 그러하고 국가 또한 마찬가지입니다. 물론 많은 정보를 취합하고 높은 시선의 통찰력으로 단기 미래를 예측해 한발 앞서 고지에 이를 수는 있지만, 인간이 가진 역량으로는 모든 변화를 읽고 대응하는 건 불가능한 일입니다. 또한 우리가 128개 점의 진화과정에서 알아본 것처럼 국가든 기업이든 개인[100]이든 일정한 경로의존성을 따르고 어느 수준에 이르면 경직되어 변화가 어렵기 때문에 '지금 이대로 영원히'를 기도하는 수밖에 없습니다.

---

100 개인의 지식 분야, 경력, 사고방식, 말투, 행동 습관 등 그 사람의 거의 모든 특성이 포함됩니다.

유연성과 다양성

미래를 예측할 수 없고 그저 현실에 최선을 다하면서 적합도 지형의 고지에 맞기를 기대하는 게 인간의 한계, 자연의 법칙이라 해도 우리를 너무 수동적인 존재로 격하하는 느낌입니다. 중세 종교 사상이 그와 비슷하게 신의 섭리를 따르는 미물로서 사람을 정의했지만 알다시피 인류는 현실을 딛고 일어나 풍요롭고 포용적인 현대 사회 문명을 이루어냈습니다. 그렇다면 적어도 자연에 가까운, 즉 진화에 유리한 삶의 방식을 깨우친다면 조금이나마 유리한 고지에 오르거나 최소한 빠져서는 안 될 함정을 피할 수 있지 않을까요?

처음 국가가 등장했던 시점을 떠올려봅시다. 건국 초기 주변 세력보다 월등한 힘으로 영토를 넓히며 부강해지는 건 그 국가의 시스템이 당시의 적합도 지형의 고지를 선점했다는 의미입니다. 또 조직의 초기 단계는 관습과 금기가 적어서 여러 변화에 민감하게 대응할 수 있습니다. 따라서 상황이 급변하더라도 비교적 쉽게 규칙을 바꾸어 다시금 높은 적합도 지형을 찾아 수월히 이동합니다. 반면 노쇠한 국가는 경직된 사회 구조로 인해 위기를 타파할 방법을 알아도 실행하지 못합니다. 자원과 인재가 많아도 제대로 활용하지 못하는 것이지요.

우리가 진화와 도태의 자연법칙을 통해 깨달을 수 있는 첫 번째 교훈은 유연성입니다. 규모가 어찌 되었든, 경험의 길고 짧음에 관계없이 유연한 태도는 치열한 생존 경쟁을 견뎌낼 탁월한 무기입니다. 거인 골리

앗을 물리친 다윗의 민첩함, 미군을 몰아낸 베트콩의 신출귀몰한 게릴라 전법, 20세기 초 실리콘밸리 기업들의 화려한 비상은 수적 열세, 힘의 부족을 유연성으로 극복한 사례입니다. 실제 기업 환경에서도 거대한 조직이 경직된 의사 결정 구조와 느린 판단 탓에 발 빠르게 움직이는 작은 회사에게 패배한 사례가 심심치 않게 발견됩니다. 변화하는 시장에 대응하는 상품을 출시하고 싶어도 기존 사업부의 이해관계를 고려해 상품을 개발하다 보니 이도저도 아닌 애매한 결과물을 내어버리는 기성 기업에 비해, 새로이 시장 진입을 노리는 기업은 유연한 조직 운영으로 소비자의 입맛을 저격하는 최적의 상품을 출시할 수 있기 때문입니다.

경직성과 유연성의 관계는 개인에게도 적용됩니다. 어느 한 분야를 전문적으로 파고들어 그만한 경력과 깊은 지식을 얻는 것에 비례하여 시야가 좁아지고 생각이 굳어지는 부작용도 감수해야 합니다. 그래서 의식적으로 '왜'를 질문하고 익숙한 것에 대해 다시 한번 의문함으로써 이미 알고 있는 지식을 끊임없이 재해석하는 태도가 중요한 것입니다. 그게 바로 유연성의 가치이지요.

유연성 다음은 다양성의 가치입니다. 유연성은 변화를 향해 열려 있는 태도, 다양성은 여러 가지 가능성에 대비하는 보험의 성격입니다. 미래가 어찌 될지 알 수 없으니 비효율을 감수하고 주력 외의 영역에도 꾸준히 투자하는 전략입니다. 사실 다양성은 변화하는 적합도 지형에 맞서 수많은 동식물이 채택한 생존 전략 자체입니다. 돌연변이를 통한 무작위적인 형질 변화를 통해 혹시 모를 환경 변화에도 적용할 만한 후손을 남겨두는 것입니다.

하지만 효율을 중시하는 인간의 관점에서는 무식하기 그지없는 방법입니다. 미래를 추측하고 유리하다 여겨지는 방향에 에너지를 집중하면 그만큼 더 나은 산출을 거둘 수 있으니까요. 게다가 일반적으로 자연환경의 급박한 변화는 희소한 사건이기에 수없는 헛발질이 될 소지가 높습니다. 그러나 다양성이 빛을 발하는 건 그만큼 드라마틱한 순간이지요. 모두가 일방향을 향해 속절없이 무너지는 틈을 제껴내며 주도권을 획득하는 회심의 한 방만큼 흥미로운 스토리가 있을까요. 특히나 날이 갈수록 적합도 지형이 격변하는 인간 사회에서는 다양성의 가치가 더욱 중요합니다. 여태 확인했듯이 미래를 추측하는 건 인간의 능력을 한참 벗어난 신의 영역입니다.

다만 이때 중요한 원칙은 주객전도가 되어서는 안 된다는 것입니다. 다양성을 빙자해 이곳저곳 늘어놓기만 하면 정작 현재를 외면하고 불확실한 미래에만 에너지를 소진하는 우를 범하게 됩니다. 어디까지나 다양성은 미래의 변화를 대비하는 전략입니다. 다양성의 시너지 또한 현재의 주력 산출이 지원 가능한 범위 내에 있어야 기대할 수 있습니다. 본연의 토대를 흔들면서까지 다양성을 추구하는 건 모든 것이 해체된 아노미로 가는 지름길입니다. 가장 좋은 선순환의 구조는 탄탄한 조력에 기반하여 다양성의 잠재력을 현실로 드러내고, 늘어난 잉여 자원으로 더 넓은 다양성을 확보하는 전략입니다.

결국 다양성 관점에서 가장 어리석은 길은 한 가지 방법에 사활을 걸고 모든 에너지를 쏟아붓는 일입니다. 기업으로 치자면 사업 분야 하나, 특정 상품 하나만을 깊게 파는 것이고 개인을 빗댄다면 어떤 전문 자격증만을 노리고 모든 공부와 생활 습관을 그것에 맞추고 전념하는 것입니다. 자녀의 성공만을 바라고 부모의 인생을 헌신하다 자녀의 대입 실패로 불행해지는 가정, 한 직장에서 하나의 직무에 수십 년 종사하다 정년 후 할 일이 없어 소외되는 퇴직자의 서글픈 현실이 이와 비슷합니다.

종합해보면 다양성을 무시한 채 외골수로 나아가도 곤란하고 기초를 무시하며 다양성을 추구해서도 안 되는 참으로 어려운 영역입니다. 그럼에도 다양성을 포기한 대가는 의외로 크며 늦었다고 생각되었을 때는 이미 돌이킬 수 없는 상태일 경우가 많습니다. 그러므로 어렵다고 지레 포기하지 말고 자연의 진화 법칙을 더 깊이 알아보며 여러 가지 다양한 방편을 고민해보도록 합시다.

불용지용(不用之用)과 총체(wholeness)의 자연

갑작스런 적합도 지형의 변화에 대처할 수 있는 유연성과 다양성의 가치는 우리가 사회를 바라보는 가치관에 진지한 의문을 제기합니다. 진화와 도태가 변화에 적응하거나 그렇지 못한 비정한 자연적 현상이라 해서 더불어 살아가는 인간 사회도 그러할 수밖에 없는 걸까요? 누군가를 밟고 일어서야 살아남는다는 무한 경쟁의 관점에서는 진화와 도태는 당연히 받아들여야 할 숙명처럼 여겨집니다. 그것이 허튼 곳에 자원을 낭비하지 않고 전체의 발전을 도모하는 방법이니까요. 우리는 여태까지 이런 선형의 사상을 품어왔고 다람쥐 쳇바퀴 돌 듯 끊임없이 다투었습니다. 필연적 도태를 어떻게든 늦춰보고자 고심하고 몸부림쳤습니다.

인간이 위대한 존재인 이유는 주어진 자연을 딛고 일어서 보다 나은 미래를 펼쳐왔기 때문입니다. 정확하게는 실제에 가까운 자연을 이해하고 활용함으로써 삶의 질을 향상 시킨 것이었습니다. 조금만 관점을 달리하여 진화와 도태의 냉정한 자연법칙을 우리 모두가 인간다운 삶을 누릴 기회로 승화시킬 수 있을까요? 유연성과 다양성의 가치를 믿고 우리 주위의 소외된 주변을 돌본다면 불가능한 미션은 아닐 것입니다.

급격한 외부 변화에 대응하는 힘인 유연성은 체계적인 중심 주류보다 덜 여물어 정립되지 않은 변방의 영역에 존재합니다. 128개 점으로 묶여 굼뜬 거대 그룹과 달리 4~8개 점이 느슨히 엮인 그룹이 재빨리 변화하고 대응할 수 있습니다. 물론 수적 열세의 단점을 극복하지 못해 힘센 그룹에게 짓눌리는 경우가 더 자주 일어나지만요. 현실에 빗대어본다면 이들은 소외된 주변 이웃으로 통칭되는 사회적 약자입니다. 늘상 규모에 제압당하고 주류에 밀려나면서 희생되고 고통받는 존재입니다.

창발적 진화의 원리, 필연적 도태의 법칙을 이해하고 주변의 다양성을 포용하는 관점으로 전환한다면 상황은 달라질 겁니다. 저 변방의 이질적인 소집단이 위기 상황에서 우리를 구원할 구조대가 되는 거죠. 지금까지 방관하고 도외시해온 소외된 이웃이 미래를 위한 축적의 시간, 우리를 향한 투자로 전환되는 순간입니다. 조금 시야를 높여 널리 바라봄으로써 필연적 도태를 두려워하는 가련한 인간의 운명을 바꾸어 볼 수 있습니다. 불용지용(不用之用), 쓸모없는 것이 쓸모 있다는 장자의 지혜는 자연의 법칙을 꿰어본 위대한 통찰일 것입니다.

핵심 메시지

그 어떤 것이든 성장할 때가 있으면 기울고 소멸할 때도 필히 찾아옵니다. 성하고 머무르고 무너지고 사라지는 성주괴공(成住壞空)[101]의 자연 법칙입니다. 복잡계 관점에서는 일정 규모 이상으로 커버린 조직은 복잡성의 함정에 빠져 필연적으로 도태합니다. 부분적으로 보면 가지치기당하는 것이지만 전체적으로는 도태를 통한 발전입니다. 역사적으로 이러한 진보는 인간의 힘을 넘어선 자연의 거대한 변화로써 촉발되었습니다.

혁신은 주변부에서 일어납니다. 주류는 이미 정교해진 구조 탓에 새로운 변

---

101 불교의 관점에서 우주의 시간을 네 단계로 나눈 개념. 성(成)은 우주가 생성되는 시간, 주(住)는 우주의 완성된 형체가 지속되는 시간, 괴(壞)는 파괴되어 가는 시간, 겁(空)은 우주가 사라지고 텅 빈 상태의 시간을 의미합니다.

화를 맞이하기 어렵지만 잃을 게 적은 주변부는 유연하고 다양한 시도를 통해 적합도 지형에 알맞은 위치를 선점합니다. 하지만 자원이 적은 만큼 성공할 확률은 낮으며 많은 경우 주류의 철통 같은 방어에 무산되기 일쑤입니다. 그럼에도 외부 환경의 예상치 못한 변화는 주변이 주류를 대체하는 역사적인 순간을 종종 연출하였습니다.

우리는 진화와 도태의 자연법칙을 활용하여 더 나은 미래를 가꿀 수 있습니다. 유연성과 다양성을 상징하는 주변의 소외된 사람들을 함께 포용하는 방법입니다. 이는 예기치 못한 외부 환경의 변화에 대응하는 자연의 대비책입니다. 생명에 대한 사랑과 타인에 대한 연민을 가진 인간이기에 실행 가능한 방법입니다.

심화 주제

뉴 노멀, 불확실성의 시대라고 불리는 21세기는 개인의 힘이 무척이나 줄어들었습니다. 역사 이래 최고로 풍족하고 자유로운 시절이라고는 하나 빈틈 없이 짜여 있는 법, 경제, 사회 구조에 의존하는 개인의 운신은 제한적일 수밖에 없습니다. 만약 국가조차 어찌할 수 없는 시대적 격변이 일어나버리면 우리는 어떻게 위기를 대처할까요? 나에게 세상을 바꿀 만한 힘이 없을 때 선택 가능한 대안은 무엇일까요?

16
원형(原型)에서 분화로, 다시 통합의 제자리로

국가, 기업, 개인은 비슷한 패턴으로 생멸을 반복했습니다. 태어나고, 성장하고, 굳어가고, 사라지는 생로병사는 봄, 여름, 가을, 겨울의 계절 변화이자 성주괴공의 우주 원리입니다. 자연 만물은 성장하고 경직되어 소멸하는 진화와 도태[102]를 수없이 반복하였고 릴레이 경주하듯 바통을 넘겨받으며 현재에 이르렀습니다. 어째서 이 우주는 무수한 생로병사를 반복하며 성장하는 걸까요? 단 한 번의 크고 담대한 성장으로 완성될 수 있다면 더 나을 텐데 말입니다. 이 궁금증을 풀기 위해 인간의 일생을 살펴보도록 합시다.

엄마의 따뜻한 자궁 안에서 10개월 정도 머물던 아기는 차가운 바깥 세상을 향해 나오면서 처음으로 '나와 세상'이 분리되어 있음을 경험합니다. 물아일체의 보살핌을 벗어난 거친 외부 세계와의 대면으로 나 이외에 이질적 세상이 있음을 알아차립니다. 이는 하나의 점에서 시작된 우주 빅뱅의 순간입니다. 있음과 없음이 구분되지 않은 원형(原型)의 세계에서 있음과 없음으로 구분된 세계가 탄생하였습니다.

---

102 128개 점의 시뮬레이션에서 연결이 늘어날수록 조직의 힘은 커지지만 그에 비례해 유연함이 떨어지며 이는 외부 변화에 의한 도태를 피할 수 없게 만듭니다.

그 후 일이 년에 걸쳐 후각, 청각, 촉각, 시각 능력이 발달합니다. 다른 짐승들과 달리 갓 태어난 인간 아기는 대부분의 감각 기관이 미숙한 상태입니다. 그 과정에서 여러 가지 냄새, 소리, 온도차이, 모양과 색깔 자극을 경험하고 그것들 사이에 차이가 있음을 깨달아갑니다. 나 외에 어느 무엇 정도로 뭉뚱그린 세계가 구체적으로 분리되고 정의되는 것이지요. 그러면서 생존을 위한 동물적 본능의 기초 지식이 구성됩니다. 따뜻한 것과 차가운 것, 향긋한 냄새와 역겨운 냄새, 편안한 소리와 불쾌한 소리를 본능적으로 따르거나 회피하면서 자신에게 유리한 경로를 강화해 나아갑니다.

유아기의 학습 과정도 끊임없는 분별입니다. 개와 고양이를 구분하고 어른 개와 강아지를 구분하고 비숑프리제와 진돗개를 구분하면서 지식을 쌓아갑니다. 이와 동시에 「13 홀로 존재하고 함께 창발하는 자연의 진화」 챕터에서 정보의 범주화라 표현했던 통합과 통찰의 초기 과정이 시작됩니다. 네 개의 다리를 갖고 털이 난 움직이는 것들을 포유류로, 두 발에 날개를 갖고 날아다니는 것들을 조류로, 스스로 움직이는 생명체를 동물로 통칭하면서 지식 구조를 체계화합니다.[103]

---

103 이 통합 과정은 다채로운 정보를 빠르게 처리하기 위한 인지 전략입니다. 자동화된 패턴, 심리학에서는 스키마(schema)로 불리는 지식의 덩어리인데, 초보 운전자가 운행 경험을 쌓다 보면 어느 순간 반사적으로 운전할 수 있는 것이 이 통합 인지 전략 덕분입니다. 처음 운전할 때에는 온갖 상황을 예의 주시하고 신경 쓰느라 피곤하고 서툰 운전 솜씨를 보이지만, 실력이 쌓이면 무의식적으로 중요도가 낮은 정보를 스킵하여 편안하며 능숙한 운전을 할 수 있게 됩니다.

언어 능력이 급격히 발달하는 아동 청소년기 이후에는 지식의 분별과 통합이 권리, 의무, 사랑 같은 추상 영역으로 확대됩니다. 그러면서 지식과 현실을 버무리고, 이종 간 학문을 통섭하고, 과거와 현재와 미래를 연결하며 지혜의 눈이 뜨이기 시작하지요.[104] 흔히 통찰이라 일컫는 열린 지식입니다. 통찰 단계에서는 세상에 존재하는 수많은 분별된 사물과 사건 속에서 '특정한 패턴'을 읽어냅니다. 전혀 연관 없어 보이는 현상 기저에 흐르는 동일 원리를 발견하는 것이지요. 그리고 동일 원리를 따라 분별된 사물과 사건을 묶어나가는데 이 작업은 최종적으로 어느 하나의 점으로 모이게 됩니다. 모든 학문은 하나의 도를 향한다는 말처럼요. 과학, 철학, 종교, 정치, 경제, 교육, 심리 등 여러 학문 분파의 공통점이 수렴되는 그 경지는 세분화된 지식의 가장 끄트머리, 지평선이자 지식의 출발점입니다.

원형

분화

통합

---

104 하지만 학창 시절의 대부분, 심지어 전문 영역의 직업인이 되어 은퇴할 때까지도 주로 지식의 분리와 정의에 집중하게 됩니다. 이는 현대 사회가 고도로 발전하고 영역이 세분화된 까닭입니다. 아무리 파고들어도 모든 지식을 알 수 없는 시대가 된 것이지요.

이처럼 사람의 성장 과정은 나와 세상이 온전히 하나인 원형에서 시작하여 나와 세상 그리고 세상 모든 것을 분리하고 정의하는 것으로 지식을 확장한 뒤 다시 분별된 대상들을 하나로 통합하는 것으로 끝마칩니다. 물아일체로 시작해 무위자연으로 맺는 결말입니다. 물아일체나 무위자연이나 겉 상태는 비슷하지만 모른 채로 하나인 것과 다 알기에 하나인 것은 전혀 다른 하나입니다.

우리 주변의 모든 성장하는 것들은 예외 없이 이 법칙을 따릅니다. 하나의 국가가 무너지고 새로운 국가가 등장하는 건 고통스러운 과정이지만 그것이 희망적인 이유는 이전 국가의 과오를 개선하여 진보할 가능성을 안고 있기 때문입니다. 사람의 생은 유한하여 이것으로 마침표를 찍는 것 같아 보이지만 우리가 아직 인식하지 못한 영성의 세계, 그게 아니라도 개인이 후세에 전하는 문화 유산(legacy)은 세대를 이어가며 진화하는 자연의 모습 그 자체입니다. 개별 인간, 사회, 국가는 비슷한 경로로 생멸하지만 그 결과물은 다음 세대의 인간, 사회, 국가에 전승되어 한결 나은 출발선을 제공합니다. 앞 세대와 뒤 세대 모두 죽음 앞에 평등하지만 뒤로 갈수록 어떻게 죽느냐는 달라진다는 거죠. 자연 법칙의 큰 틀을 벗어날 수는 없지만 세부 경로를 조정하여 행복은 증진하고 고통을 최소화하는 길이 있다는 것입니다.

이를 바꿔 이해하면 성장의 과정은 반복되지만 반복되지 않는다는 것입니다. 흔히 역사는 돌고 돈다고 말하지만 현실은 과거와는 사뭇 다른 모습으로 드러납니다. 그런 탓에 과거를 그대로 답습하다 패배하기도

하고, 과거를 무시하다 역사의 쓴 교훈을 직접 맛보기도 합니다. 중요한 건 과거를 기억하되 그 원리를 파악하여 응용해야 한다는 것이지요. 하지만 인간의 삶은 너무나도 짧고 유한합니다. 그래서 이 사회가 성장기에 있거나 쇠락기에 있거나 혹은 붕괴 후의 새로운 시작에 있을 때 개별 인간은 오로지 성장하거나 쇠락하거나 완전히 무너져버린 세상의 모습만 목격합니다. 그리고 어느 시점에 이르면 자신이 경험한 삶을 진리라 여기며 변화에 쓸려나가지요. 달이 차면 기울고 또 새로운 달이 떠오르는 것처럼 세상은 파동을 그리면서 성장하고 쇠락하며 새로운 시작을 맞이합니다. 거기에 휩쓸리지 않고 거대한 변화의 파도에 올라탈 수 있는 윈드서퍼가 되어야 합니다.

죽음에 대하여

홀론과 홀라키의 관점에서 국가의 소멸, 기업의 파산, 조직의 해체는 상위 세계의 재구성 과정이며 하위 세계가 새로운 체계를 구축하는 출발선입니다. 명목상의 집단은 사라지지만 그 지위와 역할이 다른 이름의 무엇으로 대체되는 것입니다. 반면 단 한 번의 생이 주어진 생명들, 특히 인간에게 있어 죽음이란 쉽게 받아들이기 어려운 주제입니다. 수많은 이들이 영생을 꿈꾸고 고대 진시황제는 온갖 진귀한 비법들을 찾아 헤매었지만 끝내 죽음을 비껴가지 못했습니다. 어째서 인간은 죽어야만 할까요. 먼 훗날 첨단 과학의 힘으로 영생의 비밀을 풀어낸다면 그것이 인류에게는 축복이 될까요 저주로 돌아올까요. 지금까지 익힌 자연의 진화 법칙은 그 답을 어렴풋이 제시하고 있습니다.

21세기 정보 기술의 꽃으로 손꼽히는 빅데이터 인공지능은 현재도 인상적인 모습을 보여주고 있지만 앞으로의 발전이 더 기대되는 분야입니다. 불과 수 년 전의 최신 기술이 금세 구식이 되어버리고 십 년은 걸릴 것 같았던 미션을 속속 해결하는 등의 놀라운 소식이 전해지고 있습니다. 이제는 움직이는 영상 속 인물을 흉내 낸 가상 인간을 구현하고, 몇 장의 캐릭터 그림으로 그 화풍을 똑같이 모사하며, 스토리 몇 줄 만으로 그럴싸한 소설까지 써내는 수준입니다. 제 아무리 뛰어나다 해도 컴퓨터가 흉내 내지 못할 거라 여겼던 음악, 영화, 추상미술 같은 인문 예술 영역까지 넘보는 인공지능의 능력은 두려울 정도입니다. 하지만 이들 역시 죽음 앞에서는 인간과 다를 바 없습니다. 어떤 특수한 목적을 달성하기 위해서는 인공지능도 수없는 탄생과 학습, 죽음을 반복해야 하거든요.

인공지능이 사람의 능력을 모방할 수 있게 된 건 빅데이터 처리 기술 덕분이었습니다. 방대한 양의 자료를 탐색하고 정리하며 기록하는 건 아무리 빠른 컴퓨터라도 쉽게 해낼 수 있는 작업이 아니었습니다. 데이터 양이 늘어날수록 처리 속도가 급격하게 떨어졌기 때문입니다. 그러나 하드웨어, 소프트웨어 기술이 눈부시게 발달하면서 순식간에 많은 양의 데이터를 처리하게 되었고 그 덕분에 빅데이터를 활용한 인공지능 학습이 가능해졌습니다. 연구자들은 시작점과 목표점을 설정하고 웹상에 널려 있는 데이터를 참조시켜 스스로 수만 번의 시행을 거쳐 목적지에 도달하는 최적의 방법을 구했습니다. 그 경험을 공식화하여 특정 자료를 입력해서 원하는 결과를 내는 자동화된 프로그램이 인공지능의 정체입니다.

그런 까닭에 인공지능 프로그램은 수만 번의 학습 시도를 거칠 수밖에 없습니다. 인간과 달리 메타인지 능력이 없기에 무식하게 들이받는 방법을 사용해야 했지요. 그래서 데이터양이 충분하지 않거나 왜곡된 자료를 제공하면 잘못된 경로를 따라 엉뚱한 결론을 낸다든지, 정확도가 낮은 함수를 도출합니다. 이때 연구자는 두 가지 방법을 취하는데, 첫째는 더 양질의 자료를 주고 적절한 경로를 조정하여 기존 학습 공식에 덧입히는 것이고 둘째는 아예 잘못 학습된 경로를 초기화하고 재학습시키는 것입니다. 당연히 후자가 훨씬 효율적이고 성공 확률이 높습니다. 아무리 빠른 컴퓨터라 해도 데이터 저장 공간과 프로세스 능력엔 한계가 있기 때문에 연구자 입장에서는 가장 정확도 높은 공식을 구해 최적화시키는 것이 중요합니다. 그런 이유로 저 놀라운 인공지능조차 그 이면엔 무수히 많은 학습과 포맷, 재학습 과정을 거치게 됩니다.

인공지능 프로그램의 잘못된 학습과 폐기 과정은 인간의 죽음에 비견됩니다. 초기화 후의 재학습은 그다음 세대가 이끄는 사회의 진전입니다. 기존 기억을 지운 백지상태가 새로운 지식과 경험을 가장 잘 받아들이고 적용할 수 있는 까닭입니다. 만약 우리가 죽지 않고 수백, 수천 년을 살아간다면 어떤 일이 벌어질까요? 죽음 이후 환생한다는 가정하에 기억이 사라지지 않고 그대로 전생하여 태어나는 경우도 동일합니다. 조직의 생멸이 그러하듯이 사람 또한 굳어진 사고방식과 오래된 행동 습관을 버리지 못하여 똑같은 일생을 반복할 것입니다. 잘못을 인지하고 변하고자 노력할 수는 있겠지만 처음부터 다시 시작하는 게 더 나은 선택입니다.

결국 우리는 죽음이 있기에 그다음의 삶을 펼칠 수 있다는 걸 깨닫게 됩니다. 인류 사회 차원에서는 이전 세대가 역사의 저편으로 물러남으로써 그다음 세대에게 기회가 주어지는 것이고, 개인의 차원에서는 한 생을 여러 번 반복하면서 더 높은 경지에 다가가는 것입니다. 영혼의 환생을 믿지 않는다 해도 인류의 진보를 위해 필히 개인은 죽어야 한다는 결론이지요.

핵심 메시지

자연의 진화는 점으로 시작하여 점으로 되돌아옵니다. 하지만 처음의 점과 되돌아온 점은 같은 점이 아닙니다. 무지에서 온 순수함과 모든 것을 통달한 뒤 초연해진 순수함은 다르기 때문입니다. 우주 만물은 이런 단위 성장을 반복하며 진화하고 인간 역시 반복하며 성장하는 수많은 존재 중 하나입니다.

인간의 짧은 생은 이 세계가 성장하거나, 퇴보하거나, 정체되는 것만 지켜보며 살 가능성이 높습니다. 하지만 사회는 성장과 퇴보, 정체가 반복되었으며 그 변화 주기는 시간이 갈수록 빨라지고 있습니다. 이러한 차고 기울어짐의 관점으로 전체를 바라본다면 비록 내가 살고 있는 시대가 어느 시기에 정체되었다 하더라도 시대의 의미와 역할을 깨닫고 보다 뜻깊은 생을 보낼 수 있을 것입니다.

인간의 죽음 이후 생의 경험과 기억은 융의 집단 무의식, 영성적 전체에 기록되어 인류 전체의 유산이 됩니다. 그리고 만약 환생이 존재한다면 다시 태어나는 나는 ― 물론 그 나는 지금의 내가 아닌 나일 테지만요 ― 내가 일구어낸 유산을 물려받아 새로운 학습의 장에서 더 높은 단계로 성장해 나아갈 겁니다. 영혼의 세계를 부정하는 유물론적 관점에서도 한 사람이 남긴 삶의 궤적이 다른 이들의 성장에 밑바탕이 된다는 점은 부인할 수 없습니다.

심화 주제

과거의 창발적 진화가 오늘에 이른 것처럼 오늘 또한 다음의 상위 세계로 진화하기 위한 과정입니다. 농업 혁명과 산업 혁명, 정보 혁명으로 대표되는 도약기를 거친 인류는 무엇으로 다음의 시대로 올라서게 될까요? 또 인류 역사의 발전은 우주적 관점에서 그저 우연에 불과할까요? 혹은 어떤 정해진 목적지가 있는 사명의 여정일까요?

17
무(無)에서 유(有), 다시 무(無)

가장 첨단의 과학으로 다시 읽은 우주는 있음과 없음, 중심과 주변 같은 둘로 나눌 수 없는 동시성의 세계였습니다. 별 관련 없어 보이는 이종 간 지식이 점 하나에서 피어난 자연법칙의 연속이었고 하위 세계에서 상위 세계로 창발되는 홀론과 홀라키의 복잡계였습니다. 이 새로운 관점에서 우리의 사상은 선형에서 순환으로 변화합니다. 우연과 필연이 미시세계와 거시 세계에 함께 존재한다는 걸 알기에 배제에서 포용의 시야로 전환해야 함을 논했습니다. 전체의 죽음이 나의 도태가 아니고 도태와 죽음은 진보를 위한 불가결한 과정이란 깨달음도 얻었습니다. 세상의 단면을 편협하게 바라보는 짧은 생의 인간에게 '높은 시선의 사유'는 자연을 보다 자연스럽게 해석하여 현실의 한계를 딛고 일어설 기회입니다.

장엄했을 우주의 첫 시작과 찬란했을 원시 별의 탄생, 태양과 지구가 생기고 온갖 생물이 진화하며 영장류 인간이 이루어낸 위대한 문명, 심지어 아주 작은 바닷가 모래 알갱이와 보이지도 않는 수소 원자 하나까지 이 모든 것들은 우주에 드러나려는 의지가 있었기에 나타났고 동시에

---

105 드러남과 소멸의 순환으로 우주 삼라만상이 빚어지니 원인이며, 우주 삼라만상은 드러남과 소멸의 순환으로서 나타나니 결과이기도 합니다.

사라지려는 의지로 소멸되어 갑니다. 드러남과 사라짐의 순환은 우주 삼라만상의 원인과 결과입니다.[105]

우주는 어찌하여 생겨났을까요? 누구도 답할 수 없을 질문입니다. 분명한 건 있음과 없음조차 분별되지 않았던 태초의 무엇이 드러남으로써 이 세상에 존재하기 시작했습니다. 그와 함께 사라지려는 의지도 생겨났지만 어쩌다 드러나려는 힘이 더욱 강했던지라 원소가 만들어지고 별이 생겨나고 태양과 지구, 다양한 생명과 인간이 탄생하였습니다. 인류 문명은 그중 가장 크고 강력한 드러남의 의지였지만 사라짐의 법칙을 거스를 수 없었기에 반복되는 소멸을 숙명처럼 맞이하였습니다.

단 한 명의 사람에게서도 드러나려는 의지는 강렬합니다. 태어나고, 칭찬받고, 인기 있는 친구, 유능한 사회인, 현명한 부모, 존경받는 어른이 되고자 하는 욕망은 끊임없이 우리를 자극하고 괴롭히며 무엇이든 행동하도록 이끕니다. 불행한 사건으로 생의 끈을 내려놓은 사람마저 자신의 마지막 흔적을 남기는 이유는 누군가에게 자신을 드러내고픈 의지의 표출입니다.

무형의 물질이 우주를 가득 채웠던 최초의 시간을 상상해봅시다. 그 원형의 단일체는 138억 년이 지나 무한대수에 이르는 다양한 물질로 진화하여 정교하고도 복잡한 지금 현재가 되었습니다. 태양 빛으로 양분을 얻는 식물들, 꽃의 꿀을 부지런히 모아 나르는 꿀벌들, 작은 과자 부스러기를 분주히 찾아다니는 개미까지 그 모든 것들이 살아가는 데 사용하는 에너지는 138억 년 전 무형의 물질에서 비롯된 실체입니다. 개인의 일생과 인류의 위대한 유산, 이 우주와 자연의 본모습을 직시하려는 노력까지도 하나의 점에서 시작되었습니다.

이 우주는 언제쯤 소멸할까요? 이 역시 아무도 모를 질문입니다. 그저 추측할 수 있는 건 아마도 이 우주의 존재 목적이 달성되었을 때라는 정도입니다. 그게 옳은 가설일지, 우주의 끝이 완전한 종말일지 새로운 시작일지조차 알지 못하지만 말입니다. 다만 인간은 우리가 아는 한 유일하게 생각하고 발전하며 이 세상을 온전히 바라보려는 존재입니다. 어떠한 우연으로 혹은 벼락 같은 행운으로 이 능력을 갖게 되었는지 알 수 없지만 우주적 차원의 진화에서는 필연적 결과입니다. 불용지용(不用之用)의 자연에서 인간에게 주어진 독특한 힘은 그만한 목적과 사명의 징표이자 증거입니다. 그러기에 우리에게는 우주를 인식하고 모든 면을 이해하며 우주가 이 세상에 드러났음을 온전히 인정해야 할 의무와 책임이 있습니다. 그리고 그것이 우리의 삶을 더 풍요롭고 지속 가능하도록 조력한다면 굳이 마다할 이유가 없을 것입니다.

핵심 메시지

이 세상의 모든 존재는 드러나려는 의지와 소멸하려는 의지의 총체입니다. 내가 있어야 네가 있음을 알고, 네가 있기에 내가 존재함을 인정받을 수 있는 상호 의존의 관계는 138억 년 전 우주가 탄생하고 우주를 사유하는 인간이 등장하기까지 계속되어 왔습니다. 그리고 인간은 간신히 우주의 끝자락을 바라볼 만큼 성장했고 그렇기에 비로소 태초의 드러나고픈 우주의 의지가 충족되고 있습니다.

심화 주제

왜 우주는 멀고 먼 길을 돌아왔을까요. 어찌하여 앞으로도 무한의 시간이 필요할지 모를 방법을 택했을까요? 그저 아는 것으로 끝나는 지식이 아니라 실천과 경험을 통해 쌓이는 지혜가 진짜 지식이라면 인류의 고된 역사, 앞으로도 계속하여 겪을 미래의 삶은 우리에게 주어진 배움과 성장의 장 그 자체일 것입니다.

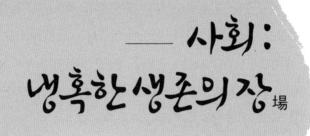

사회 :
냉혹한 생존의 장 場

18
나약한 인간, 집단생활의 시작

연약한 피부에 볼품없는 손톱을 가진 인간이 거친 자연 속 사나운 맹수들을 이겨내고 생태계 최강자로 오를 수 있었던 건 인간만이 지닌 독특한 특성 덕분이었습니다. 패턴을 기억하고 미래를 예측하는 사고 능력은 짐승의 털가죽을 제 피부로 삼고 깨진 돌을 창으로 만들어 날카로운 맹수의 발톱을 대신하였습니다. 여럿이 협력하는 생존 방식은 더욱 강력한 힘을 발휘했는데, 남성으로 구성된 사냥꾼들은 늑대 무리에 버금가는 협동 전술로 거대한 먹잇감을 사냥할 수 있었습니다. 여성들은 남성의 빈 자리를 채워 자녀 양육과 부족 살림을 책임졌지요. 나이 든 노인은 오랜 경험을 바탕으로 유용한 지식 기술을 알려주어 효율적인 사냥, 살림을 도왔습니다.

이들은 씨족 중심의 근친상간이 후세 형질에 불리하다는 사실을 경험으로 체득하였습니다. 그리하여 주변의 다른 부족과 혼인을 하거나 약탈혼[106]의 방식으로 세력을 키워나갔지요. 구성원 수가 힘이 되는 원시적

---

106 이 시기의 혼인 형태는 폴리네시아 원시 부족 사회에서 그 흔적을 찾아볼 수 있습니다. 20세기 초 인류학자들은 그들이 우호적인 부족과는 데릴사위의 형태로 혼인 관계를 맺고, 적대적인 부족에는 남성을 노예로 잡아와 자기 부족의 여성과 강제 결혼시키는 방식으로 유전자 다양성을 확보하고 있었음을 발견하였습니다.

인 협업 사회 전략은 꽤 효과적이어서 근력으로 우두머리를 차지하고 늙으면 쫓겨나는 동물 집단을 압도하였습니다. 그런 까닭에 어느 누군가가 부족 집단에서 쫓겨나는 건 사형 선고에 다름없었습니다. 호시탐탐 목숨을 노리는 포식 동물, 노예로 삼으려는 적대 부족의 위협에 맞서 혼자 힘으로 집을 짓고 사냥하며 생계를 꾸리는 건 불가능한 일이었습니다. 그런 까닭에 다른 구성원들에게 미움받지 않는 것이 생존과 직결되었고, 전통과 관습을 따르며 억울한 일이 있더라도 묵묵히 감내할 수밖에 없었습니다. 자유를 억압받는 대가로 목숨을 부지하는 게 더 나은 선택이었지요.[107]

생존을 위한 집단생활을 하는 인류에게는 두 가지 과제가 있었습니다. 첫째는 여럿이 모인 부족민들을 분란 없이 통솔하는 것, 둘째는 능력 차이에서 발생하는 괴리를 해소할 방법이었습니다. 가지 많은 나무에 바람 잘 날 없다는 속담처럼 구성원 수가 많을수록 부족 내 갈등도 늘어났습니다. 사소한 오해, 부당한 대우, 이웃에 대한 질투, 권력욕 같은 사건 사고는 예나 지금이나 다르지 않았습니다. 능력에 관계없이 똑같이 분배하는 건 비현실적이었고 힘센 사람이 독식하는 건 분열의 씨앗이 되었습

---

107 미국 시카고 대학의 심리학자 존 카치오포 교수는 이때의 경험이 사람으로 하여금 외로움에 취약해지도록 진화하는 데 영향을 주었다고 설명합니다. 집단으로부터 배제되는 건 죽음과 같은 상황이었기에 다른 사람과 상호 작용하는 게 유리하도록 진화하였다는 것이지요. 외로움과 관련된 여러 연구에서는 만성적으로 외로움을 겪는 사람은 면역력이 약화되고 하루 담배 한 갑을 피우는 정도로 건강에 해롭다는 것을 밝혔습니다. (Youtube, Kurzgesagt – In a Nutshell : 외로움(Loneliness) 참조)

니다. 각자의 이해관계가 상충하여 싸움이 일어나고 내분이 발생하는 건 절대로 피해야 할 최악의 상황이었습니다.

　초기 인류는 지배 — 피지배 구조를 도입하여 첫 번째 문제를 해결하였습니다. 짐승의 무리와 같이 힘센 사람 중심으로 탑다운(top-down)식 조직 체계를 만드는 게 가장 쉬운 방법이었지요. 부족 내에서 가장 강한 자의 명령을 어기는 건 보복을 감당해야 하는 일이었기에 약한 구성원들은 힘센 리더에게 순종하였습니다. 그러한 복종을 바탕으로 집단 규율[108]이 지켜졌고 효과적인 생존이 가능했습니다. 하지만 지배하는 리더와 피지배 되는 팔로워의 구조는 동물들의 그것과 다를 바 없었습니다. 리더의 힘이 노쇠해지기 전까지는 부족 내 불필요한 지위 다툼이 일어나지 않았지만 얼마 지나지 않아 벌어지는 2인자들의 권력 싸움은 부족의 협동력을 크게 저해하였습니다.

　혈통 중심의 족장 제도 또는 부족에서 가장 나이 많고 현명한 사람이 족장을 계승하는 방법은 효과적이었습니다. 근력으로 리더 자리를 다투는 건 잦은 갈등을 유발했기에 아예 관습으로 족장 역할을 정한 것이었습니다. 이 방법은 리더의 직접적인 보복이 줄어든 대신 구성원들의 암묵적 규율이 그와 비슷한 강제력을 행사했습니다. 모두가 인정하는 족

108　이때의 규율은 현대적 개념의 규칙이나 제도와는 거리가 있습니다. 현대적 규율은 법이나 관습에 기초한 구성원이 지켜야 할 질서인 반면 초기 인류의 규율은 리더의 독재적 결정에 기반한 임의적 질서에 가까웠습니다.

장 계보를 무시하는 건 전체의 안정성을 위협하는 일이었기에 절대 금기하는 행위였습니다. 힘, 폭력에 의한 지배 — 피지배 구조가 의식 내면에 자리한 터부의 영역으로 옮아가면서 지배 — 피지배의 룰은 더욱 공고해졌습니다.

그와 동시에 부족 내에 족장의 지위를 대표하는 상징물이 등장합니다. 이는 상시적으로 족장의 권력을 각인시키는 존재이자 부족의 정체성이었습니다. 굳이 물리력을 행사하지 않더라도 리더의 힘을 은밀히 보여주는 건 꽤 괜찮은 전략이었습니다. 실질적인 처벌 없이도 부족민들이 원하는 규율을 실행하게 만들었으니 경제적으로도 유익했습니다. 이 상징물은 세대를 거쳐 대물림되면서 부족의 중요한 기원물로 자리 잡게 되었고, 신적 영험이 깃든 경외해야 할 인격체로 숭배하기 시작했습니다.

이러한 상징 가치(價値, value)의 등장은 앞서 인류가 당면한 두 번째 문제, 능력의 차이가 야기하는 구성원 간의 괴리를 해소하였습니다. 족장의 상징물뿐만 아니라 부족 내 최고의 전사, 날렵한 사냥꾼, 현명한 자 같은 존경받아 마땅한 여러 종류의 덕목을 상징하는 방법이었습니다. 그들은 부족에서 탁월한 기량을 뽐낸 이에게 그에 걸맞은 이름을 주어 다른 구성원들로부터 존중받을 수 있도록 하였습니다. 대신 그가 거두어온 자원은 족장의 주관하에 각자에게 필요한 만큼 나누어주었습니다. 능력이 뛰어난 사람과 그렇지 못한 사람 사이에 일어날 수 있는 형평성의 문제를 명예 상징으로 대체하여 잘난 자의 불만을 해소하고 부족한 자의 생계를 보완하는 방법이었습니다.[109]

하지만 이 시절의 인간은 거친 자연에 무지했습니다. 뜨거운 태양이 떠오르고 폭우가 쏟아지며 돌풍이 부는 등의 자연현상은 신기하면서 두려운 경외의 대상이었습니다. 언제 사냥을 성공할 것인지 어디에 가야 신선한 열매를 수확할지는 운의 영역이었지요. 거센 비바람으로 거주지가 망가지거나 장기간 사냥에 실패해 굶주리는 일은 통제 불가능한 사건이었고 최선의 방법은 모든 일이 잘 풀리기를 하늘에 비는 것뿐이었습니다.[110]

초기 인류의 생활은 목숨을 이어갈 유일한 방법인 집단생활, 그중에서 절대 권력을 행사하는 족장의 지배력과 두렵기만 한 자연현상에 대한 경외심으로 요약되는 '힘 중심의 사회'였습니다. 사람들은 힘으로 지배하고 힘에 복종하는 세계관에 머물러 있었지요.[111] 현대적 시각으로 보면 어리석고 부당한 방식이었지만 그때는 그것이 최선이고 올바른 방법이었습니다. 우리가 우주 편에서 살핀 하위 세계와 상위 세계의 분별, 홀론과 홀라키의 복잡계 관점으로 본다면 절대 폄하할 수 없고 해서도 안 될 과거의 역사인 것이지요.

---

109 특별한 명칭이 붙은 상징물 외에 보편적인 가치를 담는 상징들도 통용되었는데 이는 훗날 부족 간 물물거래 시 사용되는 화폐의 형태로 발전합니다.

110 인류학자들은 이러한 형태의 자연물을 대상으로 한 기복 신앙이 고대 종교의 탄생으로 이어졌다고 생각합니다.

111 관습으로 부여된 족장의 지위 또한 그 뒤에는 부족원들의 물리력 행사가 뒷받침하고 있었습니다.

핵심 메시지

초기 인류는 자연에 맞서 홀로 설 수 없는 나약한 존재였습니다. 그러다 씨족 중심으로 집단을 형성하고 다른 집단과의 교류를 통해 자연계의 경쟁자들을 물리치기 시작했습니다. 그러나 그것은 개인의 자유를 포기한 대가였습니다. 개인은 생존하기 위해 어쩔 수 없이 집단, 그중에서 가장 힘이 센 자에게 복종했고 그때 생긴 지배 — 피지배의 경험은 21세기 현대인의 유전자 속에도 깊이 각인되어 있습니다.

상징 가치는 사고 능력을 갖춘 인간만이 만들어낼 수 있는 발명품이었습니다. 그를 통해 부족의 안정성을 꾀하였고 각 부족의 역사는 그들만의 정체성으로 자리 잡았습니다. 구전 설화로 발전한 이 독특한 정체성은 이후 세계 각지에 등장한 고대 국가 문화의 기틀이 되었습니다.

초기 인류의 세계관은 힘으로 지배하고 힘에 복종하는 '힘 중심의 사회'였습니다. 이 사상은 집단생활을 하는 동물과 유사한 수준으로 인류의 세계관 발달사에서 가장 낮은 단계에 위치하고 있습니다.

심화 주제

간혹 원시 부족 사회의 공동체를 현대 사회의 병폐를 치유할 이상적인 미래로 묘사하는 사람들이 있습니다. 공동 생산, 공동 육아의 모습은 공산주의 또는 사회민주주의와 유사한 측면이 엿보입니다. 그러나 그 시절의 공동체는 바깥과 연결되지 않은 철저히 고립된 사회였습니다. 힘에 의한 강제적인 약탈이 자행되기도 하는 야만의 시대였지요. 이런 예를 통해 혹자는 사회민주주의가 지향하는 공동체는 허울 좋은 개살구라고 비판하기도 합니다. 여러분의 생각은 어떠한가요?

19

문명의 태동, 국가와 종교

수렵 채집으로 생계를 해결하는 원시 인류의 삶은 그리 안정적이지 못했습니다. 언제 어떤 짐승을 사냥할지, 어디서 먹을 만한 열매를 찾을지는 전적으로 운에 달려있었거든요. 마을 인근을 지나던 들소 떼를 잡아 며칠 풍족하게 보낼 수는 있었지만 언제 다시 들소 떼가 나타날지는 알지 못했습니다. 수일을 기다리다 사냥에 실패하여 곤경에 빠지기 일쑤였습니다. 죽은 짐승은 금세 상해버렸기에 한번에 많은 들소를 잡는 것도 여의치 않았습니다. 신선한 음식을 위해서는 수시로 사냥하는 방법뿐이었지요. 채집도 상황은 비슷했습니다. 고기보다는 오래 보관하였지만 열매가 나는 계절은 정해져 있었고 채집으로 얻을 수 있는 양은 큰 짐승에 비해 소량에 불과했습니다.

인류는 씨앗을 심어 재배하는 농경 기술과 염장 및 건조로 음식의 부패 속도를 늦추는 기술을 터득해 어려움을 극복합니다. 농사는 벼나 밀 같은 곡식이 주된 작물이었는데 곡류는 과일 채소류와 달리 서늘하고 건조한 환경에서 오랜 기간 신선함을 유지하였습니다. 이제 넓은 땅과 풍부한 물, 노동력만 있으면 원하는 만큼 식량을 얻고 저장할 수 있었고, 고기나 채소류를 보관하는 데 필요한 소금을 충분히 구할 수 있으면 금상첨화였습니다.

수렵 채집 사회에서 농경 사회로의 변화는 인류의 생활 방식을 뿌리째 뒤흔드는 사건이었습니다. 이동이 자유로웠던 수렵 생활과 달리 농경 생활은 어느 한 지역에 정착하는 삶이었거든요. 작물을 키우는 데에는 수개월이 소요되었고 수확한 곡식은 일정한 장소에 보관해야 했습니다. 한번 개간해 놓은 땅은 다음 해에 더 수월히 농사를 지을 수 있는 이점도 있었습니다. 극심한 자연재해를 입거나 이민족이 침입하여 쑥대밭이 되지 않는 이상 이미 정착한 마을을 다른 곳으로 옮길 필요가 없었습니다.

하지만 농경 생활은 수렵 채집에 비해 더 부지런해야 했습니다. 반나절 사냥하면 나머지 시간에는 쉬거나 놀던 수렵 생활과 달리 노동집약적인 농경 생활을 하려면 해가 뜨고 질 때까지 일해야 했거든요. 한 장소에서 평생을 살아야 하는 만큼 규율은 많아지고 개인의 자유는 더욱 제한되었습니다. 마을을 벗어나 보려 해도 혼자의 힘으로 생계를 꾸리는 건 절대 불가능한 일이었습니다. 경작할 만한 땅은 이미 다른 사람의 차지였고 운 좋게 구한다 한들 누군가에게 강탈당하거나 나 자신도 노예로 끌려갈 위험이 높았습니다. 그렇다고 다시 수렵 생활을 할 수도 없었기에 이전보다 더 팍팍한 삶이었지만 먹고살기 위해 참고 견뎌야 했습니다. 한 번 더 자유를 희생해 삶의 안정성을 높인 것이었지요.

농경 생활은 개인의 존재를 더 초라하게 만들었지만 인류 역사의 측면에선 혁명적 전환이었습니다. 농경은 수렵과는 비교도 할 수 없을 만큼의 식량 생산과 축적이 가능했거든요. 사냥할 짐승이나 열매와 같은 식량 자원은 보관의 한계 때문에 일정 수준 이상의 인구를 부양하지 못했습니다. 그러다 보니 일정 수 이상으로 부족 구성원이 늘어나면 둘로 나누어 다른 정착지로 내보내는 게 관습이었지요. 그에 비해 넓은 땅을 개간해 훨씬 많은 식량을 얻을 수 있는 농경 생활은 인구가 곧 생산력이 었습니다. 그렇게 구성원 수는 증가하고 마을 규모는 커져갔습니다.

농업의 초과 생산과 인구 증가는 농부 외 전문 직업인을 등장케 하였습니다. 수렵 사회는 사냥과 채집, 전투를 맡은 남성 그룹과 육아와 살림을 맡은 여성 그룹, 부족의 지식 문화를 전승하는 노인 그룹으로도 무리 없이 살 수 있었고 그 이상의 잉여 인원을 지원할 여유도 없었습니다. 그에 비해 몸집이 불어난 마을은 더 많은 분쟁의 소지가 있었고 이를 해소하기 위해 군인, 행정관, 신관 같은 전문 지식인이 필요했습니다. 마침 그들을 먹여 살릴 식량도 충분했지요. 대장장이, 마부, 목수 등의 다양한 직업이 등장하고 그들의 전문 기술은 농업 생산력을 더 끌어올렸습니다. 마을 수준을 넘어선 소규모 왕국의 단계에 진입하게 된 것이지요.

조그만 국가 수준으로 몸집이 커진 인류는 새로운 두 가지 과제를 맞이합니다. 나라가 원활히 기능하기 위한 중심 질서, 즉, 공통 규율이 필요했고 각 마을에서 생산된 자원들이 원활히 교환될 수 있는 공통된 가치를 제시하여야 했습니다. 그렇지 않았다가는 마을끼리의 오해로 싸움이 일어나거나 자신의 생산물에 공정한 평가를 받지 못했다는 불만으로 태업할 수 있었거든요. 그러나 수적으로 비대해지고 거리상으로 멀어진 국가 수준 공동체에서는 족장이 가진 상징 권력의 영향력이 작동하기 어려웠습니다. 능력 있는 자에게 부여된 명예 상징은 옆 마을에선 소용없는 것이었지요. 마을 사람들이 모두 알고 지내던 시절에 암묵적으로 인정되던 권력과 명예의 상징을 상호 왕래가 드문 마을 간에 연결할 방법이 필요했습니다.

사람 위의 법

현대적 의미의 법과 규율은 이 문제를 해결하였습니다. 족장이 가진 상징 권력이 국왕이 명한 율법으로 대체된 것이지요. 겉으로 드러나는 상징물로 표현되던 족장의 힘은 보이지 않는 무형의 언어에 녹아들었습니다. 족장 개인에 대한 충성은 국왕이 정한 법의 준수로, 관습을 어겼을 때의 보복은 불법을 저질렀을 때의 처벌로 바뀌었습니다. 멀리에서도 공정한 법 집행을 하기 위해 죄의 종류에 따라 처벌 수위도 정하였지요. 초기 국가에서는 부족 시절의 관습이 남아 국왕 내키는 대로 법을 바꾸고 하였지만 점차 이것이 국가 운영에 나쁜 영향을 끼친다는 것을 경험하면서 명시화된 법[112]으로 발전시켰습니다.

법질서는 족장의 감시 범위 밖에서도 구성원들이 지켜야 할 행동을 정의했습니다. 모든 행동거지를 속속들이 파악하진 못했지만 국왕의 대리인인 전문 감시인을 통해 법을 어긴 자를 적발하고 일벌백계함으로써

---

112 인류 최초의 성문법으로 알려진 함무라비 법전의 등장이 그 대표적인 사례입니다.

사람들로 하여금 법을 따르도록 압박하였습니다. 각 마을이 통일된 규율을 따르도록 하였고 이는 국가 통치 체계의 확립으로 이어졌습니다. 도량형, 세법, 예법, 복식 같은 것들이 공통 기준으로 자리매김하면서 구성원들의 동질성을 강화하는 도구가 되었습니다. 국가 통치 체계가 정비되고 큰 규모의 마을들이 통합되면서 고대 이집트 왕국, 바빌로니아 왕국, 로마 제국 같은 대규모 국가, 제국이 등장하였습니다. 비로소 문명이라 부를 기록의 역사가 시작되며 인간의 힘은 더욱 막강해졌습니다.

거대한 제국을 경영하는 지도자는 이전보다 훨씬 강력한 권력을 휘두를 수 있게 되었지만 법 체계는 그 한계를 규정하였습니다. 권력 원천이 특정 개인에서 명문화된 법으로 넘어가면서 무소불위의 국왕도 법에 따를 의무가 주어졌기 때문입니다. 피지배자에 속한 구성원들은 이전보다는 안정된 삶을 보장받을 수 있었습니다. 법만 충실히 지킨다면 왕조차 어찌하지 못했으니까요. 간혹 폭군이 등장해 입맛 따라 재단하고 법위에 군림하는 만행을 저질렀지만, 신뢰를 저버린 국왕의 말년은 결코 순탄치 못했습니다. 이는 특정 개인이 갖고 있던 통치의 원천이 사람이 아닌 무엇으로 이전되는, 개인 간의 신뢰가 사회적 신뢰로 발전하는 과정이었습니다.

표준 화폐의 등장

왕가의 문장 또는 황제 얼굴이 새겨진 금화는 명예 상징에 담긴 가치를 국가 차원으로 끌어올렸습니다. 금화는 수렵 시절의 명예 상징과 유사하게 해당 가치에 상응하는 이로움을 다른 이에게 베풀었음을 의미했고, 상호주의 원칙에 의거하여 금화를 사용하여 다른 이로부터 편의를 받을 권리가 주어졌습니다. 표준화된 금화 안에 공동체에 대한 기여, 반대 급부로 받을 수 있는 권리가 인정되기 시작한 거죠. 이는 농업과 광업, 마을 내 소규모로 자급자족되던 생필품의 거래를 촉진하였습니다. 굳이 혼자서 모든 일을 하지 않고 제일 잘하는 일을 직업으로 택해 금화를 얻으면 되었기 때문입니다. 이는 전문 분업화를 촉진하고 산업 효율성을 끌어올렸습니다. 마을과 마을 사이에 생겨난 큰 시장에서는 물물교환이 활발히 이루어졌고 그만큼 국가 경제력은 향상되었습니다. 이즈음 등장하기 시작한 대상인은 국가 사이의 무역을 주관하며 커다란 부를 손에 넣었고, 이들에게서 거둬들인 막대한 양의 세금은 국가 부흥의 기틀이 되었습니다. 국제 무역에 행사하는 영향력, 즉 무역 루트에 대한 장악력이 초강대국의 지표로 자리 잡게 되었습니다.

표준화폐로서 왜 하필 금이 쓰였는가에 대해서는 여러 가설이 있습니다. 인류학자들은 금이 고대 사람들이 접할 수 있었던 물질 중 가장 변성이 적고 가공이 수월[113]했다는 점에 주목합니다. 오래도록 가치가 보존되고 세월이 쌓일수록 귀중해지는 것, 그러면서 여러 모양의 장신구로 만들어 몸에 걸칠 수 있고 여차하면 새롭게 재가공하기 쉬운 금은 초기

---

113 금의 녹는점은 1064℃로 구리(동)를 가공할 수준의 제련 기술이면 금을 다룰 수 있었습니다. 참고로 구리의 녹는점은 1084.6℃로 금보다 조금 높은 편입니다.

인류 문명에서 권력과 명예의 상징물로 쓰기에 최적이었습니다.[114]

    금화는 단지 명예 상징의 대체물, 물물거래의 수단에 그치지 않았습니다. 공동체에 대한 개인의 기여도를 넘은 해당 국가의 국력, 주변 지역에 미치는 힘의 척도였습니다. 어떤 나라의 공식 금화가 국가 밖에서도 통용된다는 것은 그만큼 힘의 주도권을 갖고 있다는 의미였습니다. 타국과의 무역, 약소 세력을 정복하고 영토를 개척해 광산을 개발하는 건 금을 충당하는 주요 수단이었습니다. 그로써 더 많은 금화를 발행하고 국가가 필요로 하는 노동력을 획득했습니다. 위대한 제국을 동경하는 사람에게는 해당 국가의 공식 금화를 소유하는 게 자랑스러운 일이었고, 금화를 얻기 위해 들인 갖가지 노력들은 고스란히 제국의 힘으로 편입되었습니다.

    하지만 금화, 정확히 국가 표준 화폐의 탄생은 인류에게 지금까지도 풀지 못한 어려운 숙제를 남겼습니다. 금의 양은 한정된 반면 국가 경제는 계속 팽창해야 하는 딜레마 였지요. 제국이 거대해질수록 정부의 지출은 비례해 늘어나고 영토가 넓어진 만큼 경제적 재화의 생산 또한 증가했지만 그를 거래할 만한 금화는 충분히 수급되지 못했습니다. 게다가 금화는 썩어 없어지지 않는 까닭에 사람들로 하여금 부의 축재를 부추겼지요. 돈을 많이 번 이들은 자기 집 금고에 금화를 쌓아두었고 시중

---

114 금뿐만 아니라 은도 이에 준하는 금속이었습니다만 표면이 쉽게 오염된다는 점에서 금보다는 가치가 덜했습니다.

에 풀린 금화의 양은 점점 줄어갔습니다.[115] 거대해진 국가의 방만한 경영과 귀족층의 사치 향락은 안 그래도 부족한 금화를 빠르게 고갈시켰습니다. 역사적으로 이 문제는 반복되었고 대부분의 나라들은 과도한 지출을 감당하지 못해 금화의 순도를 낮추는 방법을 선택했습니다. 겉모습은 같은 돈이었지만 어떤 건 순도 90%의 금이었고 어떤 건 금 함량이 절반도 되지 않는 차이가 발생했지요. 사람들도 바보는 아니어서 이 사실을 알게 된 눈치 빠른 이들이 초기에 생산된 양질의 금화는 집 안에 숨기는 바람에 불량 금화만 유통되는 현상이 벌어집니다.[116] 진짜 금화가 자취를 감추기 시작하자 나쁜 품질의 돈이 대량으로 풀리는 악순환이 이어졌고 끝내 화폐 가치가 소멸되는 지경에 이르러 국가 권위의 붕괴, 제국의 불신으로 치달았습니다. 사람들은 점차 국가의 명령을 따르지 않고 각자도생하였으며 믿음을 잃은 국가는 여지없이 패망의 길에 들어섰습니다.[117]

---

115 부의 축재로 인한 양극화는 노쇠한 국가의 고질적인 병폐였습니다. 이런 이유로 고대 그리스 철학자 아리스토텔레스는 당시 인기 있던 화폐의 등장에 우려 섞인 심경을 토로합니다. 화폐가 있기 전에는 필요한 물품의 교환을 통해 서로의 신의를 닦을 수 있었지만, 영원히 사라지지 않는 화폐는 만물이 소멸하는 자연의 법칙을 거스르거니와 계속해서 쌓아둘 수 있고 그로 인해 사람들은 화폐 자체에 경도되어 도덕성을 잃어버릴 수 있다고 보았기 때문입니다.

116 악화(惡貨)가 양화(良貨)를 구축(驅逐)한다(Good and bad coin cannot circulate together.)는 영국 경제학자 토머스 그레샴의 법칙으로 알려져 있습니다.

117 금화를 화폐로 사용하지 않는 현대 사회의 인플레이션도 이 과정을 쏙 빼닮아 있습니다. 많은 근현대 국가들은 과도한 재정 지출을 막기 위한 방편으로 화폐를 무한정 발행했고 이는 곧 화폐의 가치 훼손(초인플레이션)을 일으켜 국가 경제를 무너뜨렸습니다.

스스로 복종시키는 최고의 기술, 종교

인류는 타고난 신체적 제약을 극복하고 유럽, 중동, 아시아에 걸친 대제국을 건설하였습니다. 불모지를 경작하고 야생 짐승은 길들였으며 세계 곳곳을 탐험하고 길을 내었음에도 우주의 대자연 앞에서 인류는 순진한 어린아이에 불과했습니다. 해는 왜 뜨고 지는지, 비가 내리는 이유는 무엇이며 어째서 계절이 순환하는지는 알지 못했습니다. 폭풍, 홍수, 가뭄, 지진, 화산 폭발 같은 대형 재난은 공포 그 자체였습니다.

자연의 분노를 달래기 위한 원시 인류의 의식(儀式, ceremony)은 민간 신앙의 형태로 발전합니다. 족장에게 부여된 상징 권력은 조상신, 자연신의 가호와 결합하여 통치 정당성이 되었지요. 신(자연)과 인간을 중개하는 족장은 신의 대리인으로서 부족 구성원의 생사여탈을 결정하였는데, 이런 제정일치의 통치[118]는 초기 형태의 국가에도 고스란히 이어졌습니다. 국가의 최고 권위자인 왕은 하늘과 태양, 여러 자연의 신에게 제물을 바치고 그들의 목소리를 민중에게 전하는 제사장의 역할, 법질서를 명하고 행정을 관장하는 통치자의 역할을 겸임하였습니다.

이후 국가 규모가 커지면서 왕이 신경써야 할 영역이 늘어나며 제사장과 통치자의 역할이 분리됩니다. 신성한 땅을 지키는 신관은 신의 예

---

118 신권정치(神權政治)

언을 듣고 미래를 점쳐 나라의 일에 조언하였고 왕이나 황제, 집정관 같은 통치자는 신탁을 참고하여 국사를 다루었습니다. 그리고 대중이 이해하기 어려운 신(자연)의 이야기는 의인화를 통해 친숙하게 번역되었지요. 그리스 로마 신화, 북유럽 노르드 신화는 인간의 삶에 막대한 영향을 끼치는 여러 자연현상을 사람 같은 신들의 이야기로 엮은 대표적인 사례입니다. 대중들은 신화를 통해 신(자연)을 이해하고 그들의 변덕스러움을 들으며 삶의 부당함을 수용하였습니다. 어찌 되었건 신이 결정한 일이기에 미천한 인간은 따를 수밖에 없다고 체념한 거죠. 이는 통치자의 의도와도 부합되는 방향이었습니다.

의인화된 신의 이야기는 절대 종교의 형태로 발전합니다. 인간의 모습을 띠기도 하지만 본질적으로 인간이 아닌 절대의 무엇, 우주를 창조하고 자연의 삼라만상을 관장하는 신은 인간이 가야 할 길을 조력하는 안내자로서 그릇된 자를 벌하고 어려움에 처한 이를 어루만졌습니다. 삶을 어떻게 살아야 하는지 알려주는 스승, 잘못을 따끔히 혼내는 아버지, 아픔을 달래주는 어머니의 모습을 모두 갖춘 전인적 존재였습니다.

사람들에게 신은 자상하면서도 두려운 대상이었습니다. 그는 아무도 보지 못하는 마음속 깊은 더러움까지 속속들이 꿰뚫어 보았거든요. 밤이나 낮이나 하늘에서든 땅에서든 모든 걸 보고 알고 심판할 수 있는 신의 손아귀에서 빠져나갈 방법은 없었습니다. 그 말인즉슨 법으로도 강제하지 못하던 사람의 진짜 속마음, 촘촘한 감시망으로도 적발하기 어려웠던 사소한 행동까지 훑어낼 수 있는 최고의 통치 기술이란 뜻이었습니다.

스스로 자기 검열을 하며 신의 말씀을 따르는 피지배자는 지배자의 입장에서 가장 다루기 쉬운 존재였습니다. 적당히 종교적 원리를 변용하여 통치 정당성을 강화하고 사람들이 의도에 따라 행동하도록 만들 수 있었거든요.

힘의 질서가 법의 질서로, 다시 종교의 질서로 바뀌는 과정은 한층 강화된 자유의 억압이었습니다. 더 정교하게 심층 내면으로 내려갔지요. 피지배자 스스로 복종의 삶이 바른 길이라 믿게 한 종교 중심의 세계는 약 1,300년에 걸친[119] 인류 사회의 주류 사상이었고 지배 — 피지배의 구조는 더욱 부수기 어렵게 되었습니다.

그렇다 하여 종교적 삶이 나쁜 측면만 있지는 않았습니다. 되려 인류가 더 높이 성장하기 위해 거쳐야 할 관문에 가까웠지요. 세속 종교는 많은 해악을 끼쳤지만 종교적 원리의 가르침은 모든 사람이 가져야 할 숭고한 미덕을 전파하였습니다. 사랑, 인애, 포용, 정직, 절제, 성실, 낙관과 같은 긍정적인 마음가짐은 이후 근대 산업 사회의 병폐를 치유하는 소중한 가치가 되었습니다. 그리고 우연히 태어나 아무렇게나 살다 가는 허무주의가 아닌 무엇인가에 지향하고 기여하는 삶에 의미를 부여하고 바른 삶의 이정표를 제시하였습니다. 아울러 신의 섭리에 따른 삶의 규율은 구성원 간 조화로움을 다지는 데 일조하였고 현대에 이르러 국가

---

119 이 글에서는 예수의 탄생을 기원으로 삼는 A.D.를 기준으로 4세기 로마 제국의 국교 선포부터 17세기 데카르트의 인간 이성에 대한 성찰 명제까지를 설정합니다.

및 세계 시민 의식의 공공선을 수용하는 심적 토대로 발전하였습니다.

핵심 메시지

법질서, 화폐, 종교가 주축이 된 사회를 '질서 중심 사회'로 정의합니다. 질서 중심 사회는 물리적 힘으로 특정 개인에게 통치 정당성이 부여되는 수렵 사회와 다르게 무형의 법, 인간의 통제 범위를 벗어난 화폐, 무오류의 절대자 신이 빚어낸 질서에 따라 통치 정당성이 마련되고 그에 따른 바른 삶의 방식이 결정되었습니다.

사회가 발전하며 인류가 지닌 힘의 크기는 증대되었지만 역설적으로 인간 개인의 자유는 더 제약되었습니다. 구체적으로 개인의 힘 또한 집단의 크기에 비례하여 강해졌다 할 수 있지만 집단에 대한 개인의 의존도는 높아지고 집단 밖에서 다른 방식의 삶을 선택할 자유는 줄어들었습니다. 인간이 만들어낸 추상적 개념들이 인간의 삶을 규정하는 현상이 본격적으로 나타나기 시작하였습니다.

부족 신화와 종교, 법 체계의 융합은 특정 집단의 정체성이 되었습니다. 비슷한 피부색, 같은 언어를 사용하는 것으로 공동체의 동질성은 극대화되었습니다. 각종 기념일과 행사는 공동체의 소속감을 확인하는 이벤트였습니다. 아울러 사람들이 가져야 할 미덕과 바른 규범을 다지는 시간이기도 했고요. 이런 특성들은 점차 민족으로 정의되기 시작하였고 근대 민족주의 탄생의 씨앗이 되었습니다.

심화 주제

신화 및 종교적 세계관은 인류 문화 발전 과정에서 필수 불가결한 요소였지만 현대에 이르러서는 부정적인 취급을 받고 있는 게 사실입니다. 여전히 종교 교리를 우선하여 국가를 경영하는 종교 국가, 신의 가르침을 곧이곧대로 적용하여 테러를 일삼는 극단 원리주의 단체는 자국민의 자유를 억압하고 그들의 뜻에 반대하는 이를 해치는 걸 정당하다고 주장합니다. 근대 이후 자유와 평등을 기본 가치로 삼은 현대 민주주의 국가에서는 이런 행태를 적극적으로 비판하고 있으며, 이로 인해 종교를 최우선으로 삼는 자국 내 종교인에 대한 대중의 시선 또한 곱지 않습니다. 현대 사회에서 종교의 설자리는 어디일까요? 보다 더 도발적인 질문으로, 종교는 여전히 우리 사회에 필요한 가치 체계일까요?

20
이성 과학 합리의 시대

    13세기 초 칭기즈칸은 몽골 초원을 제패한 후 그 여세를 몰아 동아시아, 중앙아시아, 유럽에 이르는 세계사 최대의 제국을 건설합니다. 3차례에 걸친 서역 정벌[120]은 잔인한 살육[121]과 가공할 파괴력으로 유럽인들에게 세상의 종말에 필적하는 공포감을 안겼지만, 유라시아 대륙이 하나의 국가로 통일되면서 동방의 앞선 기술과 문물을 쉽게 접할 수 있는 기회를 열어주었습니다.[122] 그러나 빛과 그림자는 함께 찾아왔습니다. 이질

---

120 1219년~1224년 1차 원정으로 카스피해 인근의 호라즘 왕국이 멸망하였고, 1235년~1244년 2차 원정은 러시아 지역을 초토화시키고 남부 독일 및 이탈리아 북부 지역이 공격당했습니다. 이후 1253~1260년 3차 원정은 카스피해를 넘어 아라비아 반도의 주요 도시들을 함락시켜 인류 역사상 가장 넓은 영토의 제국이 탄생하였습니다.

121 몽골 고원을 통일하고 서하와 금나라를 정복한 칭기즈칸은 중앙아시아의 이슬람 제국 호라즘에 교역을 위한 사절단을 파견합니다. 그러나 호라즘의 왕 무함마드 2세는 몽골 사신을 스파이로 의심해 처형하고 우호의 징표로 보낸 낙타 500마리를 굶겨 죽였습니다. 이에 분노한 칭기즈칸은 1219년 호라즘 정벌에 나서 군인과 시민을 남녀노소를 불문하고 항복조차 받아들이지 않은 채 모조리 학살하였습니다. 이 소문은 유럽 전역에 퍼져 사람들에게 큰 공포를 안겨주었습니다. 훗날 현대의 고고학 연구에 의하면 호라즘 전체 인구의 80%, 약 240만 명이 희생되었다고 합니다.

122 그전까지 유럽과 동아시아 사이의 무역은 서하, 서요, 호라즘 등의 여러 왕국들을 두루 거치면서 제한적으로 이루어졌습니다.

적인 두 문명의 만남은 미지의 역병, 페스트(흑사병)를 유럽에 퍼뜨려[123] 14세기 중반부터 15세기에 이르기까지 유럽 인구의 1/3이 사망하는 대재난을 일으켰습니다.

유럽과 동아시아의 무역 활성화와 흑사병으로 인한 인구 급감은 이탈리아 르네상스의 촉매가 되었습니다. 원나라와 유럽 간 중개 무역으로 부를 축적한 베네치아 신흥 귀족들의 경제적 지원과 참혹한 역병 환난 속에서 신에게 구원을 얻으려는 시민들의 염원, 또 끔찍한 재난 앞에 무기력하기만 했던 로마 가톨릭에 대한 실망과 새로운 이성 세계관의 탐색, 급감한 도시 인구를 보충하기 위한 길드의 문호 개방 같은 시대상이 어우러져 자연 과학에 대한 본격적인 탐구가 시작되고 유럽 역사상 가장 위대한 문화 예술 작품들이 탄생하였습니다.

그 후 쇠약해진 동로마 제국이 오스만 제국에게 침략당하는 사건이 발생합니다. 1453년 동서양을 이어온 콘스탄티노플[124]이 함락되면서 동방에서 들여오던 각종 사치품의 가격이 급등하였고 지중해 무역을 호령하던 베네치아 공화국의 지위가 흔들리기 시작하였습니다. 그 위기는 유럽의 변방이었던 스페인, 포르투갈에게는 황금시대의 주인공으로 등극

---

123 왕래가 없던 두 사회 집단의 교류는 언제나 역병의 고통이 뒤따랐습니다. 15세기 콜럼버스의 아메리카 대륙 발견, 16세기 스페인 제국의 아즈텍 침공, 17~18세기 폴리네시아 여러 섬의 원주민들은 외지인들이 몰고 온 각종 전염병(천연두, 매독, 페스트)에 속절없이 희생되었습니다.

124 현 터키 이스탄불

할 절호의 기회였지요. 이들은 오스만에 의해 막힌 동방 무역로를 다시 열고자 아프리카를 돌아가는 과정에서 인도 항로를 개척(1498)하고, 서쪽으로 향해서는 신대륙을 발견(1492)하여 새로운 수입원을 창출하였습니다. 아즈텍 제국을 정복하고 중남미에서 들여온 막대한 금은보화는 스페인과 포르투갈을 유럽 최강국의 반열로 올려놓았습니다.[125] 근현대사를 깊숙이 관통하는 식민지 제국 열강 시대의 시작이었습니다.

한편 오스만 제국의 침공에 시달린 로마 가톨릭은 재정 충당을 위한 면죄부를 발행하였고, 마르틴 루터의 95개 조 반박문(1517)은 종교 개혁의 도화선이 되었습니다. 신성로마제국[126] 각지에서 루터에게 감화받은 칼뱅, 츠빙글리[127], 토마스 뮌처의 개혁 운동이 일어났지요. 특히 토마스 뮌처는 로마 가톨릭을 포함한 봉건 영주들조차 진실된 신앙을 가로막는 방해꾼이므로 모든 인위적 지배 구조를 파괴하자는 급진적인 주장을 펼쳤고 이는 독일 남부의 농민전쟁(1524)으로 비화되었습니다. 농민들의 반란은 금세 진압되고 뮌처 개혁파는 대부분 처형당했는데, 아이러니하게

---

125 당시 국가 재정 및 국제 무역은 금이나 은으로 만든 주화가 주로 사용되었는데, 스페인 및 포르투갈 왕정은 신대륙에서 걷어온 금과 은으로 막대한 재정 지출을 할 수 있었습니다.

126 현 독일, 네덜란드, 벨기에, 체코, 오스트리아, 스위스, 프랑스 동부 및 이탈리아 북부를 아우르던 영방국가로 로마 가톨릭에 의해 정통성이 부여된 탓에 황제는 제한된 권한을 가졌습니다. 본문의 주무대인 16세기의 제국은 각 영방의 영주들은 정치, 군사, 세금 징수 등의 사실상 독립 국가 수준의 자치권을 행사하였고 황제 선출 또한 그들의 투표로 이루어지는 시기였습니다.

127 스위스를 중심으로 활동한 종교개혁가로 사순절 소시지 육식 사건을 계기로 로마 가톨릭에 대항해 스위스 지역의 종교 개혁을 이끌었습니다.

도 종교 개혁의 정신적 지주 격이었던 마르틴 루터는 뮌처의 투쟁을 폭력적인 방법으로라도 제압해야 한다고 주장하였지요. 이에 실망한 남부의 농민들은 신교를 버리고 구교로 돌아서기 시작하였습니다.[128] 전쟁의 상흔은 독일 북부의 신교도와 독일 남부, 이탈리아 북부, 프랑스의 구교도 진영을 철저하게 갈라놓았습니다.

1618년부터 1648년까지 신성로마제국 영토 내에서 벌어진 30년 전쟁은 중세 종교 질서가 무너지고 근대 국가의 틀이 형성되는 전환의 절정이었습니다. 신교도와 구교도 사이의 갈등은 날로 격화되어갔고 때마침 신성로마제국의 황제로 추대된 페르디난트 2세의 신교 말살 정책[129]은 루터파, 칼뱅파로 나뉘어 있던 신교도들을 프로테스탄트 연합으로 단결시켰습니다. 이에 자국 내 왕권을 정비하고 외부에 힘을 투사하려던 스웨덴, 프랑스가 참견하기 시작하면서 독일 영토 내 신교도와 구교도 사이에 30년간의 크고 작은 전쟁이 일어났습니다. 이 시기 독일 인구가 절반 이하로 줄어드는 끔찍한 참극이었지요. 이윽고 너무 많은 국력을 소모한 외부 세력들의 주도하에 1648년 베스트팔렌 조약 합의가 이루어지

---

128 신교의 주류 세력이었던 마르틴 루터는 뮌처의 사상을 공개적으로 반박하였고 농민전쟁의 진압을 촉구하며 남부 독일인들의 반감을 샀습니다.

129 대표적으로 페르디난트 2세는 복구령(Edict of Restitution)을 통해 신교도의 영토와 재산을 압류하려고 하였습니다. 그러나 이는 아우크스부르크 화의 이후 세력을 키운 친황제 가톨릭 영주들에게도 달갑지 않은 조치여서 제국이 한층 더 분열하는 화근이 되었습니다.

며 종교의 자유, 종교를 앞세운 타 국가에 대한 내정 간섭 금지[130]라는 시대적 진보를 도출하였습니다. 수백 년을 이어온 중세 종교 질서의 막이 내리는 대사건이었지요.

유럽 내륙이 이탈리아, 스페인, 포르투갈, 네덜란드[131/132]로 이어지는 국가 부흥의 계보를 통해 새로운 역사를 쓰고 있는 동안 해양 세력 영국은 성공회[133]와 가톨릭 세력 사이에서 벌어진 내전으로 혼란에 싸여 있었습니다. 영국 국왕 제임스 2세는 성공회를 몰아내고 가톨릭 국가를 세우

---

130 본문에 기술되어 있듯 당시 지방 영주들은 종교적 이유로 다른 지역을 침공하는 일을 정당하게 여겼습니다. 그도 그럴 것이 대개의 영주, 황제들은 그들만의 혼맥을 맺고 있었고 특정 지역의 영주가 어떤 종교를 믿느냐가 자신의 이해관계에 큰 영향을 미쳤기 때문입니다. 베스트팔렌 조약은 타 국가에 대한 내정 간섭 금지를 합의함으로써 현대적 국가 주권 개념의 기초가 되었습니다.

131 인도 항로를 통해 수입되는 향신료 무역은 큰 이익을 거둘 수 있었지만 그만큼 항해에는 많은 인력과 자원이 필요했고 위험 부담 또한 높았습니다. 스페인, 포르투갈 같은 국가는 탄탄한 왕족 및 귀족 자본으로 이를 충당해 막대한 수익을 얻은 반면 작은 도시 국가에 지나지 않았던 네덜란드는 그럴 만한 자원이 충분치 않았지요. 이에 17세기 초 귀족을 포함해 모든 시민이 자금을 투자할 수 있는 동인도회사가 설립됩니다. 이는 부족한 자원을 한데 모으고 실패의 위험을 분산할 수 있는 장치였고 이 전략은 대성공하여 네덜란드는 유럽 경제의 주도권을 가져올 수 있었습니다.

132 동인도회사를 통한 투자의 성공 여부는 무역선이 무사히 인도를 다녀올 수 있는지에 달렸습니다. 만약 성공하게 될 경우 투자자는 거래 수익을 나누어 받은 반면 실패한 경우 투자금을 잃는 구조였지요. 그런데 당시 항해 기술로서는 인도에 다녀오기까지 수개월이 걸렸고 투자자는 한참을 기다려야 수익금을 챙길 수 있었습니다. 이에 투자 증서를 다른 사람에게 사고파는 제도가 생겼는데 이것이 주식거래 탄생의 시초였습니다.

133 영국 국왕 헨리 8세는 캐서린 왕비의 시녀였던 앤 불린에게 반해 왕비와의 결혼을 무효화하고자 하였습니다. 그러나 교황청은 결혼 무효 소송을 거절하였고 이에 분개한 헨리 8세는 1534년 로마 가톨릭과 결별을 선언하고 영국 국교회를 설립하였습니다.

려는 전횡을 일삼았지요. 이에 영국 의회는 네덜란드 총독이었던 오렌지 공 윌리엄 3세에게 도움을 요청하였고 그는 군대를 동원해 영국으로 건너와 제임스 2세를 쫓아낸 뒤 영국 국왕의 자리를 차지합니다. 대신 지금까지 국왕에게 주어졌던 상당한 권한들을 의회에 넘기는 권리장전을 승인하지요. 1688년에 있었던 영국의 명예혁명은 의회 동의 없는 왕권 행사를 금지하고 국민의 자유로운 청원권을 보장하였으며, 이 조치는 그간 제임스 2세가 독점했던 해외 무역을 개방하는 결과로 이어졌습니다. 독립적인 자유 무역이 시작되고 신흥 귀족들은 부를 쌓으면서 의회를 통한 사유 재산 보장을 강화하였지요. 그리고 이는 지식 및 기술에 대한 국가의 보호, 즉 특허법 제도로 발전하여 1776년 제임스 와트의 증기기관 발명을 뒷받침하였습니다.[134] 영국 산업혁명의 서막이 열린 사건이었습니다.

30년 전쟁을 승리하여 유럽의 강대국으로 부상한 프랑스는 그 성공에 취해 이렇다 할 업적을 남기지 못했습니다. 전쟁 말기 무렵 5살에 즉위한 루이 14세는 1661년이 되어 본격적으로 정치 일선에 나서 베르사유 궁전을 건설하고 왕권을 강화하며 태양왕이라는 별칭을 얻었습니다. 하지만 한창 잘 나가는 영국을 시기하여 주변 국가들과 많은 전쟁을 치르는 우를 범하였지요. 당시 프랑스는 유럽 최강의 중앙 집권 국가였고 군

---

134 제임스 와트의 증기기관 발명 이전에도 다른 형태의 증기기관은 있었습니다. 와트는 기존 증기기관의 열효율을 획기적으로 높이는 기술을 더해 상업적으로 사용 가능한 수준의 증기기관을 만들어낸 것이지요. 이는 당시 특허법이 최초 기술 등록자에게 독점권을 부여하고 수익을 창출할 수 있도록 보장되었기 때문에 가능한 일이었습니다.

사력도 막강했지만 오랜 전쟁은 서서히 국력을 갉아먹었습니다. 특히 개신교도의 차별을 금지한 낭트 칙령을 철폐하여 프랑스 내 상인, 기술자들이 대거 이웃 나라로 망명해버린 사건은 치명적인 실책이었습니다. 루이 14세의 뒤를 이은 루이 15세도 딱히 뛰어나지 못해 국운은 나날이 내리막을 걸었고, 루이 16세에 이르러 방만한 재정을 메우려는 과정에서 프랑스 혁명[135]이 일어나게 됩니다. 그 후 약 10년에 걸쳐 아수라장에 가까운 정치 환경이 조성되었는데 마침 외국에서 연전연승하던 나폴레옹의 등장으로 일시에 정리되었습니다. 그는 시민 혁명에서 내걸었던 자유, 평등, 박애의 정신을 앞세우고 대유럽 전쟁에 나섰는데, 그 결과 당시 봉건 질서의 중추였던 오스트리아, 프로이센, 러시아가 무너지고 신성로마제국의 봉건 질서가 완전히 해체되었습니다. 나폴레옹 자신이 군사적 천재이기도 했지만 봉건제 치하의 시민들이 프랑스 혁명의 새로운 물결을 적극 환영했던 게 결정적인 승리 요인이었습니다.

---

135 혁명 전 18세기 후반의 프랑스는 귀족들이 전 인구의 3%, 전 국토의 40% 가까이를 소유한 극심한 비대칭 사회였습니다. 귀족들은 선대부터 이어온 면세 특권을 이용해 부를 축적했고, 갖은 전쟁으로 재정을 소모한 프랑스 왕정에게는 눈엣가시 같은 존재였습니다. 루이 16세는 귀족들의 면세 특권을 철폐하고자 귀족, 성직자, 신흥 부르주아로 이뤄진 삼부회를 소집하였으나 귀족들의 반발과 신흥 부르주아의 자체 의회 선언으로 무산되고 말았습니다. 이에 위협을 느낀 루이 16세는 파리 근방의 군대를 진군시키고 이를 물리적 탄압으로 해석한 부르주아의 저항은 프랑스 시민 혁명으로 발화되었습니다.

세상 모든 것의 혁명

13세기 몽골의 유럽 침공부터 19세기 신성로마제국의 몰락까지 종교 중심의 유럽 봉건 사회는 약 600여 년 동안 서서히 무너졌습니다. 로마 가톨릭은 대적할 수 없는 강력한 이민족의 침략과 하늘의 형벌[136] 앞에 무기력했고, 하루가 멀다 하고 벌어진 봉건 군주들의 전쟁은 민중의 삶을 나락으로 떨어뜨렸습니다. 봉건 지배 양식에 회의감을 품은 신흥 엘리트들은 종교 개혁, 명예혁명, 시민 혁명으로 군주가 휘두르던 무소불위의 권력을 해체하였습니다. 신성로마제국 황제의 강력한 권력은 지방 영주들에게 넘어갔고 루터, 칼뱅 등이 주도한 종교 개혁은 로마 가톨릭의 중앙 권력을 지역 교회로 이전시켰습니다. 명예혁명은 영국 국왕의 전권이 귀족 의회의 손에 주어진 사건이었고, 프랑스 시민 혁명은 루이 16세를 처형함으로써 왕정 폐지를 이끌었습니다. 그전까지 국왕의 권력은 쿠데타나 외세의 개입으로 사람만 바뀔 뿐 신이 부여한 항시적 지위는 변함이 없었습니다만, 이제는 의회에서 다수결을 통해 위임되는 임시적 지위의 형태로 탈바꿈하였습니다. 이 모든 것이 하나의 절대 권력이 다수의 분산된 권력으로 흩어지는 탈중앙화의 시간이었습니다.

이중 종교 개혁은 유럽인의 세계관을 뿌리부터 갈아치웠습니다. 당시 사람들은 교황청과 그 휘하의 수도사들이 해석한 삶의 규율을 철저히

---

136 14세기 유럽을 강타한 페스트는 이후에도 간간이 산발적인 유행으로 많은 사람들의 목숨을 앗아갔습니다.

믿고 따랐습니다. 로마 가톨릭이 전하는 신의 말씀을 지키는 게 인간이 행할 의무이자 삶의 목적이라 받아들였지요. 루터, 츠빙글리, 칼뱅 등의 개혁가들은 성경에 충실한 새로운 신앙을 주장했고 이는 로마 가톨릭의 일원화된 사상을 벗어나 자신이 원하는 교리를 선택할 자유를 주었습니다. 아울러 신대륙 개척 및 르네상스, 산업 혁명의 성취는 신에게 의존하지 않고 자립할 수 있는 인간 이성에 대한 자신감으로 이어졌습니다.

프랑스 혁명에 의한 왕정 폐지, 나폴레옹의 유럽 정복에 따른 봉건 질서 해체는 정치와 종교가 완전히 결별하는 기점이었습니다. 이제 사람들은 자유, 평등, 박애의 정신으로 인간 고유의 가치에 주목하기 시작했고 대중을 억압하던 전통적인 유럽 왕가들이 몰락하며 로마 교황청의 영향력도 급속히 쇠퇴하였습니다. 드디어 신의 섭리에 종속되지 않고 인간이란 어떤 존재인지, 정의로운 삶과 공평한 사회란 무엇인지 고민하는 근대 철학의 시대가 열린 것이었습니다.

종교적 신비주의 세계관이 물러난 빈자리는 이성 과학이 차지하였습니다. 이해하기 어려운 자연현상을 신의 뜻으로 치부하던 지적 나태에서 벗어나 원리를 밝히고 논리적으로 설명하는 풍조가 유행했습니다. 나름 상류층이라 자부하던 이들은 제임스 와튼의 증기기관, 그를 통해 움직이는 각종 기계와 기관차의 작동 메커니즘을 공부하고 자신의 지식을 뽐내었습니다. 물리, 화학, 생물학, 천문학 등 모든 과학 분야가 급속히 발전하였고 새롭게 밝혀진 지식은 곧바로 공학 기술에 적용되어 하루가 다르게 세상이 변하였습니다.

증기 기관을 필두로 한 수많은 신기술은 토지와 가축, 인력에 구애받지 않고 공장을 세워 물건을 만들 수 있게 하였습니다. 때마침 경작지를 잃고 도시로 몰려든 저임금 노동자[137]들 덕에 신흥 자본가들은 값싼 노동력으로 대량의 생필품을 찍어냈습니다. 때마침 유럽 국가에 퍼진 식민지 경쟁은 쏟아지는 공산품을 팔아치울 소비시장을 제공하였고 인도, 동남아시아 등지에 특용 작물을 강제로 재배케 한 뒤 수탈하며 세계의 부를 끌어모았습니다. 한편 아프리카 지역에서 활발히 이뤄진 노예무역은 유럽 국가들의 주머니를 채우는 주요 산업이었으나 이는 아직까지 남아 있는 흑백 인종차별의 원인이자 구미 선진국들의 씻을 수 없는 과오로 남고 말았습니다.

동양과 서양의 세계사적 무게추는 이 시기에 이르러 역전됩니다. 현대를 살아가는 우리들은 오래전부터 서양이 동양보다 앞서 있다고 생각하지만 유럽의 경제력이 동양을 앞서기 시작한 건 이때부터, 고작 200년도 채 되지 않은 일이었습니다. 토지와 가축, 인구가 국력이었던 질서의 시대에서는 비옥한 토지에 많은 인구를 부양할 수 있는 아시아의 경제력이 압도적이었습니다. 아시아 국가들은 풍부한 생산력을 바탕으로 하나

---

137 인클로저 운동. 근대 이전 농토의 소유권은 지금처럼 확립된 것이 아니었습니다. 봉건 영주에게 세금을 거둘 권리가 있었지만 영지는 일종의 공유지처럼 인식되어, 마을 규약을 통해 공동으로 사용하고 필요한 경우 비어 있는 땅을 경작할 수 있었습니다. 하지만 16세기 모직물 가격이 폭등하자 돈 있는 지주들은 공유지처럼 사용되던 땅에 소유권을 주장하며 양을 목축하기 시작하였고, 땅을 잃은 농민들은 도시로 상경해 저임금 노동자가 되었습니다.

의 절대 왕조가 오랜 기간 통치하는 편이었고요. 반면 척박한 땅에 식량 생산량이 부족했던 유럽 지역은 작은 도시 국가들이 치열한 경쟁으로 어렵사리 생존했습니다. 하지만 경쟁의 틈바구니에서 벌어진 새롭고 과감한 시도들은 산업 혁명 같은 혁신의 밑거름이었고[138] 이 시기 정립된 근대 국가 제도와 경제 시스템은 현대 사회의 표준이 되었습니다.[139]

금화에서 지폐로, 가치의 진화

굵직한 이벤트가 숨 가쁘게 벌어졌던 근대 유럽사 중에서도 현대인의 삶에 가장 큰 영향을 끼친 사건은 네덜란드의 동인도 주식회사 설립과 영국에서 등장한 근대적 통화, 국가 공인의 지폐[140]였습니다. 당시까지도 중요한 상품 거래는 변치 않는 가치의 상징인 금 또는 은으로 만든 화폐가 사용되었습니다. 그리고 특정 사회가 보유한 금화, 은화의 총량은 그 나라의 국력으로 이어졌는데 사람들은 자신이 얻을 수 있는 가치

---

138 혁신은 변방에서 이루어진다는 우주의 진화 법칙이 증명되는 사례입니다. 다양한 도전을 할 수 있었던 유럽 사회는 유연함이 있었고 안정된 사회 질서가 유지되었던 아시아 지역은 경직된 문화로 인해 새로운 기술이 도입되기 어려웠습니다.

139 아시아는 제국 열강의 침탈 이후 강제 산업화의 길을 걸었고, 제2차 세계대전을 끝으로 식민지 시대가 종말을 고하면서 비로소 압축적인 근대화 과정이 시작되었습니다. 하지만 식민지에서 갓 해방된 제3세계 국가는 수백 년간 사회 문화 경험을 축적한 유럽 국가와 달라서 쉽사리 그들의 방식을 따라 할 수 없었습니다. 자본과 기술, 사회적 거버넌스가 부족한 대부분의 국가들은 아직도 정치적 불안 속에서 산업화의 관문을 넘지 못하고 있습니다.

140 세계 최초의 지폐는 송나라 시절 발행된 교자(交子)로 알려져 있습니다.

한도만큼 노동력과 자원을 제공했고, 그렇게 집중된 힘은 낙후된 농지 개간, 새로운 기술 연구, 강한 군사 무기의 제작에 사용되었습니다. 대항해시대 시절 스페인과 포르투갈이 유럽 초강대국으로 등극할 수 있었던 이유도 신대륙에서 가져온 대량의 금은보화 덕택이었지요.

하지만 금과 은은 희소하였습니다. 광산의 채굴량은 그리 많지 않았고 앞서 살펴보았듯이 사람들의 축적 욕구는 시중에 유통되는 금과 은의 양을 감소시켰습니다. 비대해진 국가 운영 자금을 마련하기 위해 나쁜 품질의 금화를 유통하고, 그럴수록 국가 신뢰도는 하락해 몰락을 부추기는 원인이었죠. 이런 역사가 되풀이되었기에 근대 유럽 국가들은 언제나 재정 확대에 어려움을 겪었습니다. 정부는 금과 은의 보유량만큼 국가를 운용할 수밖에 없었고 세입이 충분치 않은 가난한 나라는 쓸 수 있는 돈이 없어 계속 궁핍해지는 악순환의 연속이었습니다.

네덜란드의 동인도회사 설립과 주식 거래 시스템은 탁월한 해결책이었습니다. 당시 대서양, 인도양 무역은 수익성 높은 사업으로 모든 유럽 국가가 앞다투어 항로를 개설하였는데, 그 시절 선박 기술로 큰 바다를 건너는 일은 꽤나 어려운 일이었어서 국책 사업에 버금가는 대자본이 필요했습니다. 게다가 튼튼한 갤리선, 유능한 선원, 오랜 기간 항해할 식량을 마련하였다 해도 풍랑을 만나거나 해적에게 약탈당해버리면 모든 것을 잃는 도박에 가까웠지요.

네덜란드 정부 역시 대륙 간 무역의 필요성은 느꼈지만 정부 재정은 넉넉하지 못했고 실패했을 때의 리스크를 감당할 수 없었습니다. 그래서 귀족, 평민, 하층민 상관없이 누구나 투자할 수 있는 동인도 주식회사를 고안해내었지요. 회사는 사람들의 돈을 투자받아 항해 자금을 조달하였고 무역에 성공하면 투자 지분에 따라 이익을 나누었습니다. 실패했을 경우에는 투자금을 돌려받지 못했는데 다수가 참여해 모은 돈이다 보니 투자자의 부담은 비교적 작았습니다. 이렇게 무역에 필요한 대자본을 모으면서 실패 위험을 분산하는 주식회사 제도가 크게 융성하였고 이내 네덜란드를 스페인, 포르투갈 버금가는 유럽 최고 부유한 국가로 성장시켰습니다. 그리고 다른 유럽 국가에도 비슷한 제도가 도입되며 효과적인 자금 모집 수단으로 자리잡았습니다.

한편 영국에서는 금세공업자들이 고객의 귀금속을 안전하게 보관해주는 서비스를 제공하면서 금을 맡겼다는 증빙으로 종이 영수증을 발행했습니다. 언제든 종이 영수증을 가져오면 금을 돌려주겠다는 약속이었지요.[141] 점차 사람들은 거래를 위해 무거운 금붙이 대신 금세공업자가 보증한 영수증을 교환하였습니다. 종이는 가벼워서 휴대하기 편했고 필요하면 언제든 금으로 바꿀 수 있었으니까요. 실제 가치의 물건을 담보하고 가치물에 대한 권리증을 사고파는 신용 거래의 시작이었습니다.

금세공업자는 여기서 한발 더 나아갔습니다. 금을 맡긴 후 찾아가는

---

141 이는 은행에 돈을 저축하면 통장 잔고에 금액이 기록되고 원할 때 그 돈을 다시 찾을 수 있는 현대적 은행의 통장 개념과 같은 것이었습니다.

사람은 별로 없고, 또 자신이 얼마큼의 금을 가지고 있는지 아는 사람도 없다는 사실을 이용했지요. 그들은 고객이 맡긴 금을 자기 것인 양 빌려주어 이자를 받았고, 자신이 가진 금의 총량보다 훨씬 많은 종이 영수증을 발행하기 시작했습니다. 경험적으로 약 10%의 고객이 금을 찾는다는 사실을 파악하고 그 패턴에 따라 금을 빌려주거나 종이 영수증을 초과 발행했는데, 터무니없이 많은 금을 내어주어 실제 고객에게 돌려줄 금이 부족하면 이 사실이 탄로 날 우려가 있었기 때문입니다. 하지만 영원한 비밀은 없었습니다. 별 볼 일 없었던 금세공업자가 부유해지는 걸 눈치 챈 고객들은 자신의 금을 모조리 인출하였는데 현대판 뱅크런의 시초였습니다.[142] 금세공업자에게는 악몽 같은 상황이었지요.

이들을 구제한 건 막대한 전쟁 비용에 허덕이던 영국 왕실이었습니다. 명예혁명으로 왕위에 오른 윌리엄 3세는 네덜란드 총독 시절부터 앙숙이었던 프랑스를 대외적으로 견제하였고 그는 런던의 상인으로부터 120만 파운드를 빌리는 대가로 독점 지폐 발행권을 공인해 주었습니다. 17세기 말 설립된 잉글랜드 은행은 이후 영국의 중앙은행으로 변모하였고 현대 국가 대부분이 차용한 중앙은행 중심의 이자 금융 시스템을 정

---

142 현대 금융법으로 규정된 지급준비율이 대부분 10% 언저리인 이유가 여기에서 기원합니다. 우리가 일반적으로 거래하는 시중은행은 중앙은행에서 돈을 빌리고 다시 그 돈을 일반 대중에게 빌려줍니다. 그리고 빌려준 돈의 일부는 다시 은행에 저축이 되고 또 이 돈은 은행의 자산으로 편입되어 다른 사람에게 빌려주는 밑천이 되지요. 이때 은행은 무한정 돈을 대출해줄 수 없고 국가에서 정한 지급준비율에 해당하는 금액을 남겨두어 고객의 예금 인출에 대비해야 합니다.

착시켰습니다.

이렇게 등장한 국가 공인 지폐권은 금과 은에 발목 잡혀 있었던 국가 재정을 단숨에 해소시켰습니다. 영국 중앙은행은 금세공업자의 방법을 활용해 보유한 금의 양에 열 배 가까운 지폐를 발행하였고[143] 이는 영국 경제 발전의 밑거름이 되었습니다. 금화, 은화가 없어 변변치 못했던 국가 재정을 만회하고 사람들의 노동과 자원을 효과적으로 끌어내었지요. 때마침 산업 혁명으로 폭증한 공산품이 디플레이션 함정[144]에 빠지지 않고 원활히 거래될 수 있었던 것도 영국 왕실이 보증한 은행권 덕분이었습니다.[145]

이제 시장 거래는 금과 은이 가진 본연의 가치를 한 단계 넘어선 도구로 진화하였습니다. 공동체에 대한 기여 가치가 금은 같은 불변의 쇠붙이로 전환된 이래 정부가 보증하는 지폐, 즉 국가 신용에 기댄 종이돈

---

143 지급준비율이 10%일 경우 최초 시중은행에 유입된 10억 원은 이론상 최대 100억 원까지 부풀려질 수 있습니다.

144 불량 주화가 대량 생산되어 화폐 가치가 낮아지는 인플레이션과 반대로 총통화량은 변함없는데 상품이 대량 생산되면 물건 가치가 낮아지는 디플레이션이 일어날 가능성이 높아집니다. 이때 사람들은 앞으로도 값이 떨어질 것이라는 가정하에 소비를 줄이게 되고, 팔리지 않는 상품 값은 더 하락하는 악순환에 빠지게 되어 경제를 둔화시킵니다.

145 17세기 영국 이전 스웨덴 및 중국 송나라 시대에 최초의 지폐가 발행되었지만 금과의 교환 보증이 되지 않았던 탓에 과도한 인플레이션을 못 이겨 금세 휴지조각이 되고 말았습니다.

에 가치가 담긴 것[146]이었지요. 사람들은 쉽게 화폐를 들고 다닐 수 있게 되었고, 열 배 가까이 창출된 신용은 더 많은 물물교환이 일어날 기회를 마련하였습니다.

본격적인 상업의 시대가 열리고 이를 중심으로 재편된 금융 기반 경제 시스템은 이후 세계를 움직이는 근원의 원리로 자리 잡았습니다. 지금은 신용의 신용, 또 그 신용 위에 신용이 얹혀 지폐조차 쓰는 일이 드문 고도화된 경제로 발전하였지요. 그러나 이 또한 강한 빛 뒤에 어두운 그림자를 드리웠습니다. 언제 있을지 모를 신용 붕괴의 충격과 두려움은 쌓인 신용의 양만큼 부풀었고 우리의 삶은 현실의 가치에서 더욱 멀어지는 결과를 초래하고 말았습니다.

종교를 대체한 공교육

베스트팔렌 조약으로 종교 선택의 자유가 주어지고, 거듭되는 전쟁에 지친 신흥 부르주아의 반발은 정통 왕실의 권한을 약화하고 공동 운명체였던 로마 교황청의 권위를 실추시켰습니다. 명예혁명 이후의 산업

---

146 정확하게는 영국 중앙은행의 공인 지폐는 금 태환이 가능한 권리증이었습니다. 하지만 지금 현대에서 쓰이는 모든 지폐는 금 태환이 되지 않는 불환 지폐(fiat money)이지요. 이 관점에서 100% 정부 신용으로 발행되는 지폐, 가치의 진화 시점은 1971년 닉슨 쇼크가 되겠지만 최초로 실물 가치를 초과한 가상의 가치를 정부 보증 지폐로 발행했다는 점에서 영국 은행권의 탄생을 지폐 가치의 진화로 기술하였습니다.

혁명은 대중 사이에 실용주의 풍토를 널리 퍼뜨렸고 시대를 앞서 나간 지식인들은 신의 섭리를 벗어난 인간에 집중하며 자유, 평등, 박애를 내세운 프랑스 혁명의 인본주의적 토대가 되었습니다. 혁명의 기세를 등에 업은 나폴레옹의 대유럽 전쟁은 마침내 수백 년을 이어온 특권 귀족층의 봉건 질서를 완전히 해체하였습니다.

종교적 세계관이 사라진 빈자리는 이성 과학이 메꾸었지만 종교적 삶이 빚어낸 공동체의 미덕까지 대체하지는 못했습니다. 자연을 과학적으로 이해하는 이성 논리는 삶의 방법에 대해서는 보다 나은 답을 내어주었지만 왜 사는가, 어떻게 살아야 하는가에 대해서는 명쾌한 답을 찾을 수 없었습니다. 경험주의, 계몽주의 철학으로 알려진 근대 유럽 지식인들은 나름대로 사회 공동체의 방향을 제시하였으나 종교가 끼친 영향[147]만큼 대중들의 삶에 깊이 파고들기는 어려웠습니다.

1789년 프랑스 혁명 당시 혁명 의회에서 제정된 근대식 교육 제도는 갈 길 잃은 공동체 규범의 탁월한 대안이었습니다. 사실 시작의 의도는 시민 혁명의 평등사상에 따라 특권 계급의 전유물이었던 교육을 일반 대중에게 제공하기 위함이었지요. 그전까지 교육은 종교 중심의 사교육이 일반적이었습니다. 귀족 및 부유 계층이 가정교사를 초빙하여 아이들을

---

147 중세 사람들은 주일마다 교회에 다니며 바람직한 삶의 지침을 반복적으로 전해 들었고 부활절, 성탄절 같은 기념행사를 통해 지식과 실천을 하나로 연결하며 신의 말씀을 내재화하였습니다.

가르치거나 비슷한 수준의 다른 집안에 유학을 보내는 품앗이로 이루어졌죠. 글을 읽고 쓰는 것, 숫자를 계산하고 기록하는 것, 자연 혹은 신에 대한 지식을 배우고 적용하는 일은 국가 통치에 필요한 고급 기술이기에 종교 구성원이나 정부의 소수 행정 관료 외에는 접근하기 어려웠습니다. 르네상스 부흥을 일으킨 베네치아의 길드 조합에서 일정 수준의 교육을 접할 순 있었지만 조합의 이권이 개입되는 일이었기에 아무에게나 문호를 열어주지 않았습니다.

프랑스 혁명으로 세속 정부가 수립되자 종교의 영향력에서 벗어난 자유로운 교육에 대한 요구가 높아지기 시작했습니다. 가르치는 사람이 외부 압력에 굴하지 않고 새로운 근대적 지식, 특히 인본주의적 계몽사상을 퍼뜨리자는 것이었지요. 수백 년간 지속되어 온 종교적 세뇌로부터 대중을 떼어내기 위해서는 꼭 필요한 일이었습니다. 하지만 교육의 기회가 늘어났어도 서민 모두가 교육을 받지 못하는 문제가 남아 있었습니다. 가난한 농민들은 자녀를 교육시킬 바에야 집안일을 돕도록 하는 게 더 이로웠거든요. 이에 국민 교육에 대한 국가 책임론, 즉 국가가 개입하지 않고서는 일반 대중에게 공교육을 제공할 수는 없다는 주장이 제기되었습니다. 그 결과 유럽 각국에서 국가 통제의 국민교육 체제가 도입되고 시행되기 시작합니다.

나폴레옹은 적극적으로 국민 공교육 제도를 지원한 리더였습니다. 그가 어떤 의도를 가졌는지는 모르지만 사후 역사가들은 대유럽 전쟁에서 프랑스군이 탁월한 성과를 거둔 이면에 국가 교육제도의 몫이 컸다고 평가했습니다. 단지 종교의 영향력에서 벗어나기 위한 공교육에 그치지 않고 국가에 대한 충성, 민족적 자긍심을 고취시키는 데 유효하였으며 이것이 전쟁에서의 사기를 결정했다는 거죠. 그리고 나폴레옹과의 전쟁에서 크게 패한 프로이센 및 여타 유럽 국가들도 프랑스를 본받아 국가 교육 제도를 도입합니다. 이유야 어찌 되었건 자국민의 역량을 키우고 애국심을 주입하는 데 공교육만큼 효과적인 제도는 없었고 자칫 방심하다 이웃 국가와의 경쟁에 뒤처질 수 있었으니까요.[148]

공교육 제도는 종교가 차지했던 삶의 가치와 양식을 서서히 대체하였습니다. 종교적 규율을 국가 규범과 도덕으로, 마을 공동체의 생활 관습을 국가 법령과 행정 제도에 포함하였습니다. 이제 사람들은 주말마다 교회에 나가 신의 말씀을 듣지 않아도 되었고 새로운 이성 과학의 세계관으로 세상을 바라보기 시작했습니다. 때마침 시대는 농경 중심의 자급자족 사회에서 상공업 중심의 시장 사회로 변모하는 중이었습니다. 공장이 들어서고 대량의 상품을 사고파는 과정에서 유통과 자원관리 같은 회계의 중요성이 높아졌고 그와 관련된 화이트칼라 사무직의 수요가 증가했습니다. 글을 읽고 숫자를 계산하는 법을 가르치는 공교육 제도는 이에 부응했지요. 기회를 잡은 가난한 농민의 자녀들은 더 좋은 일자리를

---

148 유럽 국가들의 경쟁적인 공교육 도입과 국가, 민족주의의 주입은 결국 세계 1차, 2차 대전 같은 국가 총동원 체제의 대형 전쟁으로 비화되는 데 영향을 주었습니다. 근대적 사상으로의 개화, 사회 전반적인 의식 상승, 상류층과 하류층으로 나뉜 사회 계급의 간극을 줄어들도록 한 게 공교육 제도의 빛이었다면 국가 통제력이 한층 강화되고 전체주의적 사회로 진입하게 된 것은 공교육 제도의 그림자였습니다.

구하고 상대적으로 부유한 삶을 살 수 있었습니다. 다시 그 자녀들은 양질의 교육을 받고 부모보다 더 나은 일자리를 얻는 선순환이 이루어지면서 전반적인 의식 수준 향상을 주도했습니다. 근대 유럽은 이렇게 기존의 구식 사상으로 개인을 통제할 수 없는 세상이 되어가고 있었습니다.

영토 전쟁에서 식민지 쟁탈전으로

인류의 식량 생산이 인구를 충분히 부양하지 못하던 시절, 사람들이 가장 중요하게 여긴 자원은 토지와 노동력이었습니다. 국가 간 전쟁의 궁극적 목적은 땅과 노예의 획득이었죠. 드넓은 땅은 농사 지을 장소와 중요한 전략 자원을 제공하였고 인간의 노동력은 가치 낮은 자원을 비싸고 유용한 것으로 가공하는 수단이었습니다. 이렇게 획득한 초과 생산량은 다양한 전문 직군을 부양하는 데 쓰였고 이들은 사회 제도를 정비하고 생산 기술을 발전시켜 국력 향상의 선순환을 일으켰습니다. 여기에 큰 바다와 닿은 항구를 보유하고 문화 차이가 큰 세력 사이에 위치하고 있으면 금상첨화였는데, 두 세력 간 무역을 중개하며 얻은 금전적 이익과 다양한 사람들의 왕래로 전파된 문물은 그 시절 가장 앞선 기술을 가져다주었기 때문이었습니다. 이렇게 넓은 땅, 풍부한 노동력, 유리한 지리적 위치의 3요소를 갖춘 나라는 다른 경쟁 국가보다 월등한 생산력, 기술력, 군사력을 얻었고, 그 힘을 다시 외부에 투사하여 더 강대한 나라로 발돋움하였습니다.

그밖에 사회 문화적 응집성, 예컨대 누가 어떤 권리로 토지를 소유하느냐, 토지 경작은 누가 어떻게 하느냐, 세금은 어떤 당위로 거둬들이며, 하층 노동자를 어느 정도로 대우할지, 이런 제도의 종합을 구성원 다수가 관습적으로 수용하는지 여부 또한 중요했는데 이것이 어그러질 경우 민란, 쟁의, 찬탈 등으로 권력이 전복되거나 국력이 쇠락했기 때문입니다. 하지만 이런 소프트웨어 요건이 끼치는 영향은 제한적이었고 큰 흐름의 가치는 토지와 노동력, 그로부터 파생된 기술력, 군사력에 있었습니다. 따라서 이 이상의 새로운 사회 건설은 명백한 한계가 있었습니다.

스페인, 포르투갈의 식민지 정복, 영국에서 시작된 산업혁명은 영토 확보를 우선하던 강대국의 방정식을 변화시켰습니다. 애써 힘들게 점령지를 다스리고 노예 노동을 착취할 필요 없이 약탈 무역과 기계의 힘으로 주요 자원을 획득할 수 있었거든요. 영토 전쟁에서 식민지 쟁탈전으로의 전환은 산업 설비 건설과 공장 운영에 필요한 자원을 차지하고, 자국 공장에서 만든 공산품을 수월히 팔 소비 시장을 확보하는 데 주력했습니다. 무력을 앞세워 괴뢰 정부를 세우고 상품과 종교를 이용해 타국 민중을 우리 편으로 끌어들이는 방법을 주로 사용하였죠.

특히 1914년 인공적으로 암모니아를 대량 생산하는 하버 — 보슈 공정이 등장하면서 토지와 노동력의 전략적 중요성은 더 낮아졌습니다. 새로운 공정으로 얻은 대량의 암모니아로 합성 질소 비료를 만들어 동일 면적 토지에서 훨씬 많은 식량을 수확할 수 있게 되었거든요.[149] 덕분에 적은 땅으로 더 많은 잉여 인구를 부양할 수 있게 되면서 더욱 다양한 전문 직업인들이 등장하는 환경이 마련됩니다. 여기에 일자리 잃은 농민들이 도시로 이주하며 탄생한 메트로폴리스는 더 효율적인 사회 제도, 첨단 기술 개발의 요람이 되면서 그렇지 않아도 정신없던 사회 발전에 속도를 더했습니다. 이제 인류는 기나긴 배고픔의 족쇄를 끊어내고 풍요로운 식량 생산의 성배를 들어 이성 과학 문명의 가파른 고지를 향해 뛰어올랐습니다. 그리고 토지와 노동력에 치중되었던 사회적 가치가 기술과 자본으로 이동하며 시대의 대변혁을 예고하게 되었지요.

초강대국 미국의 비상

유럽 근대사를 기점으로 인류의 삶은 드라마틱한 변화를 겪었습니다. 이제는 지구 반대편에서 벌어지는 사건을 실시간으로 받아볼 정도로 가까워졌지요. 200년 전에 비하면 천지개벽 수준의 발전이었으나 근대 때 확립된 이성 과학의 모더니즘 세계관은 여전히 현시대의 주류를 차지하고 있습니다. 이에 대한 반발로 탈근대적 포스트모더니즘이 등장해 정치, 경제, 문화 전반에 막대한 영향을 미쳤지만 근본 사회 질서와 사람들의 가치관은 근대적 이성 과학에 기준하고 있습니다. 오히려 그에 부합되지 않은 아이디어가 기각되고 무시되는 게 일반적이지요. 팩트를 통해

---

149 그전까지 농사는 희소한 자연산 질소 비료를 사용한 탓에 토지 대비 수확량이 좋지 않았습니다. 날씨마저 좋지 않으면 기아에 허덕이는 일도 비일비재했지요. 독일의 화학자 프리츠 하버가 고안한 암모니아 합성 기법은 질소 비료를 쉽고 값싸게 만들어 소위 맬서스 트랩이라 불렸던 식량 생산 한계를 돌파하고 비약적인 인구 부양을 가능케 하였습니다.

옳고 그름이 가려지고 비과학적인 주장은 설 자리를 잃었습니다.

역사 이래 가장 강력한 국가, 미국의 탄생과 발전은 이러한 근대적 세계관의 결정체입니다. 운 좋게도 중세적 계급 사회와 완전히 단절된 새로운 사회를 만들 기회가 북쪽 아메리카 땅에 주어졌습니다. 풍부한 자원이 있었던 중남미는 대항해시대 시절 스페인과 포르투갈에 의해 철저한 식민 지배를 당한 반면 뿔뿔이 흩어져 살던 원주민과 동식물들밖에 없었던 북미 대륙은 서구 열강의 관심 대상이 아니었습니다. 뒤늦게 식민지 확보에 뛰어든 영국이 북미 동부 지역을 차지했지만 이렇다 할 개발을 하지 못하였죠. 이에 영국이 채택한 전략은 새로운 땅에 정착한 사람들에게 자치권을 부여하는 것이었습니다. 제독 통제하에 정해진 노동을 하고 한정된 수익을 얻는 식민지령과 다르게 자신이 노력한 만큼 보상을 얻는 자유 지향적 제도는 미국인들, 정확하게는 유럽 출신 이민자들에게 새로운 근대정신을 자극했습니다. 종교, 민족, 신분 계급에 구애받지 않고 실용과 합리에 근거해 판단하는 시대가 시작된 것이지요.[150]

---

150 대런 애쓰모글루의 『국가는 왜 실패하는가』 1장에 포함된 잉글랜드의 북아메리카 식민지화 파트 참조

151 영국 정부는 그들의 주요 자금원이었던 동인도 회사가 경영난에 처하자 식민지에 대한 차 판매 독점권을 부여합니다. 이에 생계 수단을 잃은 식민지 상인들이 집단적인 불매 운동에 나섰는데 영국 정부는 이를 강압적으로 제지하였습니다. 여기에 불만을 품은 보스턴 급진파들이 1773년 12월 16일 항구에 정박해 있던 영국 상선에 침입해 하역 대기 중인 차 상자를 무단으로 탈취해 바다에 던져버렸고, 이 사건 이후 영국 정부의 압박이 거세지면서 미국 독립 전쟁으로 이어졌습니다.

보스턴 차(茶) 사건[151]을 계기로 벌어진 독립 전쟁에서 북미 자치주들은 영국에 대항해 승리하였고 기세를 몰아 미합중국을 설립하여 진정한 주권 국가로 거듭났습니다. 중세적 계급 체제가 지배했던 영국과 결별한 새로운 근대 국가가 탄생한 것이었습니다. 초기 설립자들은 영국에 저항해 독립을 쟁취해 낸 정신과 아메리카 개척의 근간이 된 개인의 자유를 계승한 수정 헌법을 공포하였고 이는 지금까지도 부당한 권력, 불합리한 관습에 맞서는 미국적 주권 의식의 기본 바탕이 되고 있습니다.[152] 이후 영국, 프랑스, 스페인, 프로이센 같은 유럽 열강들의 경쟁 관계를 이용해 북미 전역을 손에 넣으며 태평양과 대서양을 잇는 초거대 해양 — 대륙 국가의 기틀이 마련되었습니다.[153]

자유와 기회의 땅, 법치로서 권리가 보장되는 미국은 수많은 혁신의 보고였습니다. 자유를 갈망한 유럽 지식인들, 특히 청교도 정신에 입각한 근면한 노동자들이 새로운 기회를 찾아 대거 북미 대륙으로 이주해왔지요. 유럽에서도 가장 진보적이고 도전적이며 성실한 사람들이 제 발로 찾아오는 국가 부흥의 전조였습니다. 미국 서부와 동부를 관통하는 대륙 횡단 철도는 6개월이나 소요되던 두 지역의 시간 거리를 단 6일로 단축

---

152 하지만 시간이 흐르면서 초대 헌법 정신은 점차 퇴색되어갔고 21세기 들어서는 개인의 자유를 제한하는 경찰국가적 정책이 도입되기 시작했습니다.

153 스페인, 영국이 한때 전 세계를 호령할 수 있었던 이유는 강력한 해군력을 바탕으로 주요 자원을 독점해 경제를 운용한 덕분이었습니다. 현재 전 세계에서 두 대양을 접하면서 큰 영토를 가진 나라는 미국이 유일하며 강력한 군사력을 투사하여 유럽, 아시아, 아프리카 각국에 자국의 이익에 부합하는 정책을 유도하고 있습니다.

시켜 경제 발전을 촉진하였습니다. 록펠러는 미국 전역에 송유관을 깔고 쓸모없이 버려지던 휘발유를 내연 기관 에너지로 탈바꿈시켜 석유 에너지 혁명을 일으켰습니다. 카네기의 혁신적인 철강 제품은 대륙 횡단 철도를 건설하고 초고층 빌딩을 짓는 기간 소재로 쓰였으며, 포드가 도입한 컨베이어 벨트 생산 시스템은 관료제와 결합된 포드 시스템으로 발전하여 빠르고 편리한 이동수단인 '포드 모델T' 자동차를 대중에게 보급했습니다. 에디슨의 전구 발명을 필두로 한 일련의 전기 혁명은 시간 제약을 뛰어넘어 저녁에도 낮처럼 일할 수 있게 하였지요. JP모건의 금융 투자는 대공황 위기에 몰린 미국 주요 기업들을 회생시켰고 이는 현대식 M&A 기법으로 이어져 고도 금융 산업의 기초가 되었습니다.

메트로폴리스라 불리는 거대 도시화, 교외에서 도시로 출퇴근하는 현대식 주거 생활, 집약적인 산업 공단과 이를 뒷받침하는 금융 자본까지, 현대를 살아가는 우리에게도 친숙한 삶의 방식이 이 시기 미국에서 정립되었습니다. 에너지, 수송수단, 생산방식, 커뮤니케이션에 있어 획기적 도약의 시대였으며 인류의 생활을 근본적으로 탈바꿈하였습니다. 그리고 그 힘은 이후에도 지속되어 에드워드 버네이즈의 프로파간다 마케팅 기법과 매스미디어의 발달, 개인용 컴퓨터, 인터넷, 스마트폰 같은 정보통신 혁명을 주도하는 미국은 여전히 명실상부한 지구촌 제일 국가의 위상을 뽐내고 있습니다.

핵심 메시지

중세 종교의 헤게모니가 지배하던 유럽 세계는 여러 충격적인 사건의 연쇄 작용 결과 '이성 중심 사회'로 탈바꿈하였습니다. 강력한 외세의 침략은 견고하던 봉건 질서의 변화를 촉발하였고 기근, 전염병 같은 재난은 인구 구조를 재편함으로써 과거로 돌아갈 수 없도록 만들었습니다. 오스만 제국의 콘스탄티노플 점령은 대항해시대를 앞당겼고, 나폴레옹의 대유럽 전쟁은 중세 봉건 세력을 말끔히 지웠습니다. 유럽 각국의 치열한 경쟁은 명예혁명, 산업혁명, 시민혁명으로 이어졌고 마침내 중세 질서와 완전히 단절된 새로운 국가인 미국을 탄생시켰습니다. 종교적 속박에서 탈출해 인간 이성의 힘으로 자연을 극복해낸 약 400여 년에 걸친 드라마틱한 여정은 그 보상으로 풍요로운 경제를 선사하며 자신들의 신념이 옳음을 증명하였습니다.

종교에서 탈피한 근대 국가의 형성, 국가 주도의 화폐 경제 도입과 공교육 시스템은 사람들의 삶의 가치와 생활 방식을 완전히 뒤바꾸었습니다. 사람들은 신의 속박, 비합리적인 관습에서 벗어나 이성, 과학, 합리에 바탕한 삶을 살기 시작했습니다. 신분에 제약받지 않고 능력에 따라 성공할 수 있는 기회를 잡은 이들은 자신의 운명을 개척한 위인으로 등극하였습니다. 하지만 이는 완전한 개인 주권의 확립은 아니었으며 어디까지나 국가나 민족, 집단 여론의 틀에 갇힌 자유였습니다.

미국의 등장과 발전사는 근대 모든 혁명의 결정체이면서 현대적 질서를 정립한 분수령이었습니다. 표면적으로 봉건 중세 질서가 해체되었지만 여전히 유럽인들의 마음 속에는 천 년 넘게 이어진 지배 — 피지배의 구조가 각인되어 있었습니다. 사회 지도층 역시 이런 문화적 습속에서 벗어나기 어려웠지요. 따라서 미국이 영국으로부터 독립한 사건은 완전히 구시대 질서와 단절된 새로운 세계의 탄생이었고, 온갖 새로운 시도와 모험이 집약되면서 명실상부한 지구촌 제일 국가로 등극하게 되었습니다.

심화 주제

큰 흐름에서 인류 발전의 역사는 중앙에서 탈중앙으로의 분산이었습니다. 왕으로부터 영주로, 신으로부터 각 지역 목사로, 부유한 일부 귀족으로부터 일반 대중으로 권력이 나누어졌습니다. 하지만 세계가 하나로 묶이고 실시간으로 지구 반대편의 일을 보고 듣고 통제할 수 있게 되면서 역설적으로 중앙화의 수준은 역사 이래 최대치에 도달하였습니다. 표면적으로는 개인의 권리가 보장되지만 국가 혹은 특정 정치 세력의 전횡에 속수무책으로 따라야 하는 통제사회의 일면도 포함하고 있습니다. 탈중앙화와 중앙화의 두 흐름이 혼재된 현재를 어떻게 해석해야 할까요? 그리고 앞으로 미래는 어떤 방향으로 나아가게 될까요?

21

세계화, 미디어, 다원주의

대공황과 세계 대전 이후

근대 유럽인들은 이성 과학의 힘으로 자연을 정복하고 유럽 대륙을 넘어 세력을 확장하였습니다. 선택받은 백인이 미개한 유색 인종을 이끈다는 선민사상에 취해 무한한 영광의 시대가 계속될 거라 생각했었죠. 하지만 해가 지지 않는 나라로 불리며 전 세계에 식민지를 경영하던 최강대국 영국과 어지러운 국내를 정리하고 숙적 프랑스를 물리치며 신흥 강국으로 부상한 독일 프로이센이 중동으로 향하는 관문 발칸 반도에서 충돌하는 와중에 오스트리아 황태자 부부가 세르비아계 청년에게 암살당하는 사건을 계기로 전 유럽은 전쟁의 불구덩이로 떨어지고 말았습니다.[154]

이렇게 시작된 제1차 세계 대전은 대서양 건너 불구경을 하던 미국의

---

154 오스트리아 황태자 암살 사건 후 한 달이 지나 오스트리아는 세르비아에 선전포고를 하였는데 세르비아를 지원하던 러시아가 발칸반도의 주도권을 빼앗길 수 없어 참전을 결정합니다. 이에 오스트리아와 이탈리아 사이에 삼국 동맹을 맺었던 독일이 러시아를 향해 전쟁을 선포하였고, 러시아와 삼국 협상 관계에 있던 영국과 프랑스가 러시아를 지원하면서 유럽 모든 강대국이 일순간 전쟁의 소용돌이에 휘말리게 되었습니다.

개입으로 마무리 되었는데 이는 훗날 더 큰 재앙의 씨앗이 되었습니다. 전쟁 전 유럽은 식민지 쟁탈 경쟁이 치열했음에도 100년 가까이 평화를 유지하였는데 그건 영국, 프랑스, 독일 프로이센, 이탈리아, 오스트리아, 러시아 사이에 유지되던 절묘한 힘의 균형 덕이었습니다. 여기에 국제 무역으로 이익을 독점하던 거대 자본가들이 자신의 사업 기반이 무너지지 않도록 세력들 간 중재 활동을 하며 조마조마한 선을 지켜왔지요. 그러나 유럽 대륙이 전쟁으로 초토화되면서 이전의 균형이 무너지고, 산업 시설이 무사했던 미국에 의존하면서 각 유럽 국가들은 지속적인 적자에 허덕였습니다. 십수 년간 지속된 무역 불균형은 결국 구매력이 증발한 유럽, 판매처를 잃은 미국이 엮여 1929년 세계 대공황으로 발전합니다. 전 세계 국가들이 심각한 경제적 타격을 받았는데 특히 전쟁에 패해 막대한 배상금을 물던 독일은 쑥대밭이 되어버렸죠. 외세에 의한 핍박, 자본가와 결탁한 정치인들, 대공황 여파로 실업자가 넘쳐나던 독일 사회는 히틀러 나치당의 전체주의 독재를 선택하고 말았습니다.

대공황으로부터 딱 10년이 지난 1939년, 세계는 두 번째 대전쟁의 소용돌이에 휘말립니다. 금융 자본을 주무르던 유대인에 대한 분노, 게르만 혈통의 신격화를 앞세운 독일의 민족주의 정책은 끝내 대폴란드 침공으로 이어진거죠. 그들은 동아시아에서 식민지를 확장하던 일본 군국주의 세력, 이탈리아의 무솔리니 파시즘 정권과 동맹을 맺고 연합군에 대항하였습니다. 이 세 나라는 경제난을 타파하기 위해 식민지를 확장하는 과정애서 서방 연합 세력에게 번번이 좌절당한 뼈아픈 경험을 공유했지요. 전장은 유럽을 넘어 아프리카 북부, 동남아시아, 태평양, 대서양으로 확대되었습니다. 서양 제국주의 국가의 식민지였던 제3세계 민족들역시 이에 휘말려 온갖 수탈을 겪어야 했습니다. 이 전쟁에서만 약 7천만 명이 사망한 걸로 추산할 정도라 하니 그 참상은 이루 말할 수 없었습니다.

인류 역사상 가장 참혹했던 전쟁은 1943년 이탈리아의 항복, 1945년독일 베를린 함락, 같은 해 히로시마 나가사키 원폭을 맞은 일본의 항복으로 종결됩니다. 영국, 프랑스, 미국을 축으로 한 연합국은 승리를 거머쥐었고 독일, 이탈리아, 일본의 추축국은 처절한 패배를 안았습니다. 그후 승전국들은 다시는 이런 전쟁이 벌어지지 않도록 특단의 조치를 취하기로 논의합니다. 그들은 식민지 확장 경쟁으로 인한 세력 간 충돌, 패전국에 대한 지나친 배상 요구, 국가 간 무역 장벽을 높이는 화폐 시스템이전쟁의 빌미가 되었다고 보았고, 식민지 확장 금지와 기존 식민지에 대한 단계적 독립 승인, 패전국의 배상금 장기 상환, 국제 무역 통화로서의달러 사용을 합의하였습니다.

이 합의로 인해 세계는 20세기 초 근대와는 전혀 다른 질서가 세워집니다. 우선 정치적으로 서유럽 국가들이 주도하던 헤게모니가 이동해미국과 소련의 양대 냉전 시대가 열렸으며, 세계는 공산 — 사회주의 소련과 자본 — 자유주의 미국으로 양분되어 치열한 군사, 경제, 사상 경쟁을 펼쳤습니다. 달러가 기축 통화로 등극함으로써 미국은 완전한 세계 최대의 경제 대국이 되었고, 더 이상 식민지 정책을 펼 수 없었던 제3세계 국가들을 향한 문화와 경제를 이용한 시장 장악이 일어났습니다.

총칼로 영토를 차지하거나 식민 괴뢰 정부를 세웠던 과거와 달리 상품과 미디어, 브랜드를 통해 해당 국가를 내 편으로 끌어들이고 무역 이익을 취하는 방식이었죠.

한편 대중들 사이에선 이성 과학 기반의 합리적 가치관, 힘의 우위에 따른 약육강식을 당연시하는 모더니즘 사상을 비판하는 풍조가 유행하기 시작합니다. 인류의 과학이 최선이 아닐 수 있으며 어쩌면 공멸로 가는 길일지도 모른다는 것이었지요. 특히 핵폭탄의 위력을 목격하고 미소 간 냉전에서 핵 공멸이 빚어질지도 모른다는 공포감은 기성 가치관에 대한 날 선 회의를 불러왔습니다. 이에 미개하다 생각했던 근대 이전에도 나름의 질서가 있으며, 어쩌면 현시대의 문제를 해결할 열쇠가 있을 거라는 아이디어는 문화적 상대주의, 포스트모더니즘 사상에 영향을 주고 서서히 영역을 넓혀갔습니다. 하지만 과잉된 포스트모더니즘은 질서 자체를 해체하는 무질서의 시대를 자초하였고, 책 서두에 살펴본 바처럼 포스트모더니즘으로 포장한 자기 본위의 이기적 모더니즘으로 변질되며 구성원 간 신뢰를 떨어뜨리고 사회 공동체를 분열시키고 있습니다.

여론과 미디어

현대 사회에서 여론은 정치, 경제, 문화, 국제외교 등 분야를 막론하고 크나큰 영향을 미치고 있습니다. 정치 권력의 향방, 기업 주가, 상품의 가치 같은 것들이 대중 인지도에 따라 결정되고 있으니 여론은 가히 세상을 움직이는 척도라 해도 무방합니다.

　이러한 여론을 주도하는 미디어, 더 전통적인 표현으로 신문, 잡지 같은 초기 언론은 17~18세기 근대 초에 시작되었습니다. 하지만 어디까지나 귀족 및 시민 부유층, 일부 전문가를 위한 서비스였지요. 어린 시절부터 체계적인 교육을 받은 사회 리더 그룹은 언론을 통해 나라 안팎 소식을 빠르게 접해 그들의 통치에 활용하였지만 글을 모르는 일반 서민은 입소문으로 뒤늦게 전해 듣는 게 고작이었습니다. 소수 엘리트에 의한 다수의 지배가 당연히 여겨지고 수월히 작동하던 시기였습니다.

　그러던 중 18세기 공교육 제도가 정착되며 글을 읽을 줄 아는 대중이 늘어났습니다. 신문으로 뉴스를 읽으며 세상 돌아가는 방식을 이해하는 사람들이 많아지기 시작했지요. 점차 이들의 시야가 넓어지다 보니 자연스레 사회, 정치에 대한 개혁의 목소리가 높아졌고 소수 계층이 주도하는 기성 정치 거버넌스는 큰 도전을 맞이하였습니다. 예전이라면 민중 봉기를 일으켜 권력자를 끌어내고 이름만 다른 엘리트를 앉히는 도돌이식 혁명에 그쳤겠지만, 공교육으로 두터워진 지식 서민층의 직접적인 정치 참여는 자기 이익을 대변하는 대표자에게 힘을 싣는 진짜 혁명으로 탈바꿈하였습니다. 국민들의 요구에 부응하지 못하면 피비린내 나는 역성 혁명의 철퇴를 맞게 된 정치 엘리트들에게 민주주의로의 전환은 생존을 위한 불가피한 선택이었습니다.

　이 역사 흐름에서 일반인을 대상으로 한 신문, 잡지사는 사회 여론을 이끄는 중요한 역할을 담당했습니다. 외적으로는 국가 간 경쟁이 치열하고 안으로는 불합리한 세상 앞에서 진실을 전하며 올바른 방향을 제시해 보다 나은 사회를 만들어야 한다는 사명이었습니다. 지금은 저널리즘이란 용어가 공공의 사실을 알리거나 사건을 보도하는 광의의 개념으로 사용되지만, 숨겨진 비리를 파헤치고 어그러진 사회를 바로 세우는 기자 정신으로서의 저널리즘은 개인 인권과 법적 권리가 보장되지 않았던 시절에는 대단한 용기가 필요한 일이었습니다.

특히 19세기 중반 사진술이 발명되고 대량 인쇄 기술과 그를 뒷받침할 자본이 축적되며 포토 저널리즘이 등장하였는데 이는 언론의 사회적 영향력을 크게 확대하였습니다. 시간을 들여 읽고 생각해야 하는 글 대신 한눈에 파악되는 보도 사진은 대중의 이목을 사로잡고 그들의 정치 참여를 폭발적으로 늘렸습니다. 실제 미국 대공황 당시 비참했던 농촌 빈민층을 담은 도로시아 랭의 사진은 루스벨트 정부의 뉴딜 정책 추진에 지대한 영향을 미쳤고, 네이팜탄 폭격을 피해 거리로 뛰쳐나온 전라의 베트남 소녀를 포착한 닉 우트의 사진은 미국 내 반전 여론을 고조시켜 미국 정부로 하여금 전쟁을 포기하도록 만들었지요. 이런 보도 사진의 순기능은 잔인하고 폭력적인 현장과 비인간적인 모더니즘 질서의 만행을 고발하는 데 특화되었기에 이해와 포용, 평화와 사랑을 주장한 포스트모더니즘의 세계관 확대에도 일조하였습니다.

하지만 언론, 미디어를 통한 여론 형성이 긍정적이지만은 않았습니다. 여론 지형에 민감했던 엘리트 정치 세력은 어느덧 자본에 굴복한 언론사와 결탁하여 자기 입맛에 맞는 여론을 조성하기 시작하였습니다. 이러한 정치적 의도가 깔린 대중 선동을 프로파간다라고 하는데, 이는 독일 민중을 현혹하여 권력을 쟁취하고 제2차 세계대전을 일으킨 나치당 괴벨스의 선동 전략에서 극적으로 발휘되었습니다. 그는 미국에서 활동하던 광고 사업가 에드워드 버네이즈가 선보인 혁신적인 프로파간다 마케팅을 신봉하여 그의 저서를 탐독한 뒤 자신만의 선전 전략을 수립, 실천하였습니다. 그 방법이 워낙 강력하고 충격적인 결과를 가져왔던 터라 지금도 좋은 의미든 나쁜 의미든 대중을 현혹하는 선동가로서 괴벨스가 손꼽힐 정도입니다. 오죽했으면 홀로코스트의 최대 피해자였던 유대인들이 가장 증오하는 독일 전범 인물로 히틀러를 제치고 괴벨스가 선정되었을까요.

마케팅과 물신주의

한편 황실의 무능과 부패로 늘상 유럽 변방에 머물렀던 러시아 제국은 1917년 사회주의 혁명으로 세계 최초의 공산주의 국가로 변신합니다. 그 후 체계적인 경제 개발 계획을 세워 선진 중공업 국가로 도약하면서 순식간에 미국에 필적하는 경제 대국으로 올라섭니다. 마침 1929년 미국 대공황이 몰아쳐 자유 ― 자본주의 경제 제도를 택한 국가들이 고통에 신음할 즈음 국가 주도 계획 경제를 운영한 소련은 공황의 여파를 최소한으로 줄이며 승승장구하게 됩니다. 이 모습을 본 가난한 민중들, 인본주의 유토피아를 꿈꾸던 지식인들은 공산주의를 찬양할 수밖에 없었지요. 서유럽 각지에 사회주의 혁명을 꾀하는 공산주의자들이 암약하였는데, 이 과정에서 어부지리로 정권을 획득한 독일 나치당[155]은 제2차 세계 대전을 일으킵니다.

전쟁이 종식된 후에도 공산주의 세력의 기세는 강력했습니다. 유럽에서는 독일을 기준으로 서쪽과 동쪽으로, 아시아에선 한국을 기준으로 남쪽과 북쪽으로 나뉘어 치열한 사상 경쟁이 벌어졌습니다. 자유 — 자본주의 세력의 수장인 미국은 공산주의 진영에 맞서기 위해 친미 국가들에 대한 군사적, 경제적 지원을 아끼지 않았고 서독을 포함한 서유럽 국가들과 대한민국 및 일본, 대만이 최대 수혜를 입었습니다.

이는 단순한 물자 지원뿐이 아니어서 각 나라들이 경제적으로 자립할 수 있는 산업 기반을 키우는 목적도 있었습니다. 그 결과 일본 제조업이 급성장하고 한국 전쟁 특수로 엄청난 돈을 벌어들이면서 경제적으로 미국을 위협할 수준으로 발전하게 됩니다. 일본 특유의 완벽주의와 장인 정신이 깃든 정교한 부품, 기계 장치, 전자 제품 앞에 투박한 미국식 제조업은 설 자리를 잃어갔습니다. 게다가 한국과 대만 같은 후발 주자들

---

155 대공황 이후 독일 나치당. 히틀러의 대중적 인기는 꽤 높은 편이었지만 1차 세계대전의 독일 영웅이었던 힌덴부르크에게는 미치지 못하였습니다. 하지만 사회주의 국가 전복을 주장하는 공산당이 세력을 확장하자 이를 견제하기 위해 대통령 힌덴부르크는 히틀러를 총리로 임명하게 됩니다. 그리고 히틀러는 힌덴부르크의 기대에 맞게 나치 돌격대를 활용하여 폭력적인 방법으로 공산주의자를 몰아내지요. 그의 무자비한 반공주의 정책은 독일 자본가와 농민들에게 큰 지지를 받았고 얼마 지나지 않아 힌덴부르크가 노환으로 사망하자 대통령 권한까지 이어받아 명실상부한 최고 독재자의 권한을 차지하게 됩니다.

이 치고 올라오면서 세계 경제는 제조업 과포화 상태에 다다르고 미국의 입지는 더 좁아졌습니다. 일례로 1960년대 냉장고, 세탁기, 청소기, 전자레인지, 식기세척기, 텔레비전 같은 가전 수요가 폭발적으로 늘었다가 80년대를 지나 둔화되는데, 이는 웬만한 가정에서 좋든 나쁘든 가사 가전을 구비하게 되어 더 이상 기능에 충실한 제품만으로는 소비자 지갑을 열지 못했기 때문입니다. 가전뿐 아니라 대부분의 산업 경제가 공통적으로 비슷한 과제에 직면했고 이즈음 더 편리한 기능과 멋진 디자인을 갖춘 고급 브랜드로의 전환이 이루어지기 시작합니다. 본격적인 상업 마케팅의 시대가 열린 것이었습니다.

버네이즈가 고안한 프로파간다 마케팅은 이때에도 힘을 발휘하여 일본, 한국, 대만에 밀리던 미국 산업계에 회생의 발판이 되었습니다. 필요성이 불분명한 제품에 의미를 부여해서 소비자의 구매 동기를 자극해 더 많은 수요를 끌어내는 방법이었지요. 이제 사람들은 기능적 필요보다 제품이 상징하는 이미지를 소비하기 시작했습니다. 이전에 쓰던 제품이 고장 나서 교체하는 일은 드물어졌고 충분히 기능함에도 헌것을 버리고 신상품을 사는 게 일상으로 자리 잡았습니다. 리바이스, 코카콜라, 제너럴 일렉트릭 같은 Made in USA가 새겨진 미국 상품들은 소비하고 보유하는 것만으로 앞서나가는 사람의 표상으로 인식되었습니다.

많은 사람들에게 널리 메시지를 전파하는 매스미디어에 올라탄 브랜드 마케팅은 사람들의 물신주의 가치관을 강화시켰습니다. 남들이 선망하는 비싸고 희소한 고급 제품을 소비함으로써 상대적으로 우월한 지위를 뽐낼 수 있었으니까요. 사람들은 세계 유수의 재력가들, 헐리우드와 MTV에 등장하는 간판 스타들이 사용하는 브랜드를 씀으로써 그들과 비슷한 계층이란 자긍심을 느꼈고 주변인들 역시 그에 부합하게 대접하였습니다. 먼 옛날 금붙이로 치장하며 자신의 위대함을 자랑했던 행위가 국가 사회, 글로벌 레벨로 확장된 것이었습니다.

문화 전쟁과 코퍼라토크라시

미국과 소련 두 강대국은 냉전 시기 첨단 과학 기술과 군사 무기 개발로써 체제 경쟁을 벌였고 약 40년 가까이 아슬아슬한 균형을 유지했습니다. 하지만 민간 영역에서는 미국의 자유 — 자본주의 진영이 소련을 압도하였는데, 이는 두 체제가 지닌 특성에 기인한 것이었습니다. 계획 경제를 표방한 소련에서는 혁신의 유인 없이 기본에 충실한 제품이 주로 생산된 반면, 미국의 상업형 제품들은 치열한 시장 경쟁 속에 혁신이 거듭되면서 더 나은 품질을 갖추기 시작했습니다. 누가 먼저 우주에 발 딛고 더 강력한 핵무기를 만드는지 같은 정부 차원 총력전에서는 호각세를 이루었지만 자동차, 전자제품, 일상용품과 같은 민간 생활재의 퀄리티는 미국제가 소련제를 압도하였습니다.

이는 제조업뿐 아니라 상업 영역 전반에 나타난 현상이었습니다. 양질의 상품을 등에 업은 미디어, 마케팅이 결합된 비즈니스 공식은 산업 생산력 증강 및 시장 확보에 주력하던 국가 간 경쟁을 민간 영역의 문화 전쟁으로 확장시켰습니다. 트랜스포머 범블비로 유명한 쉐보레 카마로를 타고 맥도날드 드라이브 스루에서 빅맥 쉐이크를 주문한 뒤 브로드웨이 극장가에 가거나 WWF 프로레슬링 경기를 관람하는 전형적인 아메리칸 라이프는 그 자체로 미국 바깥의 사람들에게 미국이라는 나라, 미국에서 누릴 수 있는 자유와 경제적 풍요를 선망케 하였습니다.

이 영향력은 공산주의 사회는 말할 것도 없고 미국 외의 자유 — 자본주의 진영 사람들, 어느 곳에 속하지 않던 제3세계 국가 국민들에게도 주효했습니다. 자유와 경제적 부를 갈망한 많은 사람들, 그중에서도 모험심 가득한 진취적인 인재들은 아메리칸 드림의 꿈을 꾸며 미국을 향했고 그들이 익힌 미국 문화는 선진국의 생활 양식으로 포장되어 본국으로 수입되었습니다. 세계인들은 가랑비에 옷 젖듯 미국식 문화에 길들여졌고 그렇게 성장한 세대가 사회 주축을 이루었을 때 해당 국가가 미국에 우호적이 되는 건 시간문제였습니다.

냉전이 종식된 지 30년이 지난 현재에도 미국 자본과 문화의 힘은 강력합니다. 제조업의 위기를 마케팅으로 돌파하고, 곧이어 도래한 IT 정보화 시대까지 장악하면서 근래 세계 최고의 브랜드 상위권 대부분은 미국 기업이 차지하고 있습니다. 애플, 구글, 아마존, 마이크로소프트, 페이스북 같은 전통적인 정보통신 기업들과 우버, 에어비앤비, 위워크 등의 공유형 플랫폼 기업들, 유튜브, 넷플릭스, 스포티파이 류의 스트리밍 미디어 서비스 및 테슬라, 스페이스X, 버진갤럭틱 같은 첨단 기술의 비즈니스 상당수가 미국 국적의 실리콘밸리 기업입니다.

게다가 냉전 종식 후 국가 간 장벽이 낮아지고 본격적인 글로벌 시장이 열리면서 첨단 기술과 자본력, 유능한 경영 역량을 갖춘 기업들에게는 신대륙 발견에 필적하는 절호의 기회가 찾아왔습니다. 여러 나라들은 세계적 기업들을 자국에 유치하기 위한 혜택 경쟁을 펼쳤고 기업들은 자신에게 가장 유리한 곳에 근거지를 두고 세계 곳곳에 판매망을 연결하며 막대한 이익을 거둘 수 있게 되었습니다.[156]

하지만 정부의 기업 위주 정책은 어느 순간 민간 기업이 국가 정책을 좌우하는 모습을 연출하기 시작하였습니다. 거대 자본의 기업가들은 정부 로비를 통해 기업 이익에 부합하는 정책을 추진하도록 유도하였고, 아예 자신에게 유리한 정당에게 힘을 실어 대중들이 친기업 정당에 표를 던지도록 만들었습니다. 언론과 미디어를 소유하고 프로파간다 마케팅에 도가 튼 대기업 입장에서 정치 영역에 자신의 힘을 활용하는 건 그리 어려운 일이 아니었지요. 사람들은 필요가 확실치 않은 제품을 마케팅에 자극받아 지갑을 여는 것과 비슷하게 기업 입맛에 맞는 정치인, 정당에게 호감을 느끼고 권력을 쥐어주었습니다. 미국의 경제학자 제프리 삭스는 이렇게 자본이 국가를 지배하는 현상에 대해 비판적 시각을 담아 코퍼라토크라시(coporatocracy)란 용어로 정의하였지요.[157]

---

156 글로벌 기업의 국내 유치는 해당 국가 입장에서도 이익이었는데 세계적 기업이 자국에 공장을 설립하고 연구소를 세우는 등의 경영 활동이 국가 경제력 상승으로 이어졌기 때문입니다.

인터넷과 중우 정치의 시대

인터넷의 등장, 스마트폰 대중화와 소셜 네트워크 서비스를 통한 개인 미디어의 유행은 기업 자본과 그에 예속된 정치 권력, 주류 언론, 미디어의 카르텔에 큰 당혹감을 안겼습니다. 이러나저러나 세상을 움직이는 건 대중의 힘이었고, 주류 언론이 의도적으로 다루지 않았던 사실을 고발하는 똑똑한 개인들이 등장하면서 예전처럼 간단히 치부를 숨기거나 소수 의견을 억압할 수 없었기 때문입니다.

시기 상으로 2000년대 중반부터 주요 포털 기사 및 커뮤니티 게시판에서 개인들의 의견이 댓글 형태로 누적되기 시작하고, 조회 수와 추천 수 알고리즘을 통해 폭발적인 이슈 파이팅이 가능해졌습니다. 사람들은 자신의 힘이 세상에 직접 투영되는 걸 경험하고 짜릿한 성취감을 느꼈습니다. 게다가 어디서든 영상을 찍어 올릴 수 있는 스마트폰과 개인 의견을 적극적으로 피력하는 소셜 네트워크는 근대 포토 저널리즘 시대 개막과 흡사한 폭발력을 발휘했습니다. 충격적인 사실과 불의의 현장이 생생한 영상으로 게시되면 사람들은 공유하기와 리트윗, 공감하기, 좋아요 버튼을 간단히 터치하여 널리 퍼뜨렸지요. 이로써 소수의 의견도 쉽게 무시할 수 없는 본격적인 시민 참여 거버넌스가 사회의 상식으로 자

---

157 본문은 부정적인 측면을 강조하였지만 사실 국가 경제력 향상을 위해 기업 지배를 용인하느냐, 그렇지 않고 다수 국민의 이익을 우선하느냐의 딜레마에서 이웃 국가와의 경쟁에서 밀리게 될 경우 장기적인 국력 하락은 불 보듯 뻔하였기에 대부분의 국가는 기업의 손을 들어줄 수밖에 없었습니다.

리 잡게 되었습니다.[158/159]

하지만 주도권을 내어주기 싫었던 주류 세력 역시 진화하였습니다. 이성보다 감성을 앞세우는 여론 몰이 콘텐츠의 특징을 참조하여 자신들의 이익에 부합하는 게시물을 제작해 올렸던 거죠. 그들은 겉으로는 평범한 대중인 척 계정을 개설한 다음 편향되고 자극적이며 분노를 자아내는 콘텐츠를 게시해 소속 집단에 우호적이거나 상대 집단에 비판적인 여론을 조성했습니다. 컴퓨터 프로그램을 동원하여 댓글, 추천, 조회 수를 조작하고 커뮤니티 사이트 상단에 노출시키는 꼼수도 사용했지요. 심지어 해당 콘텐츠는 사실 관계를 왜곡한 거짓을 퍼뜨릴 때도 많았는데, 대중들은 사실 확인보다는 감정적 대응에 먼저 반응했고 사실이 밝혀질 즈음엔 새로운 이슈를 가져와 묻어버리면 그만이었기 때문입니다.

이렇게 집단 이익을 위해 거짓 정보로 선동을 일삼는 행태가 빈번해지면서, 초기 사회 기득권 층의 카르텔을 견제하는 도구로 각광받던 인

---

158 인터넷 기술 군사적 용도를 위한 정부 주도 연구에서 시작되었지만 재미있게도 그것의 대중화는 주류 기득권의 발목에 족쇄를 다는 결과로 이어졌습니다. 그럼에도 인터넷 기반의 정보통신 기술은 사회 모든 것을 개혁하였는데, 대중 참여형 정치뿐 아니라 원격 제어 산업 시스템, 이커머스 상거래, 문화 소비 방식의 변화, 지식 전파 등 학습 방법의 개인화 등 인터넷 등장을 전후하여 개인의 생활 방식은 판이하게 달라졌습니다.

159 한편 간단한 터치 한 번으로 세상을 바꿀 수 있다는 편리함에 취한 대중들은 실질적인 행동 없이 그저 메시지만으로 자신의 선량함을 뽐내는 데에 열중하기 시작했습니다. 이에 실제 여론과는 동떨어진 과시성 여론이 범람하기 시작하였고 이는 포퓰리즘 정치 흐름과 엮여 아무 실익이 없고 해결은커녕 문제를 더 키우는 전시 행정을 남발하게 만들었습니다.

터넷은 사회 분열을 가속화하는 여론 조종의 도구로 전락하였습니다. 그 최종 이익은 대중 간 편 가르기 다툼을 이용하는 주류 기득 세력의 차지였지요. 과거 몇몇 정치 철학자들이 우려하던 중우 정치의 폐해[160]가 현대에 와서 구체화되었고 이 현상은 포퓰리즘 정치인의 득세, 매카시즘[161]의 재현에도 영향을 주고 있습니다.

한편 기자 정신의 사명감을 이어가던 저널리즘으로서의 언론은 새로운 차원의 존립 위기에 처하게 됩니다. 대중들이 주류 언론을 불신하고 인터넷 콘텐츠, 개인 미디어를 선호하기 시작하면서 언론사의 주요 수입원인 신문, 잡지 등의 출판물 수요가 줄어들었기 때문입니다. 구독자가 감소하는 데 비례하여 광고 수입도 적어지면서 생존 위협에 맞닥뜨린 언론사가 선택한 호구지책은 썩 아름답지 못했습니다. 더 자극적인 내용을 '아니면 말고' 식으로 작성하고 선정적인 제목을 붙이는 클릭 장사로 전향한 것이지요. 많은 노고가 필요한 심층 탐사 보도는 자취를 감추고 인

---

160 고대 그리스 플라톤과 아리스토텔레스는 이성보다 감성에 약한 선동되기 쉬운 대중, 지적으로 깨어있지 못하고 제한된 정보로 잘못된 의견을 주장하는 자들에 의해 좌우되는 정치를 비판하며 중우 정치라는 용어를 사용하였습니다. 고대뿐 아니라 근현대에도 비슷한 논의가 있었는데, 일반 시민에게 투표권을 줘야 한다는 자유 인권 운동의 와중에도 일부 귀족 엘리트들은 배우지도 못하고 이성적이지 못한 서민들에게 나라의 운영을 맡기는 건 너무나 위험하다는 주장을 펼쳤습니다.

161 1950년대 미국에서 벌어진 반공산주의 운동으로 당시 공화당 의원 매카시는 "국무성 안에 205명의 공산주의자가 있다"는 연설을 통해 대대적인 반공 사상을 일으켰습니다. 다수의 전문가들은 2022년 현재 세계적으로 대중 인기에 영합한 포퓰리즘의 정치가 횡행하고 전체주의와 자유주의가 대립하고 상대 진영을 악마화하는 대결 양상이 재현되는 것을 우려하고 있습니다.

터넷 소문을 토대로 한 짜깁기 뉴스가 범람하면서 대중의 언론 신뢰도는 한층 더 악화되었습니다. 간혹 올바른 의식으로 작성된 기사가 나오더라도 개인의 힘으로 세상을 바꾼 경험에 취한 대중은 기사에서 풍기는 훈계조의 엘리트 의식을 거부하며 여론 선동에 동참하였습니다. 혼탁한 시대에 등불을 밝혀주었던 저널리즘도 어지러운 현대 사회를 구원하기엔 역부족이었습니다.

핵심 메시지

20세기 인류는 전 지구의 국가가 실시간으로 영향을 주고받는 하나의 세계로 묶였습니다. 이제 총, 대포를 앞세운 영토 전쟁이 아니라 경제와 문화, 사상을 통해 세계를 경영하는 시대가 되었습니다. 미국은 기축 통화 달러 종주국으로서 최강의 군사력과 경제력, 최첨단 과학 기술 및 문화 트렌드를 이끌며 20세기부터 현재에 이르기까지 세계를 선도하는 국가로 자리매김하였습니다.

정치, 경제, 사회, 문화, 국제관계 등 다양한 영역이 복잡하게 얽힌 다원주의 세계에서는 정치 권력만으로 세상이 움직이지 않고 경제 권력, 미디어 권력, 법치 세력으로 분산된 여러 기득 그룹의 이해 관계에 의해 국가 사회가 결정됩니다. 어떤 것은 드러나 있지만 어떤 것은 숨어 있어서 일반 개인이 모든 것을 파악하고 이해하기는 어렵습니다. 이 틈을 타고 들어온 거짓 선동은 상당히 효과적이었고 인터넷, 소셜 네트워크 서비스를 타고 퍼지며 진실이 사라진 시대를 연출하고 말았습니다.

개인 미디어, 소셜 네트워크 서비스를 통한 대중 여론의 형성은 현대의 포스트 모더니즘의 흐름을 한층 강화하였습니다. 소수자를 보호하고 개인 인권을 신장했다는 점에서 과거 모더니즘의 병폐를 보완하는 긍정적인 역할을 하였지만, 집단 이기주의에 매몰된 반지성 혹은 무지성적 여론 몰이는 자기 본위의 모더니즘으로 퇴행하여 사회 곳곳을 병들게 하였습니다.

심화 주제

인류 사회의 발전 속도는 기하급수의 형태로 가속화되어왔습니다. 지구 상에 인류가 출현한 시기를 대략 300만 년 전으로 추정하는데, 불을 발견하고 사용할 수 있기까지 150만 년이 걸렸습니다. 이후 1만 년 전 즈음 도구를 사용한 농경 생활을 시작하였고 인류 최초의 문명 국가는 기원전 4천 년 전, 지금으로부터 6천 년 전에 등장하였습니다. 그로부터 4천 500년 가까이 농경 중심의 중세 국가 체제가 지속되다 16세기 이후 이성 과학 기술이 축적되기 시작하며 18세기에 이르러 산업혁명으로 화려한 꽃을 피웁니다. 19세기와 20세기는 인류 문명이 천지개벽 수준으로 발전하였는데 이는 200년도 채 걸리지 않았습니다. 지금은 10년 전과 오늘이 판이하게 다를 정도로 변화의 속도가 빠릅니다. 과거엔 한 세대가 태어나 늙어 죽을 때까지의 사회 변화가 거의 없었지만 이제는 유년기와 청년기, 중장년기, 노년기의 생활 방식이 모두 달라서 평생 학습의 시대라고 불리울 정도입니다. 우리는 언제까지 이런 변화의 흐름을 따라잡을 수 있을까요?

22

Spiral Dynamics, 나선형 역학 이론

자연에 대한 지식이 전무했던 초기 인류는 자연 현상에 대한 경외감을 인격 신(神)의 형태로 승화하고 동시에 법 질서를 통한 통치 체제를 도입하기 시작했습니다. 비로소 짐승 무리를 뛰어넘는 부족, 국가 사회를 건설하고 점진적인 이성 지식, 과학 기술을 축적하여 현대의 고도 문명에 도달하였지요. 하지만 풍족한 삶에 걸맞은 정신적인 성숙함을 갖추기 위한 시간은 턱없이 부족했습니다. 개인의 행동이 가까운 주변과의 상호작용에 그치지 않고 지역 사회, 국가, 더 넓게는 전 지구에 영향을 미칠 정도가 되었지만, 많은 사람들이 여전히 나 하나 혹은 우리 가족, 소속 집단의 이익만 주장하고 있습니다. 그 원인은 도입부에 밝힌 바와 같이 개인 다수가 상위 차원 세계를 보지 못하는 근시안에 갇혀 있기 때문이며, 그 한계를 깨뜨리기 위해 「우주 : 자연의 진화 법칙」을 새로운 시각으로 해석하는 작업을 하였습니다. 「사회 : 냉혹한 생존의 장(場)」 초반 네 개의 챕터에 걸쳐 인류 역사를 훑어본 것도 같은 맥락으로서 이번 편을 통해 대단원의 정리를 해보도록 하겠습니다.

미국 노스 텍사스 주립대학의 심리학자 돈 에드워드 벡 교수는 1974년 클레어 W 그레이브스의 인간 본성 진화에 대한 기고를 읽고 그를 만나러 갑니다. 벡은 미국 남북 전쟁을 일으킨 심리학적 역동을 박사 논문으로 쓸 만큼 사회 및 조직, 진화 심리학과 인간 사회 문화의 연관성에 관심이 높았기에, 인간 본성이 단계적으로 진화한다는 그레이브스의 아이디어는 그의 호기심을 자극했습니다. 이후 동 대학 교수 크리스토퍼 C. 코웬이 합세하여 1986년 그레이브스가 사망할 때까지 초기 이론을 다듬어갔고 1996년 Spiral Dynamic, 나선형 역학 이론이라는 이름의 인간 지능의 성장, 진화 모델을 발표하였습니다. 초기 Spiral Dynamics는 인간 개인의 의식 성장을 주로 다루었는데, 통합 이론가인 켄 윌버는 자신의 독창적인 AQAL 프레임[162]과 Spiral Dynamics를 조합하였고 이에 흥미를 느낀 벡은 윌버와 함께 사회 진화적 측면을 강화하며 Spiral Dynamics 이론을 확장하였습니다. 이후 기업 경영, 조직 심리학 차원에서 해당 이론을 차용한 경영 기법이 나오기 시작했는데, 자포스(Zappos)가 선도적으로 채택하여 유명해진 홀라크라시 경영은 홀론과 홀라키 모델[163]을 토대로 Spiral Dynamics 발달 이론을 조직 사회 버전으로 응용한 것입니다.

수만 년 동안 등장하고 사라졌던 무수한 수의 인간 집단, 시간이 지

---

162 All Quadrants & All Levels의 약자로, 직역하면 모든 4분면의 모든 수준이란 뜻입니다. 윌버는 개인과 집단을 세로축으로 나누고, 내면과 외면을 가로축으로 나눈 4개 분면을 I(내면의 자아), WE(집단 내 관계성), IT(측정 가능한 물리적 객체), ITS(객체들이 이루는 상호 조합의 시스템)으로 정의합니다. 그리고 각 분면은 고유의 발달 수준이 있으며 낮은 단계부터 높은 단계에 이르기까지 모든 분면의 과업을 순차, 점진적으로 달성함으로써 의식의 최고 단계에 이를 수 있다고 하였습니다.

163 본 저서 「13 홀로 존재하고 함께 창발하는 자연의 진화」 챕터에서 소개하였습니다.

나면서 더 정교화되어간 인류 역사는 Spiral Dynamics의 틀로 통합됩니다. 법과 종교로 확립된 질서 중심 사회와 합리적인 이성 과학을 앞세운 모더니즘 사회의 대립, 또 모더니즘의 폐단에 반발하여 등장한 상대성과 다양성 원리의 포스트모더니즘 간의 대립이 그 순간만큼은 양쪽에서 서로 줄다리기하는 것처럼 비춰지지만 실상은 다음 단계로 진화하기 위한 순환의 과정이었습니다. 그럼 먼저 Spiral Dynamics의 시각에서 사회집단의 발달 단계를 살펴본 뒤 인류 역사의 주요 장면을 이에 대입하여 보도록 하겠습니다.

다만 먼저 일러두어야 할 사항이 있는데, 훗날 벡과 윌버는 각기 다른 지향점을 따라 학문적 결별을 선언했으며 그런 이유로 Spiral Dynamics를 설명하는 사람마다 다소 차이가 있습니다. 그중 아래 설명은 윌버의 통합이론을 기반으로 의식 수준에 따른 사회 모델 변화를 정리한 내용입니다. 또한 윌버의 통합이론에서는 의식 수준 단계를 9가지로 분류하였으나, 조직 사회 모델의 관점으로 전환하는 과정에서 3가지를 제외하고 6단계로 구분하였습니다.

1단계 : 미분화된 사회

인류가 최초로 등장했을 때 자연 지식이 없고 상호 소통을 위한 언어도 없는 상황을 가정한 사회 모델입니다. 인간은 슬픔이나 기쁨, 두려움, 분노 같은 감정을 표출하는 울음이나 몸짓으로 자기 의사를 전달하는 짐승 레벨의 인지 기능을 갖고 있습니다. 이 시기는 자아의 인식조차 분명하지 않아 외부 세계와 자신을 분리하지 못합니다. 마치 태아가 어머니 배 속에 있을 때의 의식 상태와 유사[164]합니다. 태아는 자신과 어머니가 서로 하나인 것으로 인식하며 이 단계의 인류는 외부 세계를 무조건적으로 수용했을 것으로 추정합니다.

이 의식 수준에서는 외부의 변화에 속절없이 무너집니다. 개인이나 가족 집단은 거친 자연 속에서 살아남아야 하기에 짧은 생명주기를 갖고 멸종할 위험이 높습니다. 따라서 이렇다 할 사회적 자아 역시 존재하지 않으며 나와 가족만을 지키기 위한 지극히 이기적인 의식이 주를 이룹니다.

2단계 : 원시 권력 사회

1단계의 미분화된 개인들이 서로 독립적인 개체로서 역할을 분담합니다. 부족 역사와 지혜를 축적한 노인 지도자, 월등한 신체 능력의 젊은 남성 사냥꾼, 아이를 양육하고 거주지를 지키는 젊은 여성으로 구분된 부족 그룹은 상호 조력하여 1단계 사회에 비해 훨씬 효과적으로 거친 외부 세계에 대응합니다.

---

164 「16 원형(原型)에서 분화로, 다시 통합의 제자리로」 챕터에서 다루었습니다.

원시 권력 사회 초기에는 한 명의 강한 힘을 가진 우두머리가 힘 약한 다른 이들을 복종시키는 구조였을 것으로 추정합니다. 이는 늑대, 사자 무리의 짐승 사회와 같습니다. 우두머리는 자신의 힘이 가장 세다는 것을 다른 구성원들에게 수시로 과시해야 하는데, 힘이 약하다는 게 들통나면 2인자에게 자신의 지위를 내주어야 하기 때문입니다. 그래서 아무 이유 없이 가장 힘이 약하거나 2인자 기질이 있는 구성원을 무자비하게 공격하고 죽이기까지 합니다. 우리의 시각에선 잔인한 행위지만 집단이 와해되지 않고 안정을 이루기 위한 필요악의 방법입니다. 우두머리가 곧 법이며, 어제 오늘 하는 말이 달라도 무조건적으로 따라야 합니다. 현대 사회에도 이런 집단이 존재하는데, 작은 동네의 소규모 깡패 집단, 미성년자 사이의 폭력 서클 같이 미성숙한 개인이 참여하는 체계적이지 않은 조직에서 발견됩니다.

3단계를 넘어가기 위한 과도기 단계에서는 장기간 생존한 노인, 자연 신과 소통하는 영능력자, 부족 내 혈통 같은 상징성이 물리적 힘을 대신한 권력 원천으로 변화합니다. 이는 초기 권력 사회보다 안정적이며 부족 내 불필요한 인적 자원 낭비를 줄일 수 있습니다. 다만 이 시기도 현대적 관점에서는 상당히 폭력적으로 비춰지는데, 물리력을 동원한 공격 행위가 조금 줄어들었을 뿐 우두머리가 지닌 무소불위의 권력은 여전했기 때문입니다.

이 수준의 사회 모델에서는 한 무리의 개체 수에 한계가 존재합니다. 우두머리가 감시할 수 있는 인지 범위, 힘이 도달하는 물리적 거리를 넘어서면 부족 질서가 작동되기 어렵습니다. 발달 심리학자 수잔 핑커는 원시 공동체 마을의 생태 연구를 통해 가장 자연스러운 인간관계의 최대 수를 150명으로 추정했으며, 아메리칸 인디언 역시 마을 구성원 수가 150명을 초과하면 그룹 내 갈등 예방을 위해 마을을 둘로 나누는 관습이 있었습니다. 이렇게 일정 수 이상으로 커지지 못한 집단은 체계적인 문명을 건설하지 못하고 부족 전통의 삶을 근근이 이어갑니다.

3단계 : 절대 질서 사회

부족은 더 많은 구성원을 효과적으로 다루기 위해 우두머리의 권력을 나누어 대리인에게 위임합니다. 권력을 위임받은 2인자 역시 권한 일부를 아랫사람에게 위임하는 방식으로 수직적 통치 체계를 구성합니다. 이렇게 1명의 왕이 3명의 장관을 통제하고, 3명의 장관이 6명의 위원을 관리하며, 6명의 위원은 자기에게 할당된 12명의 관리에게 명령을 내립니다. 150명 내외로 유지되던 부족은 $3 \times 6 \times 12 = 216$명 규모의 관리 집단을 통해 $216 \times 150 = 32,400$명에 이르는 구성원을 관할하는 작은 도시 국가로 발돋움합니다. 이 체계는 상황에 따라 꼬리를 덧붙일 수 있으며 그럴수록 규모는 기하급수적으로 늘어납니다. 이는 고대 국가, 제국이 등장하게 된 밑바탕이었으며 현대의 국가 체계도 기본적으로 동일한 구조를 취하고 있습니다.

이 거대 집단은 물리적, 인지적 거리가 넓게 떨어져 있기에 리더의 영향력이 닿지 않는 곳에서도 일정한 질서를 유지하기 위해 엄격한 법률이 필요합니다. 덕분에 2단계 원시 권력 사회에서 나타나는 우두머리 기분에 따른 즉흥적인 가해 행위가 제한됩니다. 권력 중심에서 떨어진 일반인들은 정해진 법과 질서에 따라 행동하기만 하면 안정된 삶을 보장받습니다. 왕이 직접적인 폭력을 행사하더라도 대개 성 안의 구성원을 대상으로 하며, 하위 집단까지 피해를 주는 경우가 드물어집니다. 하지만 이런 비도덕적인 행동은 선왕의 유지, 왕국의 전통이라는 무형적 규범에 의해 처벌받게 되며, 폭군으로 낙인 찍힌 왕은 신하들의 반역이나 민중봉기에 의해 쫓겨나게 됩니다. 따라서 리더는 절대적인 권력을 갖고 있다 하더라도 가급적 국가 규범을 따르도록 노력하며 함부로 힘을 남용하지 않습니다.

규모가 커진 집단의 장점은 이루 말할 수 없을 정도로 많습니다. 10명의 힘이 10이라 가정했을 때 11명의 힘은 11이 아니라 15, 20에 이를만큼 규모의 이점은 강력합니다. 잉여 생산물은 전문 분업화를 가능케하고 직업 장인들은 지식과 기술을 축적하여 경제 산출을 증가시킵니다. 그렇게 늘어난 잉여 산출은 다시 사회에 투자되어 선순환 성장 구조를 일으킵니다. 개인의 입장에선 사나운 짐승의 습격에 두려워하지 않아도 되고, 적대 세력으로부터 안전하게 보호받을 수 있습니다. 어지간한수준의 자연 재해 앞에서도 안전하게 생계를 유지할 수 있는 완충지대가마련됩니다.

하지만 안정적인 구조는 보수적이고 경직된 사회 문화로 이어집니다. 외부 환경이 빠르게 변화할 때 적절치 못한 대응을 하고, 내부의 불합리한 사건이 발생해도 기존 관행에 매여 해결하지 못하는 상황이 자주 드러납니다. 이 사회에서는 신분에 따른 역할이 한정되어 있어서 뛰어난 소질을 갖고 있어도 낮은 계급의 신분일 경우 자기 계발은 물론 자신이 가진 잠재력을 발휘할 수 없습니다. 어느 정도 질서가 확립되면 규모가 주는 다양성의 이점이 퇴색되는 것이지요. 이러한 문제는 시간이 지나면서 사회의 효율성을 갉아먹고 내부 구성원의 불만으로 누적됩니다. 그러다 보면 커다란 영토를 보유하던 강대국이 혁신으로 무장한 작은 이웃 국가의 침략에 지리멸렬하게 무너지기도 합니다. 역성 혁명은 이런 사회적 고착을 잠시나마 부드럽게 풀어 국가의 수명을 연장해주지만 이는 임시 해법일 뿐 새로운 질서는 금세 보수화되기 마련입니다.[165]

이 사회 모델은 2단계 원시 권력 사회보다 성숙한 개인이 참여하는 큰 규모의 그룹에서 발견됩니다. 절대 왕정, 봉건주의 사회, 큰 규모의 종교 집단, 현대적 행정기관, 학교, 군대, 근대적 문화의 기업, 마피아나 삼합회 등의 거대 범죄 조직은 예외없이 절대 질서 사회 구조를 채택하고 있습니다.

---

165 「15 진화와 도태의 사이에서」 챕터 내 '필연적 도태와 인류의 진화', '누가 진화를 결정하는가 : 적합도 지형', '유연성과 다양성' 파트에서는 해당 주제를 복잡계 이론을 기반으로 설명하였습니다.

4단계 : 목적 지향 사회

외부 변화에 적절히 대응하지 못해 무너지기를 반복하던 절대 질서의 사회 구조는 문제 해결을 최우선으로 하는 목적 지향적 세계관이 등장하며 변화하기 시작합니다. 흑사병 팬데믹, 오스만 제국의 예루살렘 정복, 봉건 귀족들 사이의 끝없는 전쟁에 신물 난 유럽인들이 과거로부터 내려온 전통에 의문을 품고 새로운 삶의 방식으로 전환하며 중세 봉건 질서가 종식된 것처럼요. 무조건적 믿음을 강요하던 신 중심 세계관은 새로운 성취를 안겨준 이성 과학 아래에 놓이고 기회를 잡아 큰돈을 번 신흥 부호는 새 시대의 롤모델이 되어 과거의 경직된 사회 질서를 부정하는 상징이 되었습니다. 이러한 목표 지향 사회의 개인 의식은 중세 봉건 질서를 비판하며 등장한 모더니즘 사상과 일치합니다.

이제 사람들은 문제를 해결할 수 있다면 전통과 관습은 변용해야 한다는 유연함을 갖습니다. 조직의 상하 관계, 그룹과 그룹 간 위계는 주어진 과업을 해결하는 데 유용할 경우에만 인정받으며 문제 해결에 적합하지 못하다는 게 판명되면 언제든 권한과 위치를 바꿀 수 있습니다. 이런 판단은 과학적 방법론, 이성적이고 합리적인 논리를 통해 결정됩니다. 기성의 권력 구조를 따르기보다 타당하고 혁신적인 방법론으로 문제를 해결하는 사람이 새로운 리더로 추대됩니다.

하지만 지나치게 문제 해결에 치중된 나머지 목표를 달성할 수 있다면 무엇이든 해도 된다는 논리가 득세하기 시작합니다. 사람에 대한 예의는 신의 가호 아래에 있을 때나 지켜주는 것이지, 같은 소속 구성원이 아닌 외부인에 대한 배타적 태도는 더 냉정하고 잔혹해집니다. 때마침 근대 과학 기술이 산업 공학으로 적용되기 시작하면서 이 시류에 올라탄 사회와 그렇지 못한 사회의 격차, 개인 간의 격차가 빠르게 벌어지지만 이는 능력의 차이이며 정당한 결과라고 생각합니다. 경쟁에서 밀린 자가 도태하는 건 자연의 섭리라는 생각은 왜곡된 선민사상으로 발전하여 제국 식민지 지배의 정당화, 경제력에 따른 새로운 신분제도로 이어집니다.

4단계 목적 지향 사회도 시일이 지나면서 경직되는 건 3단계 사회와 다르지 않지만 상대적으로 속도가 느리며 일정 수준에 도달했을 때 스스로 회복하는 구조가 마련되어 있습니다. 4단계 사회 모델에 속한 개인은 이성 과학을 기반으로 사리를 분별하며 필요에 따라 법이나 규범을 변용해야 한다는 것을 이해합니다. 근대 이후 세계 경제를 주름잡는 서구형 기업 집단, 월스트리트 금융 조직, 한국의 1세대 IT 벤처기업에서 주로 발견할 수 있는 모델이며, 이론적으로는 선거로써 리더를 선출하는 민주주의 체제도 이 사회 모델의 일부를 차용한 것입니다. 4단계 목적 지향 사회는 성과를 중요시하는 현대인의 가치관에 가장 가까운 것처럼 보이지만 현실에서는 이 수준에 이른 집단은 그리 많지 않으며 대부분은 3단계 혹은 2단계 사회 모델의 중간 즈음에 위치하고 있습니다.[166]

---

166 형식상으로는 민주주의적 가치를 지향하지만 실상은 적통과 파벌로 움직이는 정당 문화, 특정 정치인에 대한 무지성적 팬덤형 지지가 이를 가장 잘 드러내는 사례입니다.

5단계 : 다원론적 사회

4단계 목적 지향 사회는 다양한 기술적 난제를 해결하며 자연 환경의 족쇄에 잡혀있던 인류의 삶을 극적으로 해방시켰습니다. 손 닿는 곳이 넓어지고 경제가 성장하면서 전례 없는 물질적 풍요를 누리게 되었지만 양극화의 심화, 패배자에 대한 비인간적 처우 같은 어두운 면이 드러나기 시작했습니다. 공동체 내부에서도 적자생존의 문제가 대두되고 낙오자들의 비참한 삶이 대중에게 알려지면서 이들을 향한 연민의 목소리가 높아졌습니다. 두 차례의 세계 대전이 목적 지향적 사회, 모더니즘 사상의 비극적 결말로 인식되면서 사람들은 새로운 삶의 방식을 주장하였고 이는 상대성과 다양성을 중시하는 포스트모더니즘 사상으로 발전합니다. 사람을 인종, 성별, 국적, 언어, 문화 같은 선천적 요소로 차별할수 없으며 인간 그 자체로 존중받아야 한다는 인본주의, 선진 국가의 시각으로 저개발 국가의 문화를 미개하거나 열등하다 평가해선 안 되며 당사자 시각으로 그들의 문화를 바라보고 해석해야 한다는 문화적 상대주의가 이에 해당합니다.

포스트모더니스트들에게는 보다 높거나 낮은 건 존재하지 않고 모두가 수평적입니다. 잘하는 것 못하는 것조차 상대적 차이일 뿐 존재 자체로서 존중받아야 마땅합니다. 상대의 입장에서 그가 어떻게 받아들일지를 주의하며 말하고 행동해야 합니다. 이를 잘 해내는 것을 공감 능력이라 부르며 포스트모더니즘 사상에서 매우 중요시하는 덕목입니다. 관심 범위가 나 혹은 우리 집단에만 머무르지 않으며 타인, 외부 집단, 특히 사회에서 소외당한 사람들의 삶에 관심 갖게 되면서 소수자 권리 증진 운동을 활발하게 전개합니다. 인간의 범위를 넘어선 동물 복지 및 자연 생태계의 보호, 지구 온난화 억제를 위한 환경운동도 이 사상의 영향을 받았습니다.

그러나 다원론적 시각에서는 모두가 똑같은 권한을 갖고 있기에 특정 문제에 부딪혔을 때 해결 방법을 찾지 못하고 지루한 논쟁이 이어지기 쉽습니다. 본질적으로 자기 이익을 우선하면서 겉으로는 다원론의 방식을 흉내내기 때문인데, 이들은 상대방의 입장에서 생각하는 태도가 배제되어 있고 역량도 갖추지 못한 경우가 태반입니다. 따라서 사실 근거에 기반한 논리적 대화로 합의점을 찾기란 불가능한 일입니다. 사실상 포스트모더니스트인 척하는 자기 본위의 의식 수준이지요. 누구에게도 권력을 주지 않는 대신 잘못된 결과에 책임지는 이가 불분명한 것도 이 사회 모델의 특징입니다. 인터넷 여론이 이 현상을 적나라하게 보여주는데, 누구나 한마디씩 의견을 개진하여 어떤 사건에 영향을 줄 수는 있지만 그것이 좋지 않은 결론으로 이어졌을 때의 책임 소재는 없으며 반성하는 사람 또한 눈에 잘 띄지 않습니다. 더 재미있는 점은 이들은 모두가 동등하다 주장하면서도 2단계 원시 권력, 3단계 절대 질서, 4단계 목적 지향적 문화를 멸시하고 배척합니다. 그들과 동등할 자격은 자신과 일치하는 관점의 사람에게만 있으며, 그 외 수직적 질서를 수호하고 추종하

---

167 포스트모더니스트들이 모더니즘에 대항하여 제 스스로 사회 기반을 무너뜨리는 자해 행위에 대해서는 「4 현실의 혼돈 속으로」 챕터에서 상세히 설명하였습니다.

는 자들은 교화하거나 멸절해야 하는 비문화인으로 치부합니다.[167]

개방적 환경에서의 인터넷 커뮤니티는 다원론적 사회 모델이 가장 극명하게 드러나는 곳입니다. 커뮤니티 사용자들 사이엔 위계가 없으며 각자에게 동일한 권리가 있기에 특정 행동이나 생각을 강요하는 건 있을 수 없는 일입니다. 전통적 기업 경영 기법을 탈피하고 자유로운 업무 환경을 지향하는 실리콘밸리 벤처 기업, 소수자의 권리 보호를 도모하는 시민 단체, 환경 단체, 동물복지 단체, 페미니즘 단체, 비영리 단체는 다원론적 사회 모델을 지향하는 대표적인 집단들입니다.

6단계 : 통합 의식 사회

6단계 통합 의식 사회 모델은 앞서 2단계~5단계 사회 의식에 머물러 있는 사람들 사이의 갈등과 혼돈을 정리하는 상위 차원의 관점입니다. 이 수준에서는 1단계부터 5단계에 이르는 각 사회 의식이 서로 위계가 있음을 깨닫고 각 단계의 존재를 수용합니다. 그러면서 이 단계들을 점진적으로 밟아가야 건강하게 성장한다는 사실을 이해합니다.[168] 이에 반해 6단계에 이르지 못한 의식 수준에서는 자기 단계에 이르지 못한 세

---

168 「13 홀로 존재하고 함께 창발하는 자연의 진화」에서 생명체에 빗댄 홀론과 홀라키의 구조를 설명하였는데 사회 의식의 발달 과정에도 동일하게 적용됩니다. 1단계부터 6단계에 이르는 발달 과정은 이전 단계를 극복(혁파)하며 대체하는 방식이었지만 홀론과 홀라키의 관점에서는 이전 단계를 포함하며 창발적으로 발달한 것으로 해석합니다.

계관에 대해 적대적으로 인식할 뿐 의식들 사이에 일정한 단계가 있음을 알아채지 못합니다.

6단계 수준의 의식을 지닌 사람은 각 의식의 진화 단계, 다시 말해 사회 모델들이 인류사 발전에 있어서 꼭 필요한 과정이었음을 인정하고 과거에 있었던 빛과 그림자의 양면을 이해하고 포용합니다. 인권을 주장하기 위해서는 경제적 풍요가 선행되어야 하는 걸 이해하고 경제적 풍요로 가는 과정은 불가피하게 경제적 양극화를 일으킨다는 걸 알고 있기 때문입니다. 따라서 과거의 사건을 현재의 기준으로 재단하여 비난하지 않습니다. 당시에 벌어졌던 일을 사실 그대로 해석하고 그 과정에서 나타난 긍정적인 면과 부정적인 면을 감정적 치우침 없이 수용합니다. 이는 곧 이 세계의 양면성을 인정하는 것인데, 「우주 : 자연의 진화 법칙」에서 다루었던 동시성을 이해하는 것도 이와 같은 맥락의 깨달음입니다.

하지만 이 깨달음의 길에는 단단한 장벽이 있는데, 바로 오늘날 세계를 혼돈으로 밀어넣고 있는 포스트모더니즘식 사고 체계입니다. 포스트모더니즘, 5단계 다원론적 사회의 주된 의식은 그 누구도 위에 존재할 수 없고 아래에 있어서는 안 된다는 개념에 기반하고 있어서 그 사고 자체를 부수어야 다음 단계로의 상승이 가능합니다. 다른 의식 단계의 경우, 예를 들어 4단계 목적 지향적 의식에서는 극단적 성과주의로 나타나는 부작용을 경험하며 다원론적 관점의 필요성을 스스로 생각하게 됩니다. 반면 5단계 다원론적 의식에서는 질서가 해체되며 나타나는 혼돈의 부작용이 자신이 지향하는 목표가 달성되는 것처럼 보이기에 자기 신념을 포기하기 전까지는 뭐가 잘못되고 있는지를 인식하지 못합니다. 6단계 통합 의식에서 바라보는 사회 의식 간 위계를 인정하지 않는 것은 물론이고요. 그들은 사회 발달 과정 속에서 발휘되는 이전 단계의 건강한 기능[169]들을 적대시하고 유아기적 이상으로 치부합니다.

　이러한 아집에서 깨어나기 위해서는 철저한 자기 반성이 필요하고, 자기 반성을 위해서는 제대로 아는 것이 선행되어야 합니다. 무엇이 옳고 그른지 판단하지 못할 정도로 어지러운 현실이 걸림돌이라면 이런 잡음을 정리할 공동의 지도[170]를 펼쳐야 하고요. 지금까지 우주의 자연 진화 법칙을 되살피고, 인류 역사와 사회 모델을 훑어 Spiral Dynamics 이론에 접목한 것은 왼쪽 아니면 오른쪽, 중앙화 아니면 탈중앙화 어느 하나에 치우쳐 굳어버린 뇌를 풀기 위한 준비 운동입니다. 아주 잠깐이라도 한발 물러나 전체를 조망하고 어렴풋이나마 생각의 창고를 구획해두면 어지럽게 널려있는 잡동사니들을 정리할 공간이 마련됩니다. 그러다 보면 어느 순간 객관적 시야가 열리고, 상황에 따른 옳고 그름의 상대성을 파악하게 되며, 과거의 내가 얼마나 좁은 공간에 갇혀 있었는지를 깨

169　이를테면 실리콘밸리 스타트업, 동등한 권리를 전제하는 협동 조합에서도 리더는 존재하며, 리더와 팔로워 간에는 과업에 한해 수직적 체계가 작동해야 한다든지, 이들 단체가 생존하기 위해서는 이성 논리에 근거한 냉철한 경영적 판단이 함께해야 합니다. 5단계 다원론적 의식에만 함몰된 이들은 평소에는 자신의 생존을 가능케 하는 현실 세계의 질서 체계에 순응한 듯 보이면서, 자기 이익에 반하는 조직의 결정에 대해서는 다양성을 무기 삼아 질서를 파괴하려 드는데, 실상은 그 조직의 의사 결정에 자기 권력을 투사하고픈 1단계 혹은 2단계 수준의 의사 행동에 불과합니다.

170　「1 문제 제기」 챕터 참조

닫게 됩니다.

결국 어지러운 세상에 공동의 지도를 세우고 한 차원 높은 시선에서 바라보려는 노력은 자기 안의 긍정적인 면과 부정적인 면을 수용하는 과정입니다. 수년 전 서가를 휩쓴 『미움받을 용기』에서 말한 바 같이 자신의 어두운 면에 용기 있게 대면함으로써 더 넓은 자유를 맞이하는 거지요. 스스럼없이 자신의 단점을 드러낼 수 있는 사람은 성공에 자만하지 않고 실패에 의연합니다. 상대방의 단점 또한 편견 없이 받아들이고 포용하는 힘이 있습니다. '성공과 협력' 그 반대의 '실패와 갈등' 같이 어느 한쪽이 일방적으로 좋거나 나쁘다고 판단하는 모더니즘 혹은 포스트모더니즘적 사고 방식에서 벗어나 둘 모두가 심원적인 목표를 향해가는 데 필요한 재료임을 인정합니다. 이는 실패나 갈등 상황을 두려워하거나 회피하지 않고 당당히 맞서는 용기로 나타나지요.

이 의식 수준에서는 홀론과 홀라키의 맥락에 따른 '기능적인 상하 관계'와 2단계 수준에 매몰된 '힘과 권력의 상하 관계'를 분별합니다. 다시 말해 건강한 위계와 건강하지 않은 위계를 구분할 수 있다는 것이지요. 그래서 조직이 유지되기 위한 일정 수준의 질서를 받아들이며 동시에 그것의 과잉으로 유연성을 해치거나 개별 인간을 소외시키는 행위를 견제합니다. 사람 안에 내재된 권력 욕구와 권력을 잃었을 때의 공포에 자유로운 덕분에 자신의 지위 변화를 저항 없이 수용합니다. 단지 역할의 변화일 뿐 영원한 도태로 이어지는 약육강식 세계로 인식하지 않으니까요. 이는 곧 자신이 전체 생태계 속에 작은 한 부분임을 인정함이며, 반대로 조그마한 내가 전체 생태계에 커다란 영향을 미치는 존재임을 인식하는 것입니다.

참으로 아름다운 이상이지만 매우 도달하기 어려운 목표입니다. 실제로 6단계 통합 의식 사회 모델은 이론으로 제시되었을 뿐입니다. 홀라크라시 기업 문화 또는 일부 블록체인 커뮤니티에서 지향하고 있다 주장하지만 아직은 실험적 수준입니다. 그럼에도 우리는 과감히 도약해야 합니다. 오늘날 인류는 뛰어넘어 살아남느냐 아니면 머뭇대다 추락하느냐의 기로에 서 있는 낭떠러지 앞 도망자 신세이기 때문입니다.

핵심 메시지

Spiral Dynamics 이론 틀에 비춰보면 고대 국가 탄생 이전의 원시 사회는 1~2단계 사회 모델, 고대 국가 및 중세 봉건 사회는 3단계 사회 모델, 근대 이후 현대에 이르는 국민 국가 및 글로벌 경제 시스템은 4단계 사회 모델로 설명됩니다. 그리고 민간 영역에서 시작되어 확대되어가는 다양성 존중, 문화적 상대주의는 5단계 사회 모델에 해당합니다. 여기에서 우리는 몇 가지의 통찰을 발견할 수 있습니다.

첫째로 원시 사회, 중세 사회, 근대 사회, 현대 사회가 어떻게 이전 시대를 극복하고 발전하였는지, 각 시대의 특장점은 무엇인지를 객관적으로 파악할 수 있습니다. 이런 인식을 메타적 시야라고 하는데, 이를 통해 '서로 다른 수준의 무엇'을 있는 그대로 바라보고 건강한 단계로서의 위계와 그렇지 않은 위계를 구분할 수 있습니다. 그럼으로써 과거를 포용하고 장점을 계승하는 진정한 발전을 취하면서 사회 도처에 발견되는 혼란을 건강한 논의의 장으로 끌어들일 수 있습니다.

둘째로는 각 사회 모델은 이전 사회의 것을 포함하며 발전했다는 사실입니다. 고대 국가가 원시 사회를 정복하고, 근대의 합리성이 중세 봉건 시대를 무너뜨리고, 현대의 포스트모더니즘이 근현대의 이기적인 본성을 밀어내는 것처럼 보이지만 사실은 현대 시대에도 1단계부터 4단계에 이르는 사회 질서가 존재하고 있습니다. 특히 현대적 민주주의 국가는 3단계의 법 질서로 구축되고 4단계의 합리성에 따라 정책 판단을 하면서 5단계의 인본주의를 지향하지만 정치 권력의 향방은 1단계 혹은 2단계 수준의 원시적 권력에 좌우되는 다중적인 특성을 띠고 있습니다.

마지막으로 여기서는 사회 모델의 단계로 사회 발전 과정을 설명했지만 이 과정은 각 개인의 정신적인 성숙 수준과 궤를 함께합니다. 어찌되었건 사회를 구성하는 건 각 개인, 즉 대중이며 우리는 대중의 의식 수준에 걸맞은 정부, 문화, 사회를 이루며 살아갑니다. 그러므로 세상을 변화시킨다는 건 내 스스로부터 의식 성장을 해야 한다는 의미이며 자신은 그대로인 채 다른 이를 바꾸려 하는 건 크나큰 실수이자 오만입니다.

심화 주제

Spiral Dynamics 이론은 이 하나의 챕터로 다루기에는 아주 방대한 개념들을 포함하고 있습니다. 대표적으로 '나선형 발달 단계'로 표현되는 성장 과정의 진자운동입니다. 쉬운 예를 들자면 수학 학습을 하는 학생들은 개념 이해와 실전 풀이를 번갈아가며 공부합니다. 곱셈의 개념을 이해한 뒤 곱셈 문제를 풀고, 곱셈을 확장한 나눗셈 개념을 이해한 뒤 나눗셈 문제를 풀며 곱셈과 나눗셈을 훈련합니다. 그 뒤엔 배수, 약수, 분수의 새로운 단원을 배우는데, 이 과정에서 개념 이해와 실전 풀이를 학습하는 건 진자운동과 같이 반복됩니다. 사회 모델의 진화 단계도 자세히 들여다보면 다차원의 진자운동이 반복되고 있으며 구체적인 내용은 켄 윌버의 관련 저서들에 자세히 설명되어 있습니다.

23

붕괴의 징후들

세계화의 그림자

1991년 12월 26일 세계의 절반을 차지하던 소련 연방이 공식 해체를 선언하고 15개의 신생 독립국으로 분할되는 대사건이 벌어집니다. 공산주의 진영을 이끌던 소련이 붕괴하자 세계는 미국 중심의 1극 체제로 재편되었고 50여 년을 이어오던 냉전은 미국의 승리로 막을 내렸습니다. 이후 세계는 우월성이 검증된 자본주의 물결이 휘몰아쳤고 1995년 WTO(세계무역기구)의 출범, 2001년 공산주의 진영의 두 번째 리더였던 중국의 WTO 가입으로 인류 역사상 초유의 자본주의 기반 글로벌 경제 체제가 구축됩니다. 때마침 20세기 말 아시아 금융 위기, 21세기 초 닷컴 버블 위기 등으로 세계 경제가 휘청일 찰나 저임금 노동을 앞세운 중국이 위기 극복의 구원 투수로 등장하면서 세계는 한층 단단한 단일 경제권으로 묶였습니다. 사람들은 19세기 말 거대 자본가들의 경제적 이익이 100여 년간 유럽 대륙의 전쟁을 막은 것처럼 긴밀하게 얽힌 선진국 간 무역이 오랜 평화의 날을 약속할 거라 믿어 의심치 않았습니다.

기업가들은 자유롭게 국경을 넘어 공장을 세우고 판매 시장을 확대해갔습니다. 값싼 노동 임금과 저개발 국가의 세제 혜택, 자원 수급이 용이한 곳에 생산 기지를 마련하고 더 많은 이윤을 거두었습니다. 초고속 인터넷이 보급되면서 온라인 상거래가 활성화되고 오프라인 매장 운영비를 절감한 혁신 기업이 등장하기 시작하였습니다. 고객센터 직원을 인도 등 제3세계 국가 사람들로 채용해 인건비를 낮추거나 아예 빅데이터 기반의 인공지능으로 대체한 것도 초고속 인터넷, 정보통신 기술의 발달 덕이었습니다.

그러는 사이 선진국 경제에 균열이 가기 시작했습니다. 공장 노동, 대체 가능한 서비스직으로 생계를 이어가던 사람들이 제3세계 노동자, 자동화된 로봇, 인공지능에 밀려 일자리를 잃고 불안정한 일용직을 전전하면서 생활 수준이 낮아졌습니다. 특히 미국은 적극적인 고학력 이민자 장려 정책을 펼쳐 IT, 기술 연구, 회계, 의료 같은 기술 전문직의 일자리까지 잠식되었습니다. 미국 시민들의 가정 경제가 팍팍해지고 중산층이 줄어들면서 사회 불만이 고조되는 건 정해진 수순이었습니다. 그 결과 미국 우선주의(America First)[171]를 골자로 한 보호 무역 강화, 리쇼어링(Reshoring)[172], 제조업 부흥, 해외 이민자 축소, 불법 외국인 노동자 추방을 선거 공약으로 내세운 공화당의 도널드 트럼프가 모두의 예상을 깨고 제45대 미국 대통령으로 당선되었습니다.

---

171 미국 예외주의(American Exceptionalism)와 대척되는 개념입니다. 제2차 세계대전 후 세계 경제 및 문화를 이끌던 미국의 리더십은 미국이라는 국가가 국내 현안에 머무르지 않고 세계를 선도하며 올바른 질서를 유지해야 한다는 미국 예외주의에 기반했는데, 제45대 미국 대통령으로 당선된 트럼프는 국내에 해결해야 할 문제가 태산인데 외국의 일까지 도와줄 필요가 없다면서 미국 우선주의를 내세웠습니다.

이때부터 미국은 내전을 방불케 하는 분열이 시작됩니다. 트럼프 대통령은 중국을 상대로 관세 폭탄을 부과하고 유럽 NATO에게는 방위금 분담을 압박했으며 이민자 정책을 강화하는 등의 미국 우선주의 정책을 펼쳤지만 실질적인 효과는 거두지 못했습니다. 반면 트럼프의 정책을 반대하는 민주당 지지자들의 저항은 거세었고 평소 민주당의 PC주의[173] 행보를 끔찍하게 여기던 공화당 지지자들이 이에 저항하며 미국 국내 여론은 엉망진창이 되었습니다. 미국 민족주의, 백인 우월주의까지 가세하며 불붙어버린 두 진영의 갈등은 최근 대통령직에서 내려온 트럼프에 대한 가택 압수수색이 벌어지면서 해결 불가능한 지경에 이르렀습니다. 본문에선 미국의 예를 들었지만 이는 비단 미국만의 문제가 아니라 한국을 포함한 세계 유수의 선진국에서 비슷한 형태의 경제 문제 및 정치 갈등이 불거진 실정입니다.

---

172 세계 무역 장벽이 낮춰지고 미국의 대형 제조 기업이 해외로 공장을 이전하였는데 이를 다시 국내로 되돌리는 것을 이야기합니다. 트럼프 전 대통령은 자국 기업 상품이더라도 해외 제조품을 국내로 들여오는 데에 높은 관세를 부과하는 채찍 정책, 해외 공장을 국내로 이전할 경우 각종 세제 혜택 및 지원금을 준다는 당근 정책을 제시하며 리쇼어링을 장려하였습니다. 하지만 이 정책은 결과적으로 별 효과를 거두지 못하였는데, 리쇼어링을 하더라도 대부분 자동화 공장으로 대체함으로써 국내 일자리를 늘리지 못하였고, 2020년 갑작스런 COVID-19 바이러스의 세계적인 유행으로 기업 환경이 나빠졌기 때문입니다.

173 「3 우리의 익숙함에 '왜'를 묻자」에서 소개하였던 진보적 의제로 처음 등장할 당시에는 인본주의, 문화적 상대주의를 실천할 바람직한 운동으로 각광받았으나 점차 포스트모더니즘의 폐해가 극명하게 드러나며 사람들의 조롱 대상이 되고 있습니다.

21세기 신 냉전의 개막

한편 21세기 초 세계 경제의 구원자로 등장한 중국은 그 정도의 지위에 만족할 수 없었습니다. 제국주의 열강에게 동네북처럼 얻어맞고 영토를 유린당하며 후진국으로 전락해버린 치욕의 역사를 곱씹던 중국 인민들은 세계 경제를 주름잡고 첨단 과학 기술을 독점하던 지난날 중화의 영광을 재현할 때가 되었다고 생각하였습니다. 하지만 현실의 중국은 여전히 하청 제조업, 저렴한 생필품을 만들어 파는 공장에 불과하였죠. 중국 정부는 서방의 과학 기술, 산업 공학, 금융 자본을 따라잡기 위해 온갖 무리수를 두기 시작합니다. 산업 스파이를 통한 기술 훔치기, 국내 진출한 해외 기업을 갖가지 명분으로 강제 인수하기, 외국 상품을 무단 카피한 복제품 눈감아주기 같은 반칙 행위로 빠르게 선진 기술력을 뒤쫓았습니다. 여기에 중국식 계획 경제의 특수성, 국가 자본을 이용한 대대적인 보조금 지원도 상당한 이점으로 작용하였죠. 서방 국가들은 자본주의 질서를 해치는 중국의 만행이 탐탁지 않았으나 중국의 시장 규모, 성장 잠재력이 워낙 컸던지라 적극적으로 대응하지 못하였습니다. 그러던 찰나 트럼프가 당선되고 미국 경제를 위협하며 2인자로 등극한 중국 때리기가 본격화되면서 평화로워 보였던 지구촌에는 분열의 싹이 피어올랐습니다.

사실 중국도 트럼프 당선 전부터 미국의 견제 움직임을 포착하고 있었습니다. 중국의 성장세가 한창이던 2011년, 미 국무장관이었던 힐러리

클린턴이 Pivot to Asia[174]를 선언하고 트럼프의 전임 오바마 대통령이 실질적인 축의 이동을 시작했었거든요. 미국은 중국이 영원한 2인자, 세계의 제조 공장 정도로 남기를 원했지만 중국은 그러할 마음이 없었습니다. 그리고 애초에 중국 공산당의 계획 경제와 미국 등 서방국가의 자유 경제는 서로 공존할 수 없었는데, 중국은 철저한 인민 통제와 엘리트 정책으로 경제를 이끈 반면, 미국은 민간의 자유를 최대한 보장하며 혁신을 장려하는 경제였던 까닭입니다. 미국식 자유가 중국 인민에게 퍼져나가면 중국 공산당의 입지가 좁아지고, 반대로 중국의 정부주도 계획 경제는 미국식 자본주의에게는 공정하지 못한 게임이었던 거죠.

미중 간 경제 갈등은 점차 자원 무기화, 해외 물류망에 대한 군사적 우위 확보 같은 물리적 갈등으로 번져갔습니다. 중국은 홍콩 자치권의 단계적 철회, 대만에 대한 '하나의 중국' 정책 강요, 티벳 및 위구르 민족에 대한 강압적인 중국화 정책, 적극적인 군사력 증강 등을 펼쳤는데 이는 모두 자유 민주주의 국가 입장에서는 주변 국가들을 불안하게 만드는 행위였습니다. 미국 역시 이에 대응한 각종 성명을 발표하고 대만에 대한 지원협력 강화, 위구르 인권 유린에 대한 국제 인권위 고발, 아시아 태평양 인근 국가와의 군사 동맹 격상을 선언하며 동아시아 주변의 긴장 강도가 더욱 고조되고 있습니다.

---

174 2011년 이전에는 미국의 군사 외교는 주로 중동 지역에 집중하고 있었는데, 이를 아시아, 태평양 지역으로 이동하겠다는 정책 선언이었습니다.

이러한 양상은 유럽 지역도 마찬가지였습니다. 소비에트 연방 붕괴로 후진국의 나락까지 떨어질 뻔한 러시아는 푸틴 집권 후 세계적인 고유가 흐름에 힘입어 다시금 부활하였습니다. 반면 NATO를 중심으로 한 서유럽 국가들은 장기간의 평화 무드에 취해 군사비 지출을 대폭 축소하였고요. 1994년 출범한 EU(유럽연합)는 궁극적으로 미국과 같은 연방 형태로 발전시켜 미국, 일본, 중국에 맞선 초대형 경제 블록을 구축하고자 하였고 각 유럽 국가가 사용하던 통화를 유로화로 통합하는 것으로 그 기틀을 닦고자 하였습니다.

그러나 이 정책은 훗날 큰 실수였음이 드러났는데, 서로 다른 산업 경쟁력을 지닌 국가들이 하나의 통화로 묶이면서 국가 간 경제 불균형이 극대화되었기 때문입니다. 막강한 산업 기술력, 제조 경쟁력을 가진 독일의 값싼 상품을 국가 수입 대부분이 관광업이었던 그리스가 대거 사들이기 시작했고 그 비용은 독일에게 유로화로 차입함으로써, 결과적으로 독일 은행의 돈을 빌려 독일 상품을 사는 꼴이 벌어졌습니다. 독일은 금융 수입이 늘어나고 수출 수입도 대폭 증가했지만 반대급부의 그리스는 산업 경쟁력이 쇠퇴하고 빚만 늘어갔습니다. 결국 과도한 빚에 짓눌려 있던 그리스는 2008년 서브프라임 금융 위기를 견디지 못하였고, EU 탈퇴 및 국가 디폴트 선언 직전까지 내몰렸습니다. 다행히 우여곡절 끝에 그리스 경제 위기가 임시적으로 봉합되었지만, 사람들에게 EU 체제가 상당히 불안정하며 장기적으로 지속 가능하지 않다는 인식을 심어주기에 충분하였습니다.

과거의 영광을 재현하려는 러시아의 확장 정책, 힘이 약해져가는 EU 사이의 불균형은 양자 간, 특히 EU와 러시아 사이에 끼어있는 동유럽 국가들에게는 불길한 징조였습니다. 예전처럼 다시 소련 휘하에 편입되느냐, 아니면 EU와 손잡고 서방의 자유 — 자본주의로 나아가느냐의 선택지가 책상 위에 놓여졌던 까닭입니다. 벨라루스 같이 이미 친러시아 세력이 주류인 국가가 있는 반면 조지아, 우크라이나, 리투아니아처럼 러시아와 국경을 이웃하면서 반러시아 분위기가 득세한 곳에서는 국내 정치 갈등이 외교 문제로 비화되기 시작합니다. 이윽고 2008년 러시아의 조지아 침공, 2014년 우크라이나령 크리미아 반도 점령은 러시아의 야욕을 확인하는 계기가 되었습니다. 러시아의 확장 정책을 두려워하던 유럽 각국은 점차 EU의 군사적 동맹인 NATO에 가입하였고 이내 동유럽의 과거 소련 영토였던 나라들까지 NATO 가입 분위기가 무르익었습니다. 이를 실존적 위협으로 간주한 러시아는 2022년 3월 기습적인 우크라이나 침공[175]으로 본격적인 21세기 신 냉전이 공식화되었으며, 세계는 지금

---

175 러시아의 우크라이나 침공은 서방 세계와 러시아 간의 시각차가 매우 큰 사건입니다. 2013년 우크라이나 대통령이었던 야누코비치가 EU와의 무역협정 연기를 발표하면서 친러시아 노선을 우려하던 우크라이나 국민들의 시위로 이어졌습니다. 그 결과 야누코비치 정권이 탄핵당하고 친서방 정권이 들어섰는데, 이후 러시아계 우크라이나인이 다수 거주 중인 동부 지역에 극우 민족주의 우크라이나 단체에 의한 러시아계 주민 살인과 테러가 벌어졌고 정부는 이를 방관하였습니다. 러시아는 친러시아 주민 보호를 위해 국제 연합에 진상 조사를 촉구하였으나 서방 국가는 번번히 묵살하였고 이에 군사력을 동원한 사건이 크리미아 반도 점령 및 병합이었습니다. 그 후 러시아계 우크라이나인에 대한 탄압은 더 심해졌고 극우 민족주의 세력과 긴밀한 관계에 이었던 젤렌스키 대통령은 그들의 인종 범죄를 방치하여 러시아와 우크라이나의 갈등의 골은 더욱 깊어졌습니다. 결국 러시아의 잦은 무력 시위를 견디지 못한 우크라이나는 공식적으로 NATO 가입 의향을 내비쳤고 자국 앞마당까지 NATO 세력이 확장되는 걸 좌시할 수 없었던 러시아는 우크라이나를 침공하기에 이르렀습니다.

내일 당장 전면적인 제3차 세계 대전이 일어나도 이상하지 않을 만큼 긴박한 분위기로 내몰린 상태입니다.

지속 불가능한 이자 기반 금융 시스템

17세기 말 영국에서 등장한 중앙은행 중심의 이자 기반 금융 시스템은 금과 은의 수량에 제한되어 있었던 국가 재정의 족쇄를 풀었습니다. 보유한 금 가치의 열 배 가까운 지폐를 발행하여 얻은 새로운 신용은 때마침 산업 혁명으로 늘어난 실물 경제 생산량과 맞물려서 국가 경제 규모를 대폭 끌어올렸습니다. 이 방법은 영국뿐 아니라 프랑스, 독일(프로이센), 네덜란드 등에도 널리 쓰여 세계의 부(富)는 드라마틱한 성장을 기록했습니다.

그러나 당시 정부, 중앙은행은 갑작스럽게 늘어난 부를 현명하게 다룰 경험이 부족했습니다. 주식, 보험, 선물, 파생 상품 거래는 담보에 담보를 쌓아가며 몸집이 불어났지만 이를 뒷받침해야 할 실물 경제와의 괴리, 보유한 금과 은의 수량을 초과한 통화 발행, 늘어만 가는 부채를 상환할 수 있을지의 의심을 종식시키지 못했습니다. 이로 인해 채무 불이행에 따른 파산을 수차례 반복하였고 그 고비마다 크고 작은 전쟁을 치러야 했습니다. 이는 근본적으로 이자 기반 금융 시스템이 가진 한계 때문이었는데 중앙은행의 화폐 시스템은 필연적으로 패배자를 양산하는 제도였습니다.

일반적으로 돈이 필요한 사람은 은행에서 돈을 빌리고 그에 상응하는 이자를 지불합니다. 그렇게 대출한 돈은 상품을 만드는 데 투자되거나 필요한 물건을 구매하는 데 사용됩니다. 시장 자본주의는 대출과 이자로 발행되는 화폐 시스템에 기반하여 운영되고 현재 지구 상의 거의 모든 사람, 국가는 예외 없이 이 시스템에 의지하여 살아갑니다.

만약 하나의 은행과 두 명의 대출자가 존재한다 가정해보겠습니다. 한 명은 농부고 한 명은 어부입니다. 그들은 각자 생산한 밀과 물고기를 교환하기 위해 돈이 필요합니다. 그래서 은행에 빚을 내어 농부는 물고기를, 어부는 밀을 구입합니다. 두 사람은 서로가 필요한 재화를 손쉽게 교환할 수 있게 되었습니다. 여기까지는 행복한 결말이지만 이게 끝이 아닙니다. 농부와 어부는 은행에 이자를 갚아야 합니다. 빌린 돈을 밀과 물고기를 사는 데 쓰는 것도 모자라 은행의 빚을 상환하는 데 사용합니다. 그렇게 이자를 갚으며 거래를 계속하다 보면 점점 돈은 부족해집니다. 갚을 돈이 떨어지고 더 이상 돈을 빌릴 수 없으면 가진 땅이나 고깃배를 팔거나 미래 노동력을 담보 잡혀야 합니다. 필연적인 패배자가 생겨난 거죠.

시장 참여자가 늘어나도 결과는 동일합니다. 제빵사, 목수, 구두 장인, 재단사 그 외 다양한 사람들이 돈을 빌리고 빚을 갚고자 노력하고 더 많은 돈을 벌려는 경쟁을 하며 누군가는 빚더미에 올라 파산합니다. 남은 생을 빚 갚는 데 소진하고 그 이익은 돈을 빌려준 은행과 자본가에게 돌아갑니다. 개인의 예시를 들었지만 국가 간의 대출, 투자도 별반 다르지 않습니다. 최종적으로 돈 값을 능력이 없는 나라는 채권 보유국에게 자기 나라의 각종 이권을 넘겨주어야 합니다.

실제 세상은 좀 더 복잡합니다. 은행에서 무한정 돈을 빌릴 순 없는데 돈을 융통시키지 않으면 경제가 돌지 않으니 신용에 신용을 창출해서, 즉 담보에 담보를 붙여가며 돈의 양을 늘려갑니다. 돈이 늘어가는 속도는 기하급수적이지만 실물 경제의 성장 속도는 그걸 따라잡지 못합니다. 인구가 증가하거나 제조 혁신으로 생산 효율성을 높여야 하는데 짧은 시간에 이룰 수 없는 것들입니다. 그렇게 돈은 늘어나고 구매할 수 있는 상품은 줄어들어 인플레이션이 일어납니다. 같은 돈을 주고도 살 수 있는 물품이 줄어드는 거죠. 돈의 가치가 하락하는 것인데 우리는 물가가 오른다는 표현에 익숙합니다. 이렇게 화폐 유통량이 늘어나고 돈에 너무 많은 숫자가 붙으면 화폐 개혁 같은 것을 통해 통화 단위를 변경합니다.

화폐 발행 기관이자 물가를 조절하는 중앙은행은 인플레이션 속도를 조절하기 위해 지불준비금이나 중앙 금리를 이용합니다. 화폐 개혁이 능사가 아니라는 점을 잘 알고 있기 때문입니다. 시중 은행이 예치해야 할 돈의 양을 늘리고 중앙 금리를 높여 사람들이 쓰는 돈의 양을 흡수합니다. 하지만 꾸준히 돈의 총량을 늘려야 하는 것은 변함이 없습니다. 그렇지 않으면 이자 지불로 시중의 돈은 줄어들고 경기가 침체되기 때문입니다. 돈이 말라 일어나는 경기 침체는 거래를 위축시키고 기업을 파산시키고 일자리를 소멸시킵니다. 사람들은 돈을 벌지 못해 소비를 줄이고 경제가 축소되는 악순환이 벌어집니다.

주류 경제학자, 국가 운영 주체가 내놓은 해결 방법은 더 많은 신용 화폐의 발행이었습니다. 2008년 서브프라임 위기 이후 세계 경제가 생각보다 활성화되지 않고 설상가상으로 2020년 COVID-19 바이러스 유행으로 실물 소비가 둔화되자 근래에는 중앙은행이 직접 기업 채권을 구매하여 돈을 융통시키는 방법도 활용하고 있습니다. 돈을 발행할수록 이자를 받는 은행 및 자본가에게 더 많은 돈이 쏠리고 훗날 기업이 갚아야 할 돈은 눈덩이처럼 불어난다는 걸 알면서도 고육지책으로 선택한 해법이었습니다. 그래야 어쨌건 소비가 유도되고 경제가 돌아가며 기업은 파산하지 않을 수 있었으니까요.

하지만 역사적으로 이 방법은 한시적이었고 신용 화폐는 주기적으로 붕괴했습니다. 실물과 괴리된 신용 화폐는 인플레이션의 역습을 받게 되기 때문입니다. 과도한 화폐 발행은 돈의 가치를 떨어뜨리고, 사람들은 화폐에 적힌 숫자 가치를 불신하여 돈 대신 실물 자산을 보유하고자 애를 씁니다. 돈이 돈으로서 기능을 못하게 되니 거래는 위축되고 증권, 부동산 같은 자산만 폭등하는 기이한 상황이 연출됩니다. 그러다 어느 한순간 돈의 가치가 증발되는 신용 붕괴가 도래합니다.

최근의 상황은 더욱 좋지 않아 보입니다. 2008년 이후 달러 유통량은 두 배 이상 증가했고, COVID-19 팬데믹에 의한 물류 마비와 제조업 파산은 정상적인 상품 공급량 마저 감소시켰습니다. 여기에 러시아의 우크라이나 침공은 에너지 위기를 촉발하였고 식량 수출 제한, 비료 값 급등, 유류비 상승은 엎친 데 덮친 격으로 생산자, 소비자 물가를 급등시키고 있습니다. 물가는 하늘 모르고 치솟는 와중에 너무 많은 돈이 풀려 죄어야 하는 이중고는 스태그플레이션[176]의 확정을 눈앞에 두고 있습니다. 문제는 이게 전 세계인의 공용 화폐인 달러화가 처한 위기라는 거지요.

역사적으로 화폐 가치가 상실되는 시점에 세계 수준의 권력 이동이 일어났습니다. 더 이상 주류 화폐 발행 국가가 화폐의 가치를 보장할 수 없게 되었을 때 신흥 강국이 나타나 새로운 질서를 만들었습니다. 고대 팍스 로마나가 그러했고, 산업시대의 팍스 브리태니카를 이어 현대의 팍스 아메리카나 차례에 이르렀습니다. 그 과정에서 새로운 경제 질서의 화폐가 등장했고 과거에 사용하던 화폐는 위상을 잃고 가치가 폭락하였습니다. 지금의 팍스 아메리카나가 당면한 위기는 인류 역사상 초유의 세계 단일 경제권의 붕괴로 결판날 수 있습니다. 더욱이 우크라이나 침

---

176 일반적으로 물가가 상승(인플레이션)하면 돈줄을 죄어 소비를 감소시키는 방법으로 경기를 조정하였습니다. 반대로 물가가 너무 낮으면 경제가 하강할 위험에 처하게 되니 돈을 풀어 경기를 진작시키는 방법을 사용합니다. 반면 에너지 가격 상승 등의 외부 요인 때문에 기업 활동은 침체되면서 동시에 물가는 오르는 현상이 나타나게 되는데 이 경우 돈을 풀면 물가는 폭등하게 되고, 돈을 죄면 연쇄적인 기업 파산이 일어나는 딜레마에 처하게 되어 이를 스태그플레이션이라 명명합니다.

177 전 세계 은행들이 국가 간 온라인 송금을 위해 사용하는 결제 통신망입니다. 세계의 약 1만 1000개의 은행이 가입되어 있으며, 국제 송금을 원하는 개인이나 기업이 자국 은행에 송금을 요청하면 해당 목적 국가의 은행과 연계하여 자금을 처리해줍니다. 달러, 유로, 엔화를 사용하는 대부분의 국제 무역은 SWIFT 망을 활용해 대금을 주고받고 있어서 이를 이용하지 못할 경우 상품 수출입에 큰 제약을 받게 됩니다.

공에 대한 응징으로 러시아의 SWIFT[177] 퇴출, 러시아 해외 자본 동결, 러시아산 에너지의 수출 금지 같은 경제 조치는 오히려 서방 세계에게 부메랑으로 돌아와 달러 헤게모니를 흔들고 세계적인 인플레이션의 불꽃에 기름을 붓고 있습니다.

어찌 되었든 달러 이후의 새로운 무엇이 그 자리를 대체하겠지만 우리에게 중요한 질문은 그 사이 우리의 삶은 안녕할 수 있을까라는 진지한 고민입니다.

도시화의 모순

국제 사회, 금융 시스템의 위기만큼이나 사회 구조적인 한계도 심상치 않습니다. 지금까지 몇백 년에 걸친 인류 발전과 혁신의 보고였던 메트로폴리스, 초거대 도시는 이제 반대의 부정적인 영향력으로 사회 각 영역을 잠식하기 시작했습니다. 산업 혁명 즈음 추정된 세계 인구는 약 10억 명 정도, 이후 영양 보급이 개선되고 도시 인구가 폭증하면서 200년도 채 되지 않는 사이 세계 인구는 40억 명에 도달하였습니다. 그리고 50년도 지나지 않은 2022년 현재 79억 명을 훌쩍 뛰어넘었지요. 이 중 약 76%에 해당하는 60억 명이 인구 5천 명 이상인 도시에 살고 있으며, 백만 명 이상 밀집한 거대 도시에 거주 중인 인구는 전체 중 약 13% 남짓한 10억 명 수준입니다.

세계 인구의 1/8 정도가 모여 사는 거대 도시는 엄청난 효율을 자랑합니다. 과거 농경 혁명으로 잉여 인원이 늘어 지식 축적, 기술 개발, 전문 직업이 등장해 본격적인 문명이 일어난 것처럼, 인구 밀집에 의한 도시 인프라의 효율적인 사용은 동일한 자원을 사용해 더 많은 산출을 뽑아내게 합니다. 예를 들어 10㎢ 면적에 인구 백만 명이 사는 도시를 가정하고, 동일한 넓이에 인구 1만 명이 사는 도시를 비교해보지요. 이 두 도시의 인구는 고르게 분포되어 있으며 생활 편의를 위해 도로, 수도, 전기 인프라가 도시 각지에 거미줄처럼 퍼져 있습니다. 이때 전자에 필요한 인프라 건설 비용을 약 100조로 가정한다면, 후자의 도시는 얼마의 비용이 필요할까요? 인구 수 대비하여 1조의 예산을 할당한다면 절대 동일 수준의 편의성을 갖출 수 없습니다. 이 두 도시의 넓이가 비슷하고 인구도 고르게 퍼져 있으므로 지역 구석구석을 연결하기 위해 들어가는 비용은 1조를 훨씬 상회하게 됩니다. 어림하여 30% 수준인 30조를 가정해도 백만 인구 도시와 1만 인구 도시의 인프라 효율성은 1명당 1억 원 vs 1명당 30억 원으로 백만 인구 도시가 1만 인구 도시 대비하여 30배 정도 저렴합니다. 그렇게 남은 예산은 그 외 다른 인프라에 투자되어 백만 인구 도시는 더 높은 삶의 질을 보장받을 수 있습니다.

이뿐만 아닙니다. 「15 진화와 도태의 사이에서」 챕터의 '필연적 도태와 인류의 진화' 파트를 기억한다면 개인의 수(점)가 늘어날수록 그들 사이의 관계(노드)는 기하급수 적으로 다양해지는 효과가 도시 환경에도 나타날 것을 알 수 있습니다. 밀집된 대도시에서 생겨난 잉여 자원의 활용, 막대한 다양성에서 발견되는 혁신의 기회는 인류가 답보하지 못한 미지의 영역을 개척하는 원동력이 되었고, 이를 통해 세계는 더욱 풍요로운 문명을 이룩하였습니다. 사실 유래를 찾아볼 수 없는 대한민국의 발전은 인구 2천 만이 모인 초거대 수도권이 있었기에 가능했던 거죠. 여기에 세계 최고의 교육열은 짧은 시간 동안 인적 자원 퀄리티를 높여 수많은 분야에서 기적적인 성과를 거두었습니다.

이렇게 수많은 사람들이 빽빽하게 모여 살아가는 통에 서울, 수도권 은 세계에서 가장 빠르고 분주한 도시가 되었습니다. 가장 일찍 일어나 서 늦게 퇴근하는 나라, 그럼에도 도시의 저녁은 자정이 넘어서도 유흥 을 즐기는 사람들로 불야성을 이룹니다. 미친 듯이 일하면서 내일이 없 는 것처럼 노는 도시인의 삶은 한국을 찾은 외국인들이 혀를 내두를 정 도입니다.

그러나 지나치게 빠르고 분주한 도시의 삶은 개인의 생을 갈아넣는 것이었습니다. 치열한 경쟁의 틈에서 살아남기 위해 남보다 더 빨라야 했고 열심히 공부해야 했으며 노력할 수밖에 없었습니다. 도시는 또 기 업은 사람들의 에너지를 연료 삼아 훨훨 날아올랐지만 필연적 패배자가 된 낙오자는 인간으로서 삶의 목적을 잃고 소모품으로 전락하였습니다. 그 결과 더욱 치열해진 경쟁 속에 연애, 결혼, 출산, 양육과 같은 인생의 주요 과업은 부차적인 것으로 밀려났습니다. 젊은 사람들 사이에 남들만 큼, 그 이상으로 안정된 생계를 꾸릴 수 없으면 저런 인생 과업은 사치라 는 인식이 자리 잡기 시작했습니다. 결혼 연령이 증가하고 혼인율이 감 소했으며 이어 출산율마저 떨어진 한국은 국가 차원의 인구 소멸의 레드라인을 넘어버렸습니다. 아울러 한정된 양질의 일자리를 두고 학벌 간, 지역 간, 성별 간, 세대 간 갈등이 불거진 것 역시 예정된 결과였지요. 때마침 선진국에서 유행한 포스트모더니즘의 영향으로 사회적 약자를 위한 적극적 우대정책[178]이 도입되었는데, 얼마 지나지 않아 이 정책은 반대 배경의 사람들에 대한 역차별이라는 주장이 등장하며 이해 집단 사이의 뜨거운 감자가 되었습니다.

이렇게 도시는 그 순기능으로서 자원 활용의 효율화, 즉 기술 및 경제, 문화를 성장케 하는 발판이었지만 그 반대로 개인의 삶이 사라지고 각종 사회 갈등을 부추기는 역기능을 발휘하기 시작했습니다. 제프리 웨스트 역시 그의 저서 말미에 그 포인트를 지적하였지요.

"도시를 생물의 한 종류라고 가정했을 때 너무 급격히 성장하는 도시는 그만큼 더 많은 사람들을 소모시킬 수밖에 없으며, 인간의 한계는 명확하다. 언제까지 사람들이 도시의 성장 속도를 감내할 수 있을지, 만약 인간이 그 속도를 따라잡지 못할 시점이 도래하여 도시를 지탱하는 데 필요한 연료가 줄어든다면 우리의 삶은 어떤 위기를 맞이하게 될 것인가?"

---

178 지역할당제, 여성할당제, 농어촌 특별전형 등 사회적 배경으로 인해 동등한 경쟁이 어려운 사회적 약자를 위해 각종 입학 및 채용 시험에서 의무적으로 합격 인원 수를 보장하는 제도입니다.

혁신의 한계, 정치 및 행정 시스템의 경직

오스트리아 출신의 경제학자 조지프 슘페터는 19세기 말~20세기 초 유럽과 미국의 고도 성장을 보며 어떻게 자본주의 경제가 발전하게 되었는가에 의문을 품었습니다. 당시 경제학 일반에서는 분업화, 자유 무역, 친자본주의적 금융 정책 같은 시장의 균형을 최대한 보장하는 제도로써 개인의 이기적 동기가 작동하여 국부가 창출된다는 애덤 스미스의 관점이 주를 이루었습니다. 이에 반해 슘페터는 오로지 더 많은 제품을 생산하고 파는 것만으로 두 대륙의 경제 발전을 충분히 설명하지 못한다고 생각하였습니다. 그는 "당신이 원하는 만큼 마차를 연결시켜도 그게 철도가 될 수는 없다."는 유명한 말을 통해 경제 발전의 근간에는 혁신이 있고 그 혁신을 주도하는 건 기업가 정신(entrepreneurship)으로 무장한 기업이라 주장하였습니다.

슘페터는 기업가는 '창조적 파괴'를 통해 자본주의 경제 성장을 주도하는데, 창조적 파괴란 동일한 품질의 상품을 보다 싸게 만드는 비용 절감, 동일한 자원으로 보다 뛰어난 상품을 만드는 품질 향상, 세상에 존재하지 않던 상품을 만들어 기존의 패러다임을 완전히 뒤집는 시장 개척 같은 혁신을 의미합니다. 전기로 불빛을 내는 전구를 발명하고, 북아메리카 대륙 전체에 철도를 놓아 물류 비용을 줄였으며, 컨베이어 밸트 조립 공법으로 값싼 포드 모델T 자동차를 제작하거나, 공정 통합과 제강법 개선으로 튼튼한 철강과 H빔을 생산하는 등의 혁신으로 마천루의 대도시 뉴욕이 건설되고 사람들의 삶의 질이 크게 향상된 것처럼요. 이처럼 혁신 제품의 등장은 더 빠르고 편리하며 적은 힘으로 원하는 일을 할 수 있도록 하였고 사람들은 그 제품을 갖기 위해 기꺼이 지갑을 열어 자본주의 경제는 꾸준히 성장하였습니다.

하지만 세계 대전이 끝나고 전쟁 과정에서 획득한 군사 기술이 일반 상품에 응용되는 것을 마지막으로 근대시절에 경험했던 세상 모든 것의 혁신은 자취를 감추기 시작했습니다. 전기, 통신, 아스팔트 도로, 철도, 항공 같은 현대를 대표하는 사회 인프라는 예전에 비해 조금 더 빨라지고 저렴해지고 안전해졌을 뿐 가스등을 백열 전구로 바꾼다든지, 마차를 자동차로 대체한다든지 같은 시대의 패러다임을 바꿀 만한 변혁은 좀처럼 나타나지 않았습니다. 1980년대 이후 개인용 컴퓨터와 인터넷, 스마트폰 정도가 근대 산업 혁명에 비견될 수준의 변화를 이끌었지만 그것으로 비대해진 자본주의 경제를 더 높이 끌어올리기엔 역부족이었습니다. 사실상 20세기 중후반과 21세기 초반의 경제 성장은 근대 산업 혁명의 과실을 조금 더 개선하고 세계 각지에 전파하는 데에 그쳤을 뿐 국가 시스템, 개인의 삶은 원론적으로 20세기 초의 형태와 크게 다르지 않았습니다.

그럼에도 불구하고 국가의 덩치는 더 불어나고 복잡해졌습니다. 포스트모더니즘의 영향으로 다양한 상황을 고려하여 정책을 결정해야 했고 경제는 더 긴밀하게 엮이면서 규제 하나를 바꾸더라도 신중하게 판단해야 했습니다. 여기에 여러 이해 관계자의 주장이 뒤섞이면서 A를 선택하면 B에 문제가 터지고 B를 선택하면 A가 손해를 입게 되는 상황이 연출되었습니다. 다른 나라에서는 실리콘밸리 스타트업이라는 명칭으로 하루가 다르게 새로운 비즈니스가 등장하여 투자자의 이목을 끌었지만 이를 국내에 적용하려면 앞서 말한 온갖 이해 상충과 규제로 인해 이도 저도 못하는 상황이 반복되었습니다. 지나치게 빠르게 변화하는 비즈니스 환경에 대응하기에는 국가 행정은 너무 느리고 모르는 게 많았으며, 과감히 질러보기엔 생계가 위협받는 사람들이 늘어나는 현재는 가히 닷시뮬레이션[179]의 현실 버전을 보는 듯합니다.

결(結)

그 어느 영역을 돌아봐도 현대 사회는 자연의 진화 법칙[180] 중 결(結)의 직전 단계에 와 있는 것으로 보입니다. 성주괴공(成住壞空)을 기준으로 한다면 파괴되어 가는 과정인 괴겁(壞劫)의 끝이며, 사계절로 묘사한다면 겨울철 곡식 축적을 앞둔 늦가을의 수확기입니다. 강대국 간 패권 경쟁, 달러 헤게모니의 위기, 도시화의 모순, 혁신의 부재와 정치 및 행정 시스템의 경직까지만도 최상급 난이도인데 기후 위기, COVID-19 팬데믹 창궐은 마치 누가 각본을 쓴 것마냥 절묘한 타이밍으로 인류를 괴롭히고 있습니다.

---

179 「15 진화와 도태의 사이에서」 챕터 '필연적 도태와 인류의 진화' 파트 참조
180 「16 원형(原型)에서 분화로, 다시 통합의 제자리로」 챕터 참조

역사적으로 식량 위기, 경제 위기, 전염병 유행, 전쟁 발발은 일시에 종합 선물 세트처럼 찾아왔습니다. 농경 시대의 막을 내린 흑사병의 창궐 즈음 세계는 이상 기후로 식량 생산량이 급감하였고, 농사 일손이 부족해지자 봉건 귀족과 농노 사이에 입장이 역전되면서 근대화의 기틀이 마련되었습니다. 근대 산업 시대의 정점인 식민지 체제는 세계 대전을 기점으로 주권 국가 시대로 변화하였는데 이때에도 스페인 독감이 유행하고 뉴욕발 경제 대공황으로 세계 경제는 쑥대밭이 되었습니다. 이 관점에서 2022년의 세계는 어떠한가요? 우연의 일치인지 COVID-19 팬데믹의 와중에 벌어진 러시아-우크라이나 전쟁은 전 세계 식량 위기를 확정된 미래로 만들었습니다. 달러 헤게모니는 수명을 다해 산소 호흡기 신세이며 이제 남은 건 세계적인 대전쟁뿐입니다. 이 뒤에는 지금의 시대가 막을 내리고 과거와는 다른 새로운 체제가 등장하게 되겠지요.

지금 이 모든 유형의 악재들이 동시 다발적으로, 도미노 같은 연쇄 반응으로 몰아치기 시작했으며 관성을 따라 붕괴를 향해가고 있습니다. 아니나다를까 위기를 직감한 대중 사이에는 평화를 칭송하던 십여 년 전이 무색하게 인종 혐오와 민족 갈등, 극우 국가주의가 득세하는 중입니다. 포스트모더니즘은 민주주의의 가면 뒤에 숨은 채 문화적 전체주의로 돌변하였고 그 반대편에는 위기 돌파를 명목으로 파시즘 혹은 통제와 감시의 경찰국가를 해법으로 내놓는 이들도 등장하기 시작했습니다.

이러한 총체적 위기를 맞이했을 때 사회를 구원하던 바른 언론, 깨어있는 지식인은 사라진 지 오래입니다. 코퍼라토크라시에 포섭된 정치 편향적 인물들이 정론 직필이란 명패를 달고 클릭 수 장사로 돈벌이를 합니다. 시민들은 스스로의 힘에 도취되어 비판적 지성을 거부하고 감정의 쓰레기통을 뒤지며 그것이 정의로운 길이라 뿌듯해합니다. 자신과 의견이 다른 이를 조롱하고 조리돌림하며 신상 정보를 공개 커뮤니티에 박제해 사회적으로 낙인찍는 행위, 아예 그와 관련된 모든 채널을 삭제(cancel)해 없는 사람 취급하는 문화적 전체주의를 실천하고 있습니다. 온 천지가 위기로 둘러싸인 지금, 최악의 위기는 이 문제를 헤쳐나갈 사람과 공동체가 보이지 않는다는 것입니다. 내리막을 내지르는 브레이크가 고장 난 버스에 운전수는 없고 승객들만 옥신각신 자리 싸움만 해대는 형국입니다.

역사상 처음으로 구축된 단일 경제 체제가 해체되어갈 때 어떤 사태가 연달아 벌어질지 아무도 알지 못합니다. 확실한 건 여파가 미치지 않을 곳 없고 도망칠 곳도 마땅치 않다는 사실입니다. 현대 문명을 내버린 산간 오지의 자연인이 되지 않는 이상 격변의 시대를 무사히 보내기란 불가능해 보입니다. 호되게 앓아야 하는 병치레를 앞에 두고 걱정하지 않을 사람은 없겠지만 홀론과 홀라키의 관점을 이해하고 있다면 불안하기만 한 미래에 조금이나마 의연히 맞설 수 있지 않을까요?

'수직 구조의 관점과 홀론과 홀라키의 관점은 조직의 해체 이후 결정적인 차이가 드러납니다. 수직 구조의 관점에서 전체의 몰락은 그 자체로 종말입니다. 내가 다니는 회사가 파산하면 내 삶도 사라진다고 두려워하는 것입니다. 우리가 상위 세계의 해체에 좌절하는 이유는 길들여진 편안함, 불안정한 미래에 대한 두려움, 소멸을 세상의 끝으로 단정하는 이분법적 자기중심 사고에 있습니다. 지극히 자연스러운 반응입니다.

(중략)

홀론과 홀라키에서의 해체는 해체와 동시에 새로운 시작을 포함합니다. 우리 몸이 기능을 다해 죽어도 여력이 남은 일부 장기는 다른 사람에게 이식되어 제 기능을 발휘할 수 있는 것과 비슷합니다. 하위 홀론은 그 하나로 완결된 단위이기에 국가가 망해도 개인의 삶은 계속된다는 관점입니다. 국가는 개인들이 모인 집합체일 뿐 개인 자체는 아니니까요. 그들은 다시금 새로운 방식으로 마을을 꾸리고 상위 공동체를 이루어가며 또 다른 형태의 국가로 발전할 가능성을 품고 있습니다. 전체는 일순간 해체되면 그것으로 사라지지만 부분은 새로운 전체를 구성합니다. 전체보다 끈질긴 생명력을 지닌 것이 부분입니다. (중략)

이것이 인류가 최근에서야 알게 된 홀론과 홀라키의 자연법칙, 우주의 실체입니다. 수직적 체계로 여겼던 세계가 실은 홀론과 홀라키의 총체였습니다. 국가가 있기 전에 개인이 있었습니다. 국가 사회가 생멸을 반복하는 동안에도 개인의 삶은 유유히 이어졌습니다. 오히려 새로운 시작을 거듭할 때마다 진일보한 무엇으로 나아갔습니다. 끝이 끝이 아니라 더 나은 시작이었던 거죠. 그러하기에 이 세상을 홀론과 홀라키의 관점으로 인식하는 것은 우리의 미래를 보다 올바른 모습으로 재탄생시킬 용기와 지혜를 얻는 일입니다. (후략)'[181]

핵심 메시지

지난 백여 년은 미국식 헤게모니의 전성시대였습니다. 수천 년이 넘는 인류의 역사에 빗대보면 한 줌도 안 될 짧은 시간이었지만, 고작 백 년도 채 살지 못하는 현대인에게는 절대 자연 법칙과 같은 삶의 방식으로 인식되었을 것입니다. 하지만 그 완전해 보이던 시스템에 균열이 가기 시작했고 시간이 갈수록 붕괴의 조짐은 증폭되고 있습니다. 식량 위기, 경제 위기, 전염병의 창궐, 세계적 규모의 전쟁은 코앞에 다가왔고 우리는 그 역사적인 순간을 직접 목격하고 경험하게 될 것입니다.

인류 역사 수천 년 간 인간 사회는 성주괴공을 반복해 왔습니다. 고대 팍스 로마나, 팍스 브리태니카, 팍스 아메리카나뿐만 아니라 수많은 군소 국가, 인간 집단이 생겨나고 부흥했으며 머뭇거리다 멸망하는 길을 걸었습니다. 그 과정에서 개개인은 커다란 환란에 고통받아야 했지만 그 시기를 현명하게 이겨낸 이들은 이윽고 새 시대의 주역이 되었습니다.

---

181 「13 홀로 존재하고 함께 창발하는 자연의 진화」 챕터 인용

심화 주제

초거대 도시는 현대 사회의 풍요로움을 잉태한 요람이었지만 그 한계가 사회 도처에 드러나기 시작했습니다. 하지만 이를 포기하기에는 도시의 효율을 대체할 것이 없으며, 세계 각 나라의 치열한 경쟁은 더욱 도시화를 촉진해야 하는 치킨 게임을 유도하고 있습니다. 우리에게는 메가 시티가 아닌 다른 생활의 선택지가 있을까요? 그것이 지금의 국가 간 알력 싸움에서 경쟁력을 담보할 수 있을까요?

24
진화와 도태의 갈림길에서

　어떤 우여곡절을 겪을지는 알 수 없지만 거시적 차원의 인류는 지금의 세계사적 위기를 슬기롭게 이겨내고 새로운 시대로 도약할 것입니다. 초대형 운석 충돌이나 전면적인 핵전쟁이 벌어지지 않는 이상, 누군가는 더 나은 삶의 방식을 찾아 적응하고 부흥하는 게 자연의 진화 법칙입니다. 하지만 그 과정은 누군가에겐 모든 것을 잃고 망가지는 고통의 순간입니다. 각자가 저마다의 이유로 이 불가항력의 사건을 겪으면서 진화하고 도태할 것인데, 이는 누구 탓할 것 없는 자기 선택의 결과입니다. 우연히 진화의 길을 찾아내거나 운 없게 주변 상황과 얽혀 무너진다 해도 스스로 만들어온 경로의존성의 업보이기 때문입니다.

　진화와 도태의 갈림길을 앞두고 더 유리한 고지를 선점할 수 있는 사람은 누구일까요? 우리는 이미 적합도 지형 개념을 살펴보며 주변 환경이 어떻게 변화할지는 그 누구도 예상할 수 없다는 것을 알았습니다. 미래는 미중 간 패권 경쟁에서 미국이 승리하여 달러 헤게모니 두 번째 시즌이 시작될 가능성도, 중국이 미국의 목덜미를 낚아채고 디지털 위안화의 새로운 질서가 세워질 가능성도 있습니다. 경로의존성에 따른 구조적 상황 외에도 세계 주요 리더들의 변심, 각 나라의 정치 사회 동태 변화, 예상치 못한 천재지변 같은 외부 사건에 의해 촉발 시기가 달라질 수 있고, 사뭇 다른 타이밍은 동일한 사건을 전혀 다른 결과로 유도할 수 있기 때문입니다.

그럼에도 기본적인 원칙은 존재하는데 바로 유연성과 다양성의 덕목입니다. 혹자는 세상이 어지러워지면 재산, 지식, 체력, 인적 네트워크 같은 요인을 갖춘 이가 유리한 고지를 선점할 거라 말하는 데, 결과적으로는 이런 요인들이 운신의 폭을 넓혀 개인의 유연성과 다양성을 확보하기 때문입니다. 누군가가 빚이 없고 지식이 풍부하며 신체 건강하고 조력자가 될 인맥이 넓으면 지금의 삶을 다른 방식으로 전환할 여지가 많아집니다. 하지만 그게 전부이지만은 않습니다. 유력한 자산가에 명문대를 졸업하고 매일 운동을 통해 체력을 다지더라도 소유욕에 얽매이고 좋은 학벌에 우쭐하여 아집에 빠져 있다면 유연성과 다양성 측면에서는 낙제점에 가까우니까요. 오히려 이 경우가 더 위험할 수 있는데, '가진 것이 많을수록' 혹은 '얽혀있는 것이 많을수록' 본전 의식이 발동하여 쉽게 포기하지 못하거니와 속절없이 무너질 때의 충격은 훨씬 강렬한 까닭입니다.

진화와 도태의 문턱에서 조금이라도 더 좋은 기회를 얻기 위해서는 유연성과 다양성의 덕목을 명심해야 합니다. 누군가가 현실을 딛고 도약하는 건 그 사람이 새 시대에 어울리는 프레임 전환에 성공했기 때문입니다. 그러려면 첫째로 두루 넓게 볼 수 있는 시야, 둘째로 과거에 매이지 않고 과감한 생각 전환을 할 수 있어야 합니다. 노파심에 언급하면 이때에도 과결즉위(果決卽危)[182], 과유불급(過猶不及)을 기억합시다. 창발적 진화란 관행을 타파하고 창의적 조합으로 더 나은 무엇을 만드는 일이지, 기계적인 생각 비틀기[183]로 얻어지는 게 아닙니다. 맥락 없는 무조건적인 반대와 생각 없는 급발진은 지금보다도 못한 결과를 초래합니다. 과감한 결정에 앞서 현상의 장점과 문제점을 면밀하게 분석한 뒤 그 판단이 내 본위는 아닌지, 다른 사람 역시 아이디어에 동의하는지, 상황이 바뀌면 내가 예측했던 장점과 문제점이 뒤바뀌는 건 아닌지 같은 입체적 사고[184]를 행해야 합니다. 유연성이란 이런 사고의 흐름에서 내 고정관념을 굽힐 수 있는 힘이지, 오늘내일 행동이 멋대로 뒤바뀌는 것 따위가 아닙니다.

하나 더 조언한다면 인류사적 시야에서 드러나는 특정한 흐름을 참조하라는 것입니다. 시간이 흐를수록 우주의 무질서가 증가하는 엔트로피 증가의 법칙처럼 인류 역사에도 과거에서 현재, 미래로 갈수록 일방향으로 나아가는 어떤 흐름이 존재[185]합니다. 우리는 이 흐름을 이해하여

---

182 과감하게 결단을 내리면 오히려 위태롭다.

183 「2 '왜'라는 질문의 힘」 챕터 참조

184 입체적으로 사고하는 법, 생각하는 방법에 관련해서는 여러 가지 도구들이 개발되어 있습니다. 경영학에서 사용하는 각종 분석 기법, 체제분석적 사고, TRIZ 방법론, 켄 윌버의 AQAL 프레임 같은 것들은 넓은 시야에서 생각하는 방법을 훈련하는 효과적인 도구들입니다.

185 레이 커즈와일은 정보 처리 능력의 고도화를 기준으로 우주의 진화 단계를 구분하였는데, 그가 보기에 정보 처리 능력은 과거에서 미래로 갈수록 계속 증가하는 특성의 것이었기에 가능한 일이었습니다.

현시대가 앞으로 어떤 모습으로 바뀌어갈지 대략적으로나마 어림할 수 있습니다. 몇 월 며칠 어느 나라에서 전쟁이 일어날지를 쪽집게처럼 맞추지는 못하더라도 대략 몇 년 후 어느 대륙에서 무력 충돌이 일어날 걸 아는 정도로도 지금의 혼란을 헤쳐나가는 데에는 상당한 도움이 될 것입니다.

과거와 현재, 미래를 이어가는 유유한 흐름

첫째, 문명이 발달할수록 인간의 물리적 자유도는 높아졌습니다. 문명 이전의 원시 시대에서 인간의 자유는 극히 제한되었습니다. 어두운 밤에 바깥에 나갔다간 사나운 짐승에게 잡아먹히기 일쑤였고, 낮이라 해도 안심하고 돌아다닐 수 없었습니다. 활동 반경은 고작 마을 주변 몇 킬로미터 이내였고, 불가피하게 먼 길을 떠나는 건 죽음을 각오한 모험이었습니다. 그러다가 소규모 도시가 생겨나고 국가 체제가 등장하면서 개개인의 활동 범위는 크게 넓어집니다. 치안이 보장되는 곳에선 밤낮 상관없이 돌아다닐 수 있었고, 적절한 무기를 갖춘다면 먼 길을 떠나는 것도 예전에 비해선 안전한 일이 되었습니다. 대항해시대, 산업 혁명 이후에도 이 흐름은 계속되어서 죽음의 파도와 싸울 일 없이 바다를 항해할 수 있게 되었고 하늘을 날아 아주 먼 거리를 빠르게 오가는 시대가 되었습니다.

이동의 자유뿐만 아니라 개인이 발휘할 수 있는 힘 역시 크게 증가하였습니다. 물론 개개인의 신체적 능력을 따지면 원시 시대의 전사보다는 못하지만, 현대인은 기술과 기계의 도움으로 생물학적 완력의 한계를 수백만 배 뛰어넘었습니다. 이제는 하루 종일 삽질해야 팔 수 있는 땅을 단 몇 번의 포크레인 조작으로 해결합니다. 시간과 장비만 갖춰지면 산 하나쯤 평지로 밀어버리는 건 일도 아닙니다. 바닷가 바로 옆에 수십, 수백 층에 이르는 고층 빌딩을 짓고 험난한 산꼭대기에 별장을 지을 수도 있습니다.

이런 자유도의 증가는 사회 정치적 측면에서도 비슷한 결을 따르는데, 인류 사회는 현대로 올수록 개인의 자유를 보장하는 방향으로 발전하고 있습니다. 부족 사회에서 우두머리의 눈치를 맞추느라 전전긍긍하던 전사는 국가 사회에 편입되어 감시자가 없는 틈을 타 다소 불법적인 행동도 취할 수 있었습니다. 봉건 시대에 영지에 속박되어 있던 농노는 근대 도시 산업이 발달하며 신분의 제약을 벗고 도시 근로자가 되었지요. 산업 혁명은 신흥 부유층을 등장케 하였고 이들의 정치적 발언권은 전통 귀족에 맞서는 수준으로 올라섰습니다. 노예 제도 철폐, 일반 시민에 대한 선거권 보장 역시 이 흐름을 이어가는 사건이었죠. 이제 사람들은 자유 민주주의를 보편 타당한 제도로 인식하고 있으며 명목상이더라도 계급 없는 평등한 시민 사회를 헌법에 명시하여 개인의 사회 정치적 자유를 보장하고 있습니다.

둘째, 반대급부로 인간이 지켜야 할 규범은 교묘해지고 두터워졌습니다. 개인의 물리적 자유가 확대되는 것에 비례하여 규범은 그 뒤편으로 숨어들어간 거죠. 직접적인 물리력으로 우두머리의 명령을 강제했던 초기 원시 부족은 점차 부족의 규제, 관습, 문화를 통해 부족원 스스로 행동을 조심스럽게 만들도록 변화하였습니다. 국가 규모로 성장하면서 오호감시제 같은 촘촘한 감시가 등장하고 군인, 경찰 같은 전문직에게 그 책임이 축소되었지만 한편으로는 국왕을 신격화하고 특정 종교를 국교화함으로써 무의식 차원에서 바람직한 교리를 따르도록 하였습니다. 이후 근대 시기 역동적인 사회 변혁을 겪으며 망나니 같은 모험가가 시대 표상이 되기도 하였지만 예법, 문화와 같은 무형의 틀은 날로 정교해지면서 포크 하나를 언제 어떻게 써야 하는지까지 신경 쓰는 문화가 자리잡게 됩니다. 이런 과도한 예의범절은 시민 사회가 등장하며 퇴색되었지만, 그에 못지 않게 시민으로서 갖추어야 할 교양과 문화, 말투, 옷차림 심지어 생각의 의도까지 교정해야 할 대상으로 인식하기에 이르렀습니다.

이런 교묘해진 규제는 무형적 문화뿐만 아니라 기술의 발전에 따른 판옵티콘[186]의 등장에도 발견할 수 있습니다. 불과 30여 년 전만 해도 범죄 행위는 현장 목격자가 있거나 피해 당사자가 있어야만 발각되는 것이

---

186 영국 철학자 제레미 벤담이 제시한 개념으로 한 명의 감시자가 다수의 대상을 효과적으로 통제하기 위해 정보가 일방향으로만 흐르도록 설계한 시스템입니다. 은행의 사무 창구가 그 대표적인 예인데, 보통 은행장이 앉는 좌석에서는 다른 직원들의 모니터를 전부 살펴볼 수 있지만, 다른 직원들은 뒤돌아보기 전까지는 은행장이 어디를 보고 있는지 알 수가 없습니다. 따라서 실제로는 감시받지 않고 있어도 감시 여부를 알 수 없기 때문에 감시받고 있는 사람처럼 행동하게 됩니다.

었지만, CCTV가 도처에 깔린 현재는 아무 보는 사람이 없더라도 범죄 현장을 적발해냅니다. 설사 CCTV가 없더라도 첨단 과학 수사를 통해 현장에 남은 사소한 흔적들을 찾아 누가 범인인지 특정하는 수준에 도달했습니다. 그리하여 지금은 야경단 같은 통제 요원이 순찰하며 범죄 행각을 감시하지는 않습니다. 그래서 일반 시민은 자신이 감시의 틀에서 벗어나 자유로워졌다 생각하지만 실제로는 훨씬 더 치밀한 감시망에 의해 추적되고 있습니다.

경제 활동, 행정 절차에서도 규제의 틀은 고도화되었습니다. 현금을 주로 쓰던 시절, 내가 오늘 무엇을 사고 먹었는지를 아는 건 나 자신과 거래 상대방밖에 없었습니다. 반면에 카드, 포인트를 활용하는 현대 사회에서는 클릭 몇 번만으로 나의 경제 활동 내역을 추적할 수 있습니다. 그리고 그 구매처를 따라가다 보면 나의 하루 동선이 드러날 정도지요. 행정 절차의 짜임새는 훨씬 치밀합니다. 국내에서는 1970년대만 하더라도 동네 사람들에게 사기 행각을 벌인 뒤 도시로 상경하여 부자 행세하는 사람이 있었습니다. 이름 개명하고 본적 바꿔버리면 당시의 경찰력으로는 잡아낼 수 없었거든요. 지금은 정부 민원 사이트에 접속하면 주소지, 가족관계, 학적이 적나라하게 드러나고 심지어 대학 시절 학점까지 찾아볼 수 있습니다. 세금은 얼마나 냈는지, 범죄 이력은 있는지, 군대는 다녀왔는지, 헌혈 횟수는 얼마이고 병원에는 자주 가는지까지 거의 모든 행동이 전산망에 기록됩니다. 이것도 모자라 사람들은 제 스스로 자신의 일상을 SNS에 공유하고 있고요. 이런 데이터들은 중립적인 정보로 생활 편의를 위해 사용된다 하지만 상황에 따라서는 사상 검증의 목적으로 개인을 옥죄는 데 얼마든지 사용될 수도 있습니다.

셋째, 중앙화의 극치는 탈중앙화로, 탈중앙화의 극치는 다시 중앙화로 회귀하였습니다. Spiral Dynamics 발달 단계를 훑어보면 이 패턴이 명확히 이해됩니다. 1단계 미분화 ~ 2단계 원시 권력 사회의 주인공은 개인입니다. 개인을 중심으로 세상을 해석하고 개인을 연결하여 권력 관계가 형성됩니다. 그다음 3단계 절대 질서 사회의 주인공은 집단입니다. 법과 종교를 통해 질서를 세우고 사람들은 그 규범에 맞게 행동합니다. 이 둘을 비교해보면 전자는 중앙이 미약한 탈중앙화된 사회입니다. 그에 반해 후자는 체계적인 중앙 집권 국가로 변화한 것이며 주변의 약소 부족들은 강력한 왕권으로 통합되었습니다. 4단계 목적 지향적 사회는 어떠할까요? 여기서는 초기 모델과 후기 모델로 구분합니다. 중세 봉건 세습 체제를 무너뜨린 합리적인 이성 과학의 세계는 개인이 주인공이었습니다. 중앙 질서에서 벗어나 각자 능력에 따라 계급 상승을 꾀하는 시기였지요. 그 뒤에 등장한 현대 국가 체제는 다시금 개인을 중앙화된 사회 모델로 속박합니다. 국적이 불분명하면 극히 자유가 제한되는 사회가 냉전 즈음까지 이어졌습니다. 동시에 그에 대한 반발로 5단계 다원론적 사회 모델이 등장하였고 그 트렌드는 탈중앙의 가치를 지향하였습니다. 이제는 영역별로 발달 수준에 따라 중앙화와 탈중앙화가 혼재되어 있지만 분명한 사실은 역사는 중앙화와 탈중앙화의 두 속성을 오가면서 발전했다는 것입니다.

이 경향성은 기술 영역에서도 발견할 수 있습니다. 전기 에너지를 발견하고 상업적 용도로 도입되기 시작했을 때, 초기 방식은 각 가정마다 발전기를 설치하는 것이었습니다. 전력을 생산하고 소비하는 과정이 집 안에서 다 이루어지는 탈중앙의 방식이었던 거죠. 이후 전기를 사용하는 가정이 늘어나고, 급증하는 전력 소비에 효과적으로 대응하고자 대형 발전소 및 변전 시설을 도입하여 중앙화된 전력망이 구축됩니다. 이 방식이 각 가정에서 석유를 태우는 방법보다 훨씬 저렴한 비용으로 전력을 생산할 수 있었기 때문입니다. 이 중앙화 모델은 현재까지도 주된 형태이지만 최근 들어 트렌드의 변화가 시작되었습니다. 태양광, 풍력 같은 재생 가능한 에너지가 각광받으면서 각 가정에 소형 발전 시설을 설치하는 움직임이 늘어났거든요. 그리고 집에서 사용하고 남은 전기를 상위 송전망에 보내는 쌍방향 그리드가 시범적으로 도입되고 있습니다. 각 가정의 전기 생산이 중앙 발전소로 이전되었다가 다시금 각 가정으로 분산되는 '탈중앙화 – 중앙화 – 탈중앙화'의 흐름입니다.

중앙화와 탈중앙화의 이점은 분명합니다. 효율 측면에서는 중앙화, 안정 측면에서는 탈중앙화가 유리합니다. 중앙화는 같은 양의 에너지로 보다 큰 출력을 낼 수 있습니다. 달리 말해 동일한 일 처리를 보다 적은 비용으로 해내는 것입니다. 5톤 트럭 5대를 쓰는 대신에 25톤 트럭 1대를 운용하는 게 유류비 면에서 이득인 것처럼요. 반면 이동 간에 사고 위험이 클 경우에는 5톤 트럭 5대를 쓰는 것이 안전합니다. 25톤 트럭 1대에 문제가 생기면 전부를 잃지만 5톤 트럭 5대는 나머지 4대의 버퍼가 남아 있기에 손해를 줄일 수 있습니다. 전력망도 마찬가지여서 중앙화된 전력은 효율 면에서 이익이지만 시설이 파괴되었을 때 전체가 무너짐니다. 이에 비해 탈중앙화된 전력망은 몇몇 시설이 고장나더라도 전체에 끼치는 영향이 제한적입니다. 국왕 중심의 독재적 왕정이 삼권 분립의 현대적 국가로 발전한 것도 같은 맥락에서 이해할 수 있습니다. 한 명의 개인에게 권력을 집중해서 극도의 통제 효율을 꾀할 수 있지만 그 하나에 너무 많이 걸려 있으면 위급 상황 시 위험도는 비례해서 증가합니다. 하지만 과도한 탈중앙화의 폐해[187] 역시 만만치 않기에 역사는 이 두 모델을 오가는 진자운동, 나선형 상승의 형태로 발전하였습니다.

넷째, 정신 문명은 물질 문명으로 대체되었고 그 정점을 찍은 현재 다시 정신 문명이 주목받기 시작하였습니다. 이는 중앙화와 탈중앙화를 오가는 발전 패턴과 유사합니다. 다만 정신 문명과 물질 문명 사이의 전환은 인류 역사상 단 한 번[188] 있었기에, 현 시점이 물질 문명의 극치라고 예단하기엔 이를 수 있습니다. 하지만 주변에서 일어나는 사건들은 정신 문명에 대한 관심이 점차 높아지는 방향[189]으로 나아가고 있습니다. 이 시류는 앞으로도 지속되어 조만간 종교가 아닌 영성(SBNR)의 가치가 자유, 평등 못지 않은 사회적 덕목으로 자리매김할 날이 도래할 것입니다.

---

187 「4 현실의 혼돈 속으로」 챕터 참조

188 신격화된 국왕, 종교적 세계관이 이성 합리 중심의 과학적 세계관으로 바뀐 시기를 의미합니다.

189 의학, SW, 인지 과학의 발달로 무형의 의식 세계가 측정 가능한 것으로 변화하였습니다. 비트족(히피의 전신)은 동양 철학, 명상과 같은 정신 문명에 대해 높은 관심을 가졌고 그들이 사회 주류가 된 현재 실리콘밸리의 주요 기업들은 명상 프로그램을 공식적인 인재 개발 도구로 활용하고 있습니다. 비교적 최근에 개발된 TCI(Temperament and Character Inventory) 성격 검사 도구는 자기 초월과 같은 영성적 기질을 측정하고 있습니다.

선(線)에서 원(圓)으로

　물리적 자유의 증진, 보이지 않는 규범의 강화, 중앙 혹은 탈중앙으로의 전환, 정신 문명의 확장까지 이 네 가지 흐름을 종합해보면 다음 시대는 지금보다 훨씬 개인적이면서 동시에 공동체의 가치를 중시하는 형태일 것입니다. 그리고 일면 강압적이지 않은 규범은 정신 문명, 즉 어떠한 철학 사상을 중심으로 전개될 것이며 이에 알맞게 사회 시스템은 중앙화되거나 탈중앙화될 것으로 추측됩니다. 이 지점에서 '중앙화되거나 탈중앙화될 것'이라는 두 가능성을 함께 언급한 것은 위 시대가 구체적으로 어떤 중심 가치를 지향할지 알 수 없기 때문입니다.

　예를 들어 현재 중국이 지향하는 정당 엘리트에 의한 감시 통제사회가 주류로 자리 잡는다면, 그 사회는 모든 경제 활동 및 동선이 디지털 화폐와 인공지능 CCTV로 추적되지만, 인민들은 당이 제시한 신중화주의에 깊이 감화되어 자신의 자유가 이전보다 더 증진되었다고 느낄 것입니다. 이에 따라 정치 권력, 경제 체제는 더욱 중앙화 되겠지요. 미국과 서방이 추구하는 달러 헤게모니 두 번째 시즌 역시 크게 다르지 않을 것입니다. 서방 엘리트들이 매해 모여 세계 주요 아젠다를 논의하는 다보스 포럼에서는 2021년 Great Reset의 개념을 제시하였는데 이를 한 문장으로 요약하면 디지털 화폐를 통한 신 중세 봉건주의입니다. 구체적으로는 엘리트 기업 연합에 의한 사회 통치로서 일반 대중들은 기본 소득으로 생계를 보장받는 대신 사회 안정을 위한 자유의 부분적 제한을 수용해야 한다는 내용입니다. 중국의 정당 엘리트 중심 감시 통제사회나

서방의 엘리트 기업 연합에 의한 사회 통치나 겉모습만 다를 뿐 둘 모두 과두제에 의한 사회 정치 모형입니다.

이 두 가지 사회 모델 후보가 비슷한 구조를 띠고 있는 건 우연이 아닌데 중국이나 서방이나 현행의 달러 헤게모니가 가진 근본적인 결함을 이해하고 있기 때문입니다. 이자 기반의 금융 시스템이 필연적으로 패배자를 양산하고, 이것으로 누적된 부채가 전체 경제 시스템을 흔들어 대대적인 민중 봉기, 즉 피의 혁명을 불러올 거란 예측[190]입니다. 그래서 인플레이션 혹은 디플레이션 같은 이벤트를 발생시키는 원흉인 '통제되지 않는 시장 통화'를 디지털 화폐를 도입해 길들이겠다는 아이디어지요. 이론적으로는 그럴싸해 보이는 모델입니다. 저 시스템을 운용하는 엘리트들이 자진해서 일반 대중과 동일한 규범을 적용받고 모범적으로 준수한다면 말이지요. 하지만 그 어떤 사회도 기득권이 스스로 제 발목을 묶어낸 전례가 없었습니다. 초창기 제국 건국자들은 어느 정도 스스로를 제약했을지 몰라도 점차 시간이 흐르면서 초기의 건국 정신은 훼손되고 이득과 권리만을 좇는 모리배들이 득세하여 사회는 망가져 갔습니다.

보다 심원적 차원으로 바라보면 달러 헤게모니의 붕괴는 선형 세계관의 종말입니다. 디지털 화폐에 기반한 과두제 아이디어는 시장의 확

---

190   마르크스는 『자본론』에서, 슘페터는 『자본주의, 사회주의, 민주주의』에서 유사한 맥락으로
      독점 자본에 의한 자본주의의 몰락을 예견하였습니다.

장, 유지, 축소의 사이클이 더 이상 자체 모순을 설득하지 못할 정도로 위태해지는 순간이 왔을 때 선 자체를 좌우할 힘을 획득해 강제로 우상향 성장을 지속하겠다는 의도입니다. 팍스 로마나, 팍스 브리태니카가 걸어간 몰락의 길을 반복하지 않기 위해 팍스 아메리카나가 선택할 방법 혹은 팍스 차이나가 구상한 경제 시스템은 선형의 세계관 아래 더 강력한 도구를 사용하는 것입니다.

하지만 Spiral Dynamics 사회 모델이 예측하는 미래는 그런 모습이 아닙니다. 5단계 다원론적 사회 이후 6단계 통합 의식 사회는 1단계부터 5단계에 이르는 모든 사회의 형태를 인정하고, 상황에 따라 각 단계의 장점을 취사선택할 수 있는 '보다 높은 차원의 시야'를 공유합니다. 이 수준에서는 홀론과 홀라키에 의한 창발적 진화를 이해하고 개인과 사회 집단의 생로병사를 자연 그대로 수용합니다. 따라서 선형 세계관에서 종말이라 부르는 단계를 새로운 시작으로 받아들이는, 마치 봄, 여름, 가을, 겨울로 순환하는 계절의 변화와 닮은 원형의 세계관을 채택하게 됩니다. 이것이 구체적으로 어떤 사회 모델로 디자인되어 우리 앞에 나타나게 될까요. 어림하여 짐작해본다면 거시적 필연으로서 정해진 미래는 통합 의식 사회이며, 작금의 위기를 슬기롭게 헤쳐나갈 주역은 이 의식 수준에 부합하는 개인일 것입니다.

핵심 메시지

붕괴 위기에 놓인 경직된 사회에서 새 시대로의 진화를 가능케 하는 것은 유연성과 다양성의 덕목입니다. 유연성이란 현재의 관성적 생각, 행동, 삶을 재해석하여 새로운 관점으로 바라보고 그에 맞는 삶의 방식으로 전환하는 것입니다. 유연성이 체화된 사람은 외골수에 빠지지 않고 다양한 가능성을 열어두어 긴급 상황에 처하더라도 현명하게 대처할 수 있는 능력이 있습니다.

미래를 향할수록 개인의 물리적 자유도는 높아지고, 보이지 않는 규범은 강화되었습니다. 그리고 현재 물질 문명의 끝에 이르러 정신 문명에 대한 관심이 날로 늘어나는 중입니다. 이러한 큰 흐름이 이 다음 시대에 어떤 모습으로 구체화될지는 알 수 없지만, 기존의 선형 세계관을 심폐 소생술로 연명하는 두 강대국의 디지털 화폐 해법은 자연 이치에 어긋날 뿐 아니라 자유 지향의 개인에게는 신 중세 봉건시대의 어두운 미래가 될 것입니다.

심화 주제

디지털 화폐, CBDC(Central Bank Digital Currency)라 불리는 새로운 통화 모델은 현존하는 중앙은행 – 상업은행 – 소비자의 금융 구조를 완전히 새롭게 재편합니다. 소비자는 중앙은행에 직접 계좌를 개설하게 되어 기존 예대마진으로 이익을 취하던 상업은행의 입지가 대폭 축소되기 때문입니다. 만약 모종의 이유로 CBDC가 전격 채택된다면 세계 금융은 상업은행의 경착륙에 의한 큰 혼란을 맞이할 것입니다. 한편 중앙은행은 모든 재화 거래 행위를 추적, 제어하는 도구를 활용하여 쉽고 빠르게 시장의 통화량을 조정할 수 있지만, 반대급부로 특정 개인의 모든 경제적 행위를 차단하는 강력한 처벌 수단으로 사용할 수도 있습니다. 미래의 흐름은 CBDC 같은 더욱 교묘하게 숨겨진 도구의 등장을 예고하고 있기에 그것을 누가 운영하느냐의 거버넌스에 집중하여 특권 엘리트 계층에 의한 과두제를 경계해야 합니다.

인간:
존재의 이유

25

깨어나는 사람들

　우주에 대한 이야기, 자연의 진화 법칙을 살펴보고 그 흐름에 따라 성장한 인류 사회의 자취를 알아보았습니다. 놀랍고 복잡하고 고통과 희열로 점철된 거대 담론이었지만 결국 그 여정은 하나의 인간에 이르러 종결됩니다. 다소 오만한 발상이지만 우주와 자연, 지구 생태계와 인간 사회는 한 사람을 빚어내는 재료들이고, 동시에 하나의 인간이 성장하여 이 세상을 온전히 인식하는 지적 생명체로 거듭나는 관계입니다. 우주의 진화, 인간 사회의 창발적 역사가 닮아있는 건 우연이 아니며 현생 인류는 다행히도 그 유사성을 인지할 수 있는 능력을 갖추어 아주 조금은 자연, 우주에 대해 이해하기 시작했습니다. 하필 지금 인류가 전례 없는 세계사적 위기에 봉착한 건 불행한 일이지만 달리 보면 새로운 도약을 위한 준비가 다 되었기 때문일지도 모릅니다. 여기서 한 걸음만 더 나아갈 수 있다면 말입니다.

　그간 사람들은 감추어진 지식, 혹은 밝히지 못한 통찰로 인해 고통으로 점철된 삶을 살았습니다. 굶주리지 않기 위해, 남보다 경쟁 우위에 올라서기 위해 싸우고 힐난하고 패거리를 모아 대항했습니다. 자신이 획득한 부와 권력, 명예가 언제고 짓밟힐까 걱정하며 두려워하고 견제하는 삶을 살았습니다. 불행한 양육 환경, 타고난 능력 부족으로 경쟁의 출발선에 서기도 전에 탈락한 이들은 스스로를 한없이 자책하며 괴로워하거나 자신보다 약해 보이는 주변인, 말 못하는 동물을 해하며 비뚤어진 권력욕을 채웠습니다.

사회의 가장 밑바닥에서 분투하는 자, 경쟁의 피라미드 정점에 우뚝 선 자 할 것 없이 그저 눈앞에 닥친 문제를 해치우고 비껴가는 데 급급했던 나머지 사람들은 진정으로 중요한 것을 잃고 살았습니다. 바로 '나'에 대한 이해, '인간'에 대한 질문입니다. 나라는 개인은 어떤 존재인지, 어째서 이 세상에 태어났는지, 길지 않은 생애를 어떻게 살아야 하는지 같은 생각은 비록 명확한 답을 찾을 순 없지만 적어도 나 스스로를 무지의 고통 속에 밀어넣는 어리석은 짓을 저지르지 않도록 합니다. 그리고 나를 알기 위해 시작되는 인간을 향한 탐구는 본인뿐 아니라 타인을 옳게 바라보고 공감할 여지를 열어줍니다.

아는 것과 모르는 것의 차이는 생각 이상으로 큽니다. 사람들은 모르기 때문에 타인을 손가락질하고, 또 알지 못해서 바보 같은 선택을 합니다. 조금만 더 넓게 보고 높이 볼 수 있었다면 조금은 다른 방식으로 현명하게 해결할 수 있었을 텐데, 그러지 못해 늘상 그 상태에 머물러 있습니다. 본인은 늘 같은 골칫거리가 괴롭힌다며 툴툴대지만, 실상은 스스로가 만들어낸 고통이고 그 문제는 등장인물만 바뀌어 반복해 찾아옵니다. 단지 자신이 모르는 탓입니다.

근래 들어 사이코패스 살인, 감정조절을 못한 우발적 폭력 행위, 동물학대 사건이 빈번합니다. 잔인한 짓을 저지른 범죄자인 건 분명하지만 한편으로 자신의 인정욕구를 채울 데 없었던 불쌍한 영혼입니다. 아는 것이 없었기에 그 수준에 맴돌다 욱하는 맘에 저지른 행동은 잠깐의 짜릿한 쾌감을 주었겠지만 결과적으로 다른 이를 큰 고통에 빠뜨리고 자기 삶도 망가뜨렸습니다. 극단적인 예이지만 보통의 사람들도 저마다 다른 수준에서 모름으로 인한 자학을 반복합니다. 제 수준에서의 통쾌만을 추구하는 게 얼마나 어리석은 짓인지, 그조차 스스로 해낼 힘이 없어 다른 이에게 휩쓸리고 자신의 정의 구현을 투사합니다. 하지만 스스로 그 벽을 깨부술 불편함을 각오하지 않는다면 약아빠진 인간들에게 이용당할 뿐입니다.

그래서 앎은 중요합니다. '내가 바라보는 것, 내가 알고 있는 것이 곧 나를 정의한다'는 격언처럼 내가 얼마나 알고 있느냐는 나의 품격과 영혼의 성숙도를 정의합니다. 그런 이유로 우주와 자연, 그의 진화 법칙을 탐구하고 인류의 역사와 진화 과정, 당면한 위기들을 살폈습니다. 내 주변을 직시함으로써 나의 현 위치, 내게 주어진 과업을 깨닫고 그것으로 존재에 대한 의문을 던질 수 있으며 궁극적으로 이 세상에 대한 깨달음을 구할 수 있습니다.

많은 선각자들이 그 고통의 굴레에서 벗어나기 위한 길을 걸었습니다. 제대로 된 운송수단조차 없었던 기원전부터 클릭 한 번으로 지구 반대편의 친구와 영상통화할 수 있는 오늘날까지, 생활 양식은 천차만별이지만 때마다 알맞은 방법을 찾아 탐구하고 그 결실을 다른 이에게 전한 사람들이 있었습니다. 그들은 조금 일찍 깨어난 사람들이었고 이제는 보다 많은 사람들이 깨어날 차례입니다.

깨어남을 이끌어 줄 재료들

동일한 현상을 다르게 바라보고 새롭게 해석하는 것으로부터 깨어남이 시작됩니다. 앎을 동반한 삶의 여정은 보다 큰 보람의 근간입니다. 설사 나에게 주어진 시간이 얼마 남지 않았다 하더라도, 아니 오히려 그럴수록 앎은 더욱 소중하며 그것을 통해 유한한 삶의 여정 안에서 빛나는 가치를 찾을 수 있습니다.

다음의 주제들은 지금까지 설명한 조금 다르게 바라본 현상의 재해석이며, 이 관점 전환은 다음 시대로의 도약에 주요한 포인트가 될 것입니다.

(이분법적 사고 체계와 대비되는) 연속성 사고 체계[191]
무의식과 비의식, 영성에 대한 열린 태도[192]
홀론과 홀라키의 창발적 진화관[193]

---

191 「우주 : 자연의 진화 법칙」 메인 테마

192 「10 의식에 관한 새로운 관점」 ~ 「12 영성」까지 다룬 공통 주제

193 「13 홀로 존재하고 함께 창발하는 자연의 진화」 챕터 참조

미시계와 거시계를 연결하는 복잡계 세계관[194]

우주적 차원에서 진화와 도태의 역할[195]

불용지용(不用之用)과 총체(wholeness)의 자연[196]

원형(原型), 분화, 통합의 순환적 세계관[197]

Spiral Dynamics 의식 발달 모델[198]

현생 인류가 직면한 시대적 위기[199]

---

194 「14 역사의 필연, 개인의 우연」 챕터 참조

195 「15 진화와 도태의 사이에서」 챕터 참조

196 「15 진화와 도태의 사이에서」 챕터 중 '불용지용(不用之用)과 총체(wholeness)의 자연' 파트 참조

197 「16 원형(原型)에서 분화로, 다시 통합의 제자리로」 챕터 참조

198 「18 나약한 인간, 집단생활의 시작」 ~ 「22 Spiral Dynamics, 나선형 역학 이론」

199 「23 붕괴의 징후들」 챕터 참조

26

인간의 존재 목적

우주를 바라보는 자

인간은 왜 존재할까요? 아주 오래 전부터 제기되었던 인간이란 존재에 대한 의문, 인간은 무엇이며 왜 이 세상에 존재하는지 다시 말해 어떤 사명을 갖고 태어났는지의 질문은 지금 현재까지도 풀어내지 못한 숙제입니다. 이성 과학적 사고를 중시하는 사람은 기막힌 우연의 결과로, 종교적 가치관이 강한 사람은 신의 섭리에 의한 창조물로, 또 영성의 관점으로 세상을 바라보는 이는 인간을 영혼이 성장하기 위해 지구 학교로 보내어진 학생으로 이해합니다. 누구의 말이 정답이라 꼽을 수는 없지만 적어도 우주 편, 사회 편에서 다룬 주제들에 동의한다면 저마다의 대답들이 실은 모두 정답이면서 또 모두가 정답이 아니다[200]라는 말을 이해할 수 있을 겁니다. 의식의 발달 층위에 따라 어느 특정 수준에서는 정답이면서 또 다른 층위에서는 충분치 않은 답에 대해, 전체를 통합적으로 바라보며 한 차원 높은 시선에서 조망하는 방법으로 진정한 답을 찾아보도록 합시다.

---

200 켄 윌버는 "모든 사람은 옳다. (중략) 모든 접근 방식들은 진실하지만 부분적으로만 진실이다."라고 표현하였습니다.

일단 확실히 알고 있는 것에서 시작해볼까요. 인간의 몸을 이루는 물질은 태초 빅뱅 우주에서 시작되어 거듭된 별의 탄생과 죽음으로 만들어졌습니다. 탄소, 질소, 수소, 산소 원자로 구성된 유기 물질은 생명의 근원이 되는 DNA를 조합했고, 이를 포함한 다른 원소들은 태양과 지구, 달을 이루는 무기 물질이 되어 지구 생태계의 토대를 이루었습니다. 수천 만 종의 생명체 중 영장류 인간은 진화의 어느 시점에 의식이라는 창발 현상을 획득하였고 이 특이한 능력을 활용하여 고도의 물질 문명을 건설했습니다. 인간만이 갖고 있는 고등 추상 의식은 거친 자연에서 살아남기 위한 맨손의 투쟁을 지적 창조의 형태로 발전시켰습니다. 사회를 이루고 법과 질서를 세웠으며 종교를 도입해 문화라는 총체를 구성하는 과정에서 나 자신을 포함한 우주를 사색했고 그 탐구는 지금도 계속되고 있습니다.

우주와 자연의 진화 법칙은 원형(原型)에서 시작되어 분화를 통해 성장하고, 다시 통합의 제자리로 돌아가 마침표를 찍습니다. 이 점은 시작의 끝이면서 끝의 시작인 순환의 매듭입니다. 이 패턴을 우주와 인간의 관계에 대입해본다면 흥미로운 가설을 세울 수 있습니다. 우주 역시 하나의 점, 원형에서 시작하였고 수많은 분화 과정을 통해 천지 만물로 성장하였습니다. 그중에 지구 생태계와 수천만 종의 생명체, 영장류 인간이 태어났고 인간은 추상적 사고 능력을 통해 제 자신과 우주를 이해하기 시작했습니다. 이 모두를 우주, 자연의 성장 과정에 빗대어본다면 지금 이 순간이 기나긴 여정 중 어느 지점인지는 알 수 없지만 확실한 결말은 다시 하나로 통합되어 제자리로 돌아가는 것입니다. 그 과정에 고등 의식을 지닌 인간이 우주를 탐구하는 것은 하나의 중간 과업일 것이고요. 인간에게 주어진 궁극적인 사명은 모르지만 최소한 우리가 우주를 제대로 인식하고 바라보는 일은 인간이 해내야 할 과업인 것입니다.

인식론에 관한 철학에서는 대상 존재의 의미를 알아차림으로 단순화합니다. "내가 그의 이름을 불러주기 전에는 그는 다만 하나의 몸짓에 지나지 않았다. / 내가 그의 이름을 불러주었을 때 그는 나에게로 와서 꽃이 되었다. (후략)"라고 쓰여진 김춘수 시인의 「꽃」에서도 결국 이름을 부르는 인식론적 행위를 통해 비로소 어떤 대상이 꽃으로서의 의미를 획득합니다. 더 나아가 첨단 과학 분야인 양자 역학에서도 누군가의 관측 행위로 인해 입자와 파동의 성질이 바뀌는 미시 우주의 세계를 설명하고 있으며, 이는 곧 우주 자연이 인식을 통해 무형의 에너지가 유형의 물질로 전환되는 법칙 위에 있음을 증명합니다.

고대 카발라(Kabbalah)[201] 경전에서도 공통적인 메시지가 등장합니다. 카발라에서는 생명나무(The Tree of Life)라는 하나의 이미지를 통해 우주의 탄생과 목적, 세상이 구성되는 법칙과 과정을 설명합니다. 우주의 원

---

201 중세 유대교의 신비주의 사상으로 카발라 전승에서는 성경이 등장하기 훨씬 전부터 자격을 갖춘 사람들에게만 전해 내려온 신의 말씀이라고 합니다. 그 이유는 우주의 근원은 인간의 언어로 설명할 수 있는 게 아니고 그것을 말로 나타내는 순간 그 진정한 의미가 훼손되기에 오로지 비의(秘意)로서만 전하고 이해할 수 있기 때문입니다. 따라서 카발라를 제대로 알기 위해서는 언어를 통한 지식 습득은 매우 제한적이며, 명상을 비롯한 신비주의적 체험을 통해서만이 가능하다고 이야기합니다.

천인 케테르(Kether)에서 파생되어 나온 각각의 세피라[202]는 최종 말쿠트(Malkuth)에 이르러 완성되는데, 거칠게 비유하면 케테르는 신 혹은 우주의 시작이고 말쿠트는 인간을 포함한 가장 가시적 형태의 물질계를 상징합니다. 의식 단계로 바라보면 케테르는 가장 고귀하고 모든 가능성을 지니고 있는 상위 차원 의식이고, 말쿠트는 가장 낮고 저열하며 변화의 가능성이 말소된 하위 차원 의식입니다. 하지만 말쿠트는 케테르의 본연 목적을 달성할 수 있도록 하는 존재이며, 말쿠트가 있기에 케테르의 존재 의미를 부여한다고 합니다. 케테르로부터 말쿠트에 이르는 하강 과정은 이 세계가 만들어진 경로이며 반대로 말쿠트가 케테르로 오르는 상승

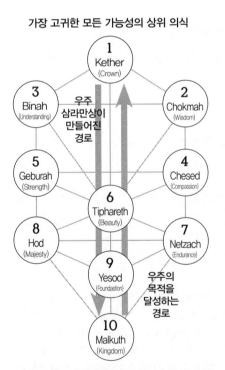

가장 고귀한 모든 가능성의 상위 의식

1
Kether
(Crown)

3
Binah
(Understanding)

2
Chokmah
(Wisdom)

우주
삼라만상이
만들어진
경로

5
Geburah
(Strength)

4
Chesed
(Compassion)

6
Tiphareth
(Beauty)

8
Hod
(Majesty)

7
Netzach
(Endurance)

9
Yesod
(Foundation)

우주의
목적을
달성하는
경로

10
Malkuth
(Kingdom)

가장 낮은 변화의 가능성이 말소된 하위 의식

과정은 이 우주의 목적을 달성하는 길, 즉 말쿠트가 케테르에 이르는 우주 삼라만상을 인식하고 그 가르침에 따라 성장하면서 우주가 완성되는 과정입니다.

결국 이 우주를 창조한 인격신의 존재 여부를 떠나 이 우주와 자연은 빅뱅 이후 특정한 법칙으로 진화하여 온 신의 현현(顯現)입니다. 만약 지구 생태계, 우리 몸을 이루는 신체와 의식에 그 신의 한 조각이 깃들어 있다면 인간 역시 신의 일부이자 신

의 본 모습을 비추는 '거울로서의 신'입니다. 아직은 덜 되어 있는 단계이기에 극히 개성적인 자아로 나와 세계를 분리하는 이분법적 사고에 빠져 있지만, 점차 자신과 주변이 공동 운명체임을 이해하고 또 물질과 의식이 연속선상의 연결 개념임을 깨닫는다면, 언젠가 우주 만물을 인식하는 인간 의식과 자연에 깃들어 있는 총체적 비의식이 융합하여 하나로 통합되는 결말을 맞이할 것입니다. 우주는 원래 하나였으니 우리 여정의 끝은 다시 제자리로 돌아가는 것이겠지요.

사회와 역사, 개인의 과업

인간이 고등 생명체로서 우주를 온전히 이해하는 고귀한 사명을 부여받았다면 자연스럽게 떠오르는 의문이 있습니다. 왜 하필 인간인가? 드넓은 우주에 오직 인간만이 유일한 사명을 지닌 생명체인가에 관한 물음입니다. 그럴 리도 없겠지만 만약 그렇게 생각하더라도 인류를 한 명의 개인으로 가정하고 거시적 필연, 미시적 우연[203] 법칙에 대입해보면 저 의문은 단박에 기각됩니다. 고등 의식을 획득하고 현대 과학 문명을 일으킨 호모 사피엔스의 멋진 업적은 우주적 차원에서 필연으로 나타났

---

202 생명나무에서 등장하는 10가지의 상징 포인트. 순서대로 1) 케테르(Kether), 2) 호크마(Chokmah), 3) 비나(Binah), 4) 헤세드(Chesed), 5) 게부라(Geburah), 6) 티페레트(Tiphareth), 7) 네짜흐(Netzach), 8) 호드(Hod), 9) 예소드(Yesod), 10) 말쿠트(Malkuth)

203 「14 역사의 필연, 개인의 우연」 챕터 '미래를 가늠할 수는 있지만 누가 언제 어떻게 될지는 알 수 없는 자연의 세계' 파트 참조

지만 그 주인공은 현생 인류가 아닐 수도 있었으니까요. 우리는 주인공 당사자이고 다른 외계 종족의 행적을 모르기에 우주적 사명을 띠고 태어났다 착각하기 쉽지만, 위 법칙에 따르면 그 역할은 인류만의 특권이 아니며 수많은 경쟁자 중 운 좋게 현생 인류가 아직까지 중도하차하지 않고 여정을 계속하고 있는 겁니다. 언제든 영장류의 설계 결함으로 혹은 누군가의 그릇된 실수로 멸종할 가능성이 있으며 그리 된다면 우주적 차원에서는 수많은 도태한 종족 중 하나로 기록되겠지요.

이 관점을 인류 역사, 사회의 발전 과정에 비추어보면 치열하게, 때론 잔인하리만치 싸워온 사람들의 삶이 이해됩니다. 지구라는 공동의 경기장에서 운 좋은 누군가는 자원이 풍부한 땅에 태어나고 운 나쁜 누군가는 극한의 환경에 배정됩니다. 불공평하지만 어쨌든 주어진 자원을 바탕으로 살아남아야 하고 그 경쟁의 틈바구니에서 거시적 필연으로서 진화를 달성합니다. 대부분은 승자에게 짓밟혀 도태되지만 주류가 된 승리자도 어느 시점이 되면 새로운 도전자에게 밀려나는 과정이 반복됩니다. 개별 개인, 민족, 국가는 예견된 종말을 맞이하지만 인류 문명의 큰 흐름은 계속해서 발전합니다. 자연의 관점에서는 손쉽고 효율적인 방법이지만 경기장의 말이 된 입장에서는 괴롭고 처절한 현장입니다. 이렇게만 보면 개별 인간, 민족, 국가는 한없이 불쌍합니다. 인간뿐 아니라 개미 한 마리, 고양이 한 마리, 나무 한 그루 할 것 없이 진화에 쓰이는 소모품 신세니까요.

이 벗어날 수 없는 운명을 짊어진 게 억울할 법하지만 조금 달리 생각하면 이 우주는 각 개인들의 성장을 촉진하는 거대한 학교와 같습니다. 영혼의 순환, 환생이라는 개념을 수용한다면 더 가깝게 와닿겠지만 그렇지 않다 해도 개별 생명체들은 짧은 생애 속에서 드러남, 기쁨, 성취, 사랑, 쾌락, 만족 같은 긍정 정서를 경험합니다. 인간의 경우 그 의식의 깊이가 더욱 심오해서 실패와 고통, 비극적 결말까지도 영혼의 성장으로 받아들입니다.

게다가 지금까지 수십, 수백억에 이르는 개인들이 죽음을 불사하며 건설한 문명 사회는 과거에서 현재를 향할수록 살기 좋은 환경으로 진보하였습니다. 물질적 자유도는 증가했고 식량은 풍부해졌으며 이제는 정보, 지식에 접근할 수 있는 문턱도 상당히 낮아졌지요. 비록 세계 인구 다수가 식량 부족, 전기 에너지의 부재, 배움의 기회를 박탈당한 상태이지만 불과 20여 년 전만 해도 저소득 극빈층 인구 비중은 지금보다 높았습니다. 운 좋게 세계 상위 30위권 이내 국가 사회에 태어난 사람에게는 근대 산업화 시절의 최상위 귀족보다 더 풍요로운 삶, 수준 높은 교육, 고급 지식의 습득 기회가 열려 있습니다. 그만큼 예전보다 적은 노력으로 한 차원 높은 시선에서 세상을 바라볼 수 있게 되었으며 이는 과거의 선조들이 우리에게 남겨준 선물이자 유산입니다. 인류가 고행을 무릅쓴 투쟁을 벌이며 현대 문명을 쌓아올린 이유는 어느 시점에 이르러 보다 많은 후세들이 6단계 통합 의식으로 도약할 토대를 마련하기 위함이지요. 우리 역시 이 숭고한 의무를 어깨에 짊어지고 있다는 걸 잊지 말아야 합니다.

그리고 이는 비단 뒤 세대를 위한 일방적인 희생에 그치지 않습니다. 과거 어느 시점을 보더라도 그 시대를 사는 사람들은 주어진 조건 속에서 현실의 한계를 극복하기 위해 부단히 노력했고 그 성취를 이뤄낸 사람은 충만한 생의 보람을 느꼈습니다. 비록 그렇지 못하여 실패와 좌절감을 경험한 이들이 더 많았겠지만 세상을 어떻게 바라보느냐의 관점 차이일 뿐, 모든 개인은 성장의 즐거움을 경험하면서 동시에 더욱 성숙한 영혼이 되기 위한 길을 걸었습니다. 사회 의식 모델이 발전할수록 그 깊이는 심오하고 드넓었으며, 그 바탕 위에서 한 발자국 나아간 이는 사회 의식 전반을 한층 업그레이드하는 진화의 선순환을 이끌었습니다. 그들은 인류의 구성원으로서 개인에게 부여된 역할을 수행하며 문명의 진보를 이끌고 제 스스로도 성장하는 기회를 성취했던 것입니다.

개인의 성장

인간이 자연을 더 깊이 이해하려 한 이유는 일차적으로 생존이었습니다. 언제 날짐승에게 습격당할지 모르고 며칠 사냥에 실패하면 굶주려야 하는 극한의 상황에서 조금이라도 안전하려는 일단의 노력들이 지금의 문명을 이루어내었습니다. 하지만 인간의 고민은 단순한 먹고사니즘에 그치지 않았습니다. 인간의 추상 사고 능력은 자연에서 신을 찾고 인간의 존재 이유, 자신이 왜 이 세상에 태어나 살고 있는지에 대해 의문을 품었습니다.

'나는 누구이며 무엇을 해야 하는가?'라는 본능적인 질문에 가장 먼저 할 수 있었던 건 주변을 둘러보는 일이었습니다. 자연 속에 살아가는 생명체로서 혹은 사회적 존재로서 거부할 수 없는 어떤 행동을 하는 것은 자기 존재 이유에 대한 간접적인 증명이었으니까요. 그래서 사람들은 신에게 복종하는 삶, 민족 유산의 수호자, 국가 사회를 이끌어가는 일꾼, 가정을 부양하는 견실한 부모 같은 사회적 역할에서 존재의 이유를 찾았습니다. 이런저런 속박에서 벗어나 해방감을 맛보고 싶은 이들은 그저 삶 자체가 세상의 선물이라며 자연과 하나 되는 길을 택하기도 하였습니다. 이런 해법들은 시대적 배경, 사회 문화의 특성에 따라 일반적으로 통용되는 답이 있었고 대부분은 그 보편을 따랐습니다.

하지만 일부 사람들은 좀 더 골치 아픈 질문을 던졌습니다. 그들은 주변에서 주어진 역할을 수행하는 데에서 존재 의미를 찾는 수동적인 답에 만족하지 못했습니다. 자신은 왜 이런 고난을 겪고 있는지, 자신이 아니더라도 사람들은 어째서 고통받으며 살아가는지, 왜 누구는 유복한 환경에서 태어나 만수를 누리고 누구는 불우한 가정, 심지어 장애를 안고 태어나 평생을 분투하는지 같은 의문을 풀고 싶었습니다. 저마다 다른 조건을 지고 각자 다른 길을 걸으며 서로 다른 기쁨, 고통, 배움, 깨달음을 얻으며 사는 이유는 무엇이며 어떤 의미인가에 대한 고민은 인간의 사회적 역할로 답하기에는 심오한 주제였습니다.

우리는 사람들이 왜 다르게 태어나고 다른 경로를 사는지 그 이유를 알지 못합니다. 아마 영원히 알아내지 못할 수도 있을 겁니다. 그럼에도 인간이 태어나서 자신에게 허락된 생애에 걸쳐 해내야 할 과업이 있고 그것을 수행하는 과정에서 성장한다는 사실만큼은 확실히 알고 있습니다. 일반적으로 사람에게는 어린아이가 어른이 되고 가정을 이루어 부모를 부양하며 노인이 되어가는 시기마다의 과제가 있고 성패와 관계없이 새로운 지식을 배우고 교훈을 새기며 성장합니다. 또한 특정 시기에 얻어야 할 교훈을 깨닫지 못하면 동일한 문제가 끝없이 반복된다는 것도 경험적으로 알고 있습니다. 그런 이유로 나이는 들었지만 어린애만도 못한 생떼를 부리는 자가 있는가 하면, 어린 나이에 성숙한 인격으로 타인에게 귀감이 되는 청년이 있습니다. 짧은 시간을 살다 가지만 제 생의 의미를 충분히 이해하고 주변 이웃에게 따뜻한 추억을 안겨주는 아름다운 사람이 있는 반면, 오래도록 늙어가면서 그저 자기 본위로만 살며 다른 이에게 아무 의미 없는, 오히려 해를 끼치는 사람도 있습니다. 그 또한 그들 각자에게 주어진 생의 과업이자 숙제겠지만 시간이나 나이가 아닌 자신에게 주어진 과제를 잘 풀었느냐 그렇지 못했느냐의 차이로 사람의, 영혼의 격이 달라집니다.

흥미로운 점은 이런 인생 과업이 교우, 졸업, 연애, 결혼, 출산, 장례처럼 인간사 엇비슷한 모습으로 주어지는 것 같이 보여도 전혀 그렇지 아니하며 저마다 지극히 사적인 경로를 따른다는 것입니다. 교우, 연애, 결혼 같은 것은 행위의 겉모습이자 결과일 뿐 사람들은 그 결과를 얻기 위해 저마다의 환경에서 천차만별의 과정을 겪습니다. 사랑받기 위해 태어난 사람이 있는 반면 사랑을 주기 위해 태어난 사람이 있고, 돈을 벌어 남에게 베푸는 사람이 있는 반면 남이 번 돈을 받아서만 사는 사람이 있습니다. 억울할 법도 하고 불공평한 구석도 있지만 그게 운명이든 속박이든 혹은 자신이 원해서 그 역할을 맡았든 간에 각자에게 주어진 과제를 수행하며 자신만의 배움, 교훈을 얻으며 살아갑니다.

이러한 각자의 배움은 다시 하나로 귀결되어 정리되는데 바로 Spiral Dynamics, 나선형 역학 이론[204]의 의식 발달 단계입니다. 가장 낮은 의식 수준에서는 오로지 자신의 것을 챙기려는 이기적인 자아로 온 세상과 싸워 투쟁하지만, 점차 단계가 높아질수록 법을 준수하고 논리로 판단하며 보다 효과적이고 세련된 방식을 활용할 수 있게 됩니다. 나와 내 가족의 이익에만 연연하지 않고 더 큰 사회 공동체, 생명, 자연에 대해서도 함께 공생할 방법을 모색하고 그렇지 못한 모습에 분노하고 행동합니다. 그러면서도 감정 상하는 처우에 대해 욱하며 성내지 않고 상대의 입장을 생각해 차분히 대응하는 여유도 갖추지요. 궁극적으로는 나서야 할 때와 그러지 않을 때를 분별하여 현명하게 문제를 해결할 수 있게 되는데 그것은 그 개인이 자연의 법칙 즉 창발적 진화 과정에 따라 사건을 입체적으로 바라보고 수준에 맞게 대처하는 덕분입니다. 반면 이런 높이의 시선이 없는 사람은 특정한 단계에 고착되어 순리에 거스르는 행동만을 해결책으로 내세우기에 되려 문제를 키우는 잘못을 반복합니다.

순리대로 산다는 것이 고통 없는 삶을 뜻하지는 않습니다. 사안에 따

---

204 「22 Spiral Dynamics, 나선형 역학 이론」 챕터 참조

라서는 아픔과 고통을 통해 배워야 하는 때도 있습니다. 하지만 거기서 주저앉아 자신이 겪고 있는 고난의 원인과 의미를 성찰하지 않는다면 그 시련은 겉모습만 바꾸어 계속해서 찾아옵니다. 자기 스스로를 깨어야 하는 가장 큰 고통, 그것을 마주했을 때의 두려움을 한 걸음만 더 나아가 넘어선다면 그것은 이내 후련한 기쁨과 헛헛한 마음으로 승화합니다. 이제 다음 단계로 성장하기 위한 채비가 된 것이지요. 딱 한 번의 깊은 통찰, 이 상황이 나에게 어떤 이유로 찾아왔으며 내게 무엇을 알려주고자 하는 것인지를 자문하는 찰나의 차이입니다.

이 논지를 확장하면 결국 성장은 사람마다 다른 경로, 다른 수준의 과업이 있다는 것입니다. 우리가 어린아이에게 장례식장의 예법을 엄격히 강요하지 않고 어른에게 화장실 사용법을 시시콜콜 일러주지 않듯이, 겉모습은 어른이더라도 각자의 의식 수준에 따라 다른 배움과 교훈이 기다리고 있습니다. 학교 근처에도 가본 적 없지만 삶의 지혜를 터득하여 높은 품격이 엿보이는 사람, 유복한 환경에서 최고의 교육을 수료하고도 수준 이하의 인성을 내보이는 인간, 흔히 만나볼 수 있는 두 유형의 캐릭터는 자신의 인생 과업을 얼마나 잘 수행했느냐의 차이로 결정되지만 선천적으로 타고 태어난 그릇이 다를 수도 있음을 이해해야 합니다.

영혼의 성숙도라고 불리우는 타고난 성향은 그 사람이 스스로를 관조하며 보다 빠르게 성장하는 재목인지 그렇지 않은지를 결정하는 중요한 요소입니다. 각자가 지닌 영혼의 성숙도가 다름을, 또 개별적으로 배우고 깨달아야 할 교훈의 단계가 다르다는 것을 이해했을 때 비로소 그에게 최적화된 조언과 경험을 제공할 수 있습니다. 그리고 특정 개인이 어느 수준의 깨달음이 필요한가에 대한 기준은 의식의 발달 단계, 공동의 지도를 활용하면 유용할 것입니다. 어디까지나 타인을 이르기 전에나 자신부터 갈고닦는 게 우선이라는 전제를 잊지 않고서 말이지요.

여기서 주의해야 할 것은 배움과 깨달음, 성장은 오롯이 그 개인의 몫이라는 점입니다. 공자 왈 맹자 왈 논하면서 글월을 읊어 얻을 수 있는 지혜는 없습니다. 우리는 그저 시범과 조언을 할 수 있을 뿐, 그것을 어떻게 이해하고 수용하며 체화하는지는 온전히 그 당사자가 해내야 할 영역입니다. 되려 지식을 입력해놓고선 써볼 경황 없이 다음 단계로 넘어가버리면, 운전면허 필기에만 합격하고 고속도로를 주행하는 것마냥 위험하기 짝이 없는 상황이 벌어집니다. 그런 이유로 혹자는 우리 별 지구가 우주 안 영혼들이 배우고 깨닫고 성장하기 위해 마련된 영성의 학교라 칭했던 것이지요.

핵심 메시지

인간의 존재 이유는 크게 세 가지로 압축됩니다. 첫째는 우주적 사명을 짊어진 영성적 존재로서의 인간입니다. 둘째는 인류 사회의 진화를 이끌어 후세에게 더 많은 기회를 제공하는 일꾼으로서의 인간입니다. 마지막으로 제자신의 성장, 개인의 의식 수준을 높여 영혼의 성장을 추구하는 자력 구제로서의 인간입니다.

각 개인은 저마다의 의식 발달 단계에 따라 각기 다른 존재 이유를 내면화하여 살고 있습니다. 종교인 혹은 수도승 같은 이들은 우주적 사명에 천착하고 있으며, 후세 양성에 힘쓰는 교육자나 인류를 보다 좋은 세상에서 살게 하고픈 앙뜨레프레너, 선의의 정치가는 사회적 사명을 마음에 품고 살아갑니다. 최근에 유행하는 명상, 힐링, 자기계발의 일부 범주는 개인의 의식 성장을 격려하고 있으며 과거에 비해 많은 사람들이 스스로의 인격을 높이려는 노력에 경주하고 있습니다. 그러나 안타깝게도 다수의 사람들은 그저 하루 사는 데에 바빠 인간의 존재 이유, 자기 생의 의미를 찾지 않고 있으며 심지어는 자기 본위의 이기적인 욕심을 채우는 데만 치중해 자신과 제 주변의 삶을 아귀의 지옥으로 만들고 있습니다.

바람직한 삶이란 이것이다라고 정의하긴 어렵지만, 적어도 세 가지 인간의 존재 목적 중 하나를 의식하고 살아가는 것이 보다 훌륭한 삶이라고 말할 수 있을 것 같습니다. 그리고 지금 시대는 과거보다 훨씬 편안해지고 지식의 접근 문턱도 낮아졌기에, 일반인이라 해도 우주적 사명, 사회적 역할, 개인의 성장 모두를 추구하는 삶이 불가능하지 않을 것입니다.

심화 주제

우주에 있는 모든 물질은 에너지와 입자의 상태를 바꾸며 순환합니다. 지구는 태양을 중심으로 공전하며 봄, 여름, 가을, 겨울 그리고 다시 봄의 사계절을 반복하고요. 태양 역시 우리 은하를 중심으로 큰 타원을 그리며 공전하고 있습니다. 세상 모든 것이 원(圓)을 그리며 순환한다면, 그리고 인간의 의식 상위에 영혼이란 것이 실재한다면 영혼 역시 다른 물질들처럼 순환하지 않을까요. 이 사상은 환생의 개념으로 여러 종교에서 보편적으로 채용하고 있는 교리입니다. 만약 영혼의 존재와 환생의 개념을 믿는다면 이번 챕터의 주제는 훨씬 강렬한 영감을 전해줄 것입니다. 단지 이번 생을 살고 가면서 후세에 유산을 남기는 데에 그치지 않고, 훗날 다시 태어날 나를 위해 살아간다 생각하면 현생을 더 값지고 보람 있게 살 것이니까요. 그리고 지금에 주어진 삶, 과제에 최선을 다하고 그것으로 자신에게 주어진 과업을 성공적으로 끝마쳤을 때, 그 사람의 영혼은 더욱 성숙한 존재가 되어 다음 생으로 이어질 것이고 이 성장의 사이클은 어느 시점에 대오각성이라 부르는 우주적 사명의 끝에 도달할 것입니다.

27

자유와 얽힘 사이에서

인간에게는 자유의지가 있을까

우리는 흔히 인간에게 자유의지가 있어서 오직 스스로의 결정으로 생각과 행동을 할 수 있다고 생각합니다. 오늘 점심 식사 메뉴로 무엇을 먹을지, 퇴근 후에 여가시간에는 영화를 볼지, 전시회를 갈지 같은 의사결정은 나의 의지로 이루어지는 게 당연합니다. 하지만 종교철학, 인지과학 영역에서는 인간의 자유의지는 존재하지 않는다고 주장하기도 합니다. 종교가 삶의 중심이었던 중세에는 전지전능한 신이 모든 것을 예정한다는 결정론적 시각[205]이 우세하였고, 20세기 인지과학 실험에서는 인간이 무엇을 선택하기 전에 이미 뇌 안에서는 선택과 관련된 신경영역이 활성화된다는 것을 발견하였습니다.

미국 캘리포니아 대학의 벤자민 리벳 교수는 1983년, 사람의 의사결정과 신경자극 반응의 관계를 알아보고자 하였습니다. 실험은 피험자

---

205 이 경우 인간은 제한적인 자유의지를 갖는다고 보았는데 그 이유는 죄악을 저지르는 인간에 대해서까지 신이 결정하였다고 할 수 없었기 때문입니다. 이때 인간은 스스로의 잘못으로 저지른 악행을 용서받기 위해 신의 구원을 받아야 했습니다.

가 자기 앞에 놓인 버튼을 누르기 전에 버튼을 누르기로 마음먹은 시점을 기록하고 동시에 손가락 운동을 관장하는 뇌의 신경반응이 일어난 시간을 측정하는 방식이었습니다. 일반 상식으로는 피험자가 버튼을 누르기로 결정한 시점이 우선이고 그다음 근육 신경반응이 측정되었어야 했는데 결과는 반대였습니다. 손가락 운동을 관장하는 뇌신경 반응이 먼저 나타난 뒤 피험자는 버튼을 누르기로 결정했던 거죠. 해석하면 사람이 자유의지에 따라 결정하고 행동하는 게 아니라 행동이 선행한 후에 자기의 의지였다 착각한다는 것이었습니다.

자유의지를 부정하는 진영에서는 인간은 외부 환경에 종속되어 있어서 주어진 환경에 대한 기계적인 반응을 할 뿐이라고 주장합니다. 점심 식사로 무엇을 먹을지, 저녁 여가는 어떻게 보낼 건지는 그 선호가 뇌안에 이미 새겨져 있고 의식으로써 여러 선택지 중 하나를 골랐다고 느낀다는 것입니다. 여기에 연쇄 살인을 일삼는 사이코패스나 잦은 말썽을 일으키는 범죄자들은 자신의 자유의지가 아닌 뇌의 결함, 부모로부터 물려받은 유전자 기질에 의한 것이라는 설명은 꽤 그럴듯해 보입니다.

인간이 가진 고귀한 가치로 자유를 손꼽던 사람들은 인간에게 자유의지가 없다는 일련의 주장을 받아들일 수 없었습니다. 인간에게 자유의지가 없다는 건 근대 이후 인류가 이루어낸 수많은 도전과 성취를 깎아내릴 법한 일이었거든요. 인류 문명은 스스로 개척한 것이 아니라 그저 정해진 길을 걸어왔던 것일 뿐이라는 말은 그 어느 때보다 자긍심이 고취된 현대인의 심기를 불편하게 하였습니다.

하지만 안타깝게도 인간에게 완전한 자유의지가 있다는 주장은 점차 설 자리가 없어져가는 것 같습니다. 최신 뇌과학은 사람이 무엇을 선택하기로 결정하는 의식 행위가 일어나기 한참 전에 그 선택과 관련된 신호가 나타난다는 결과를 보고[206]하였습니다. 이미 무의식 혹은 비의식의 수준에서 결핍과 욕구 충족 방법의 제반 과정을 거친 후에 이성 의식 수준에서 알아차림이 일어난다는 것입니다. 즉 우리가 무엇을 하겠다고 결정하는 의식 행위는 외부 자극에 대한 신체 반응 다음에 나타나는 합리화라는 거죠.

비단 인지과학적 실험뿐 아니라 인간의 제한된 자유의지 담론은 여러 영역에서 설득력을 얻고 있습니다. '세상에 완전히 새로운 아이디어는 없으며 인간의 창조란 기존의 생각을 변용하거나 재조합하는 것이다.', '특정 개인의 성장 가능성은 무한하지 않으며 그의 유전자 기질에 따라 성장의 최고점과 최하점 내에서 결정된다.[207]'와 같은 말들은 인간 존재가 어떤 정해진 범위 내에서만 움직일 수 있다는 주장, 즉 제한된 자유의지를 갖고 있다는 말과 비슷한 맥락으로 해석됩니다. 심지어 인간의 운명,

---

206 2007년 독일 막스플랑크 연구소의 존-데일란 하인즈 연구팀은 리벳 교수의 실험을 더 정교한 방법을 동원해 실시하였는데, 피험자가 선택을 해야겠다고 인식하기 전 최대 10초를 앞서 뇌에서 선택 반응이 나타나는 것을 확인하였습니다.

207 2017년 발간한 필자의 저서 『이기심의 종말』, 대주제 「11. 개인에서 공동체로」 중 '내려놓기' 파트에서도 유사한 주제를 다루었습니다. 누구든 노력하면 못 이룰 것이 없다는 논리는 실패 원인을 그 개인의 잘못으로 몰아가는 데 사용될 수 있으며, 사실상 동등한 경쟁이 이루어지지 못하는 현실에서 사회적 불평등을 합리화하는 근거로 쓰인다는 주장입니다.

숙명을 탐구하는 서양 점성술이나 사주명리학에서도 개인의 큰 과업은 결정되어 있으며 단지 최종의 목적지를 어떤 방법으로 가느냐만 선택할 수 있다는 관점으로 제한된 자유의지론에 힘을 싣고 있습니다.

사실 우리가 앞서 살펴본 우주 자연의 진화 법칙, 사회 의식의 발달 단계, 구체적으로 복잡계 경제학에서 활용하는 닷 시뮬레이션 기법 역시 제한된 자유의지론에 가깝습니다. 최초의 환경을 어떻게 설계했느냐에 따라 후속의 진화 과정은 일정 범위 이상을 뛰어넘지 못합니다. 거시적 필연과 미시적 우연의 법칙에서도 한정되어 있는 거시 세계의 경로 안에 개인의 노력 여하에 따라 주인공만 달라지는 미시 세계를 설명한 바 있습니다. 인류의 기술 발달 역사에서도 유사한 포인트를 찾아볼 수 있는데 특정 시대 발명품은 아무리 혁신적이라 하여도 그 시대적 배경을 뛰어넘지 못한다는 것입니다. 고대 로마에서 자동차, 스마트폰을 발명할 가능성은 제로인 것처럼요.

자유를 향한 본능

인간에게 완전한 자유의지가 없고 제한된 범위의 자유가 있을 뿐이라는 사실에 실망할 필요는 없습니다. 인류는 비록 정해진 틀 안이라 해도 주어진 제약을 벗어나고자 무던히 노력해왔고, 점진적으로 진화하여 왔습니다. 어린아이가 자유롭게 날 수 있는 새가 되지 못한다는 이유로 훌륭한 성인으로의 성장이 볼품없지는 않습니다. 고대 로마 시절 로켓을 만들지는 못했지만 지금은 화성에 인류를 보내려는 도전을 하고 있으며, 언젠가는 태양계 밖 어느 별에 생명의 발자취를 남길 날도 도래할 것입니다. 인간에게 자유의지가 없다 하여도 인간의 자유를 향한 본능은 분명히 존재하며 그 힘으로 인류 사회는 보다 살기 좋은 곳으로 발전해왔습니다.

인간이 지닌 자유를 향한 본능은 드러남과 드러나지 않음 사이의 팽팽한 긴장으로 유지되는 우주의 근본 원리에 닿아 있습니다. 성장기로 대변되는 드러남의 시기에는 지식이 쌓이고 자신만의 사고 체계가 정립되는데, 이를 의식 영역으로 정의하면 자유란 자신을 드러내려는 행위, 즉 외부 대상과 차별화된 개성을 획득하고자 하는 욕구입니다. 그러다가 나이를 먹으며 노화기로 접어들면 드러나지 않으려는 경향이 강해지면서 주변에 동화되고 기존의 것을 지키려는 방향으로 선회합니다. 평생 동안 자유를 추구하는 건 아니지만 인생의 어느 시점에 자유 본능이 극대화되는 때가 있고 그 변화의 에너지는 인류 사회의 진화를 이끌어왔습니다. 속된 말로 머리가 크면서 부모 말을 거역하기 시작하는 질풍노도의 사춘기 같은 것이지요.

사춘기는 비단 인간에게서만 발견되는 특징이 아닙니다. 집단 생활을 하는 원숭이나 사자 무리에서도 성인이 되기 전의 청소년기 수컷은 리더의 규칙에 반기를 들고 집단 밖으로 떨어져나오는 일이 종종 발생합니다. 정해진 틀에 얽매이기 싫어 새로운 것으로 변화하려는 경향은 DNA 레벨에서는 돌연변이의 형태로 표현됩니다. 이런 우연한 돌출이 누적되며 생명체는 진화하였고 환경의 제약을 딛고 꾸준한 생존을 이어올 수 있었습니다. 만약 인간이나 지구 상의 모든 생명체들이 돌연변이의 특성, 의식적으로는 자유를 향한 갈망이 없었다면 여태 지구는 아메바 수준의 단세포 생물로 가득했을 것이며 혹여 영장류 인간이 탄생했다 하더라도 수렵과 채취로 연명하는 원시 시대를 전전했을 것입니다. 앞서 밝혔듯 인류의 역사는 자유를 향한 여정이었고 그 에너지는 개개인이 지닌 자유를 향한 본능이었으며 그 보상으로 인간의 물리적 자유는 증가하여 보다 풍요로운 삶을 누릴 수 있게 되었습니다.

얽힘의 모순

제한된 영역에서의 자유의지는 우리에게 주어진 속박, 굴레, 얽힘 같은 단어와 대립쌍을 이룹니다. 자신이 아무리 자유로운 존재라 생각해도, 나의 생각은 언어의 한계에 매여 있고 내가 태어난 사회의 문화적 습속에 강한 영향을 받고 있습니다. 외국어를 능수능란하게 사용하지 않는 이상 저는 한국어의 우리성[208]에 따라 사고하는 것이 익숙합니다. 인간은 가시광선을 제외한 영역의 빛을 보지 못하며, 가청 주파수 범위 이상의 소리를 들을 수 없습니다. 두 발이 닿을 거리만큼 이동 가능하고, 두 팔이 지닌 근력 이상으로 물건을 들어 나를 수 없습니다. 시간의 흐

---

208 한국어가 지닌 우리성의 특성은 『이기심의 종말』, 대주제 「15. 우리를 넘어 세계를 향해」 중 '언어의 힘, 한민족의 정신문화' 파트에서 자세히 다루었습니다.

름과 노화 역시 피할 수 없는 얽힘이며 세상 누구도 시간 앞에 자유롭지 않습니다.

그런 이유로 대개 사람들은 얽매이는 것을 싫어합니다. 다른 사람의 명령에 의해 움직임이 제약되고 생각이 제한되며 하고 싶은 말을 함구해야 하는 건 끔찍한 경험입니다. 오랫동안 실내에 머무르게 되면 갇힌 듯한 느낌의 정신적 압박감을 호소합니다. 가급적 상황을 통제하고 싶고 다른 사람 위에 군림하여 자유자재로 통제하고 싶어합니다. 여행, 캠핑, 스포츠 관람, 영화 감상, 콘서트 참여, 예술 전시회 방문 같은 여가 활동은 단조로운 일상에서 벗어나게 해주는 일탈이며 취미 생활을 영위함으로써 새로운 활력을 충전합니다.

같은 맥락에서 질서, 규칙, 규범, 집착 따위의 단어를 보면 경직되고 속박된 느낌을 받습니다. 엄격한 절차에 따라 업무가 이뤄지는 법원이나 고위 행정부를 방문하면 지레 몸이 위축되고 빨리 그 상황을 벗어나고 싶어 합니다. 죄를 지은 사람에게는 교도소에 수감하여 외부 세계와 단절되는 벌을 주고, 교정 생활 와중에 나쁜 짓을 저지르면 독방에 가두어 더 심한 처벌을 가합니다. 대인 관계에서 사랑한다는 명분으로 상대방의 일거수일투족을 감시하고 모든 행동을 통제하려 든다면 그것만큼 괴로운 일도 없습니다. 자유를 향한 본능을 가진 인간에게 얽힘은 잔혹한 형벌과 같습니다.

그러나 한편으로 얽힘은 인간이 생존하기 위해 꼭 필요한 장치이기도 했습니다. 민주주의, 시장 경제, 빠른 탈것과 정보 통신 기술들은 사회적 억압이나 물질적 한계를 벗어나게 해준 고마운 발명품들이지만 그것들이 만들어지는 과정은 자유를 희생하며 얽힘을 받아들인 거래의 결과입니다. 원시 시대에서 인간이 생존했던 방식을 떠올려볼까요. 거친 자연환경에 맞서 인간이 선택한 방법은 무리를 이뤄 집단 생활을 하는 것이었습니다. 홀로 지내는 것은 가장 자유로운 선택이지만 그렇게 했다가는 언제 날짐승에게 잡아먹힐지 모르는 위험한 행동이었습니다. 그래서 부족장과의 상하 관계를 받아들이고, 또 구성원들 사이에 지켜야 할 규범을 준수하며 신체적 안전을 보장받았습니다.

부족 사회가 국가 규모로 발전한 것은 철저한 신분제를 수용하는 일이었습니다. 이제 사람들은 태어난 핏줄에 따라 계급이 정해졌고 더욱 자신의 자유를 얽매어야 했습니다. 민족 고유의 관습이 체계화되고 종교가 등장하면서부터 얽힘의 수준은 물리적인 것에서 정신적인 것으로 심화되었습니다. 어렸을 적부터 보고 듣고 자랐던 일련의 생활 방식은 그것 자체로 그 개인의 사고 방식을 크게 제한하였습니다. 신의 종복으로서의 인간, 국왕의 통치 대상으로서의 백성, 혹은 인간 취급을 받지 못하는 노예 같은 개인 정체성이 의식 속 깊숙이 각인되었지요. 하지만 그 반대급부로 신체의 안전은 더 보장되었고 느닷없는 자연 재난, 강대한 외적의 침입에 대항하여 생존할 가능성이 높아졌습니다.

기술 공학이 발달하고 시장 경제가 국가 흥망을 좌우하기 시작한 근대 유럽에 이르자 비로소 신분 제약의 얽힘에서 벗어날 길이 열렸습니다. 앙뜨레프레너의 역량을 발휘해 누구든 힘을 얻고 대우받을 수 있는 시대가 되었습니다. 그 연장선으로 시민혁명이 일어나고 참정권을 부여받으면서 개인 신분의 얽힘은 풀어지는 듯해 보였습니다. 하지만 그 반대급부로 국가 시스템은 더 정교해졌고, 전 세계가 돈이란 가치 기준에 종속되어 버렸습니다. 적당히 자기 역할을 수행하면 먹고사는 데 지장이 없었던 공동체 경제는 자기 삶을 개척하지 않으면 곧장 도태되어버리는 상황에 내몰렸습니다. 개인의 신체적, 사상적 자유는 급격히 신장되었지만 반대급부로 화폐 중심의 경제 체제에 옴짝달싹 못하게 매여버렸지요.

우리는 이 흐름에서 자유의 층위를 엿볼 수 있습니다. 생존에서의 자유를 위해 정치적 얽힘을 택했고, 정치적 자유를 쟁취한 댓가로 다시 생존에 얽매이게 되는 역사의 반복입니다. 그리고 이 발달 과정은 Spiral Dynamics, 나선형 발달 이론처럼 좌우로 진자운동을 하며 한 단계씩 발전하였습니다. 스티븐 핑커의 『우리 본성의 선한 천사』에서 소개한 대로 현대의 삶이 여전히 치열하고 야만적이라 여길 수 있지만, 18세기 또는 그 이전에 비해서는 훨씬 살기 좋은 시대입니다. 이제는 난데없이 사자에게 습격당할 위험, 일주일 넘게 사냥을 못해 굶어 죽을 위험 따위의 저차원적 위협을 겪진 않습니다. 대신 돈이 없어 몸이 아파도 적절한 치료를 못 받아 천천히 죽어가거나 좋은 일자리를 구하지 못해 빚으로 연명하다 서서히 도태되어가는 것으로 바뀌었을 따름입니다.

자유와 얽힘의 관점에서 얽힘은 더 큰 자유를 얻기 위한 필요악의 선택이었고, 그렇게 얻은 자유는 또 다른 차원의 얽힘을 받아들임으로써 그다음 단계의 자유를 꾀할 수 있었습니다. 다시 말해 얽힘은 자신이 가진 것을 지키고자 하는 필요를 충족시켜주었고 그 바탕 위에 새로운 것을 개척하는 에너지로서 자유가 등장했습니다. 그 반복의 과정 속에 인류의 정치, 경제, 기술, 문화는 점진적으로 발달하였고 지금은 과거 그 어느 때보다도 자유로운 삶을 보장받을 수 있게 되었습니다. 한편으로 얽힘은 보다 광범위하게 은유적[209]으로 숨어들어갔지요.

자유와 얽힘의 균형

자유와 얽힘은 서로 대척 관계에 있어 보이지만 속내를 살펴보면 그렇지만은 않습니다. 각기 다른 층위에 따라 자유를 획득하면 얽힘의 필요가 등장하고, 또 얽힘을 수용하면 그다음 단계의 자유를 지향하게 만드는 상호 상승적 관계에 있습니다. 겉으로는 적대적이지만 서로 공생하는 관계라고 할까요? 우리는 자유가 없었다면 얽힘의 필요성을 인식하지 못하고 얽힘이 없었다면 자유의 필요성을 모르고 언제고 한자리에 정체했을 것입니다.

세상 대부분의 '대립 관계이면서 상호 보완적인' 두 개념은 그것 이상의 중심 지향점이 존재합니다. 양립 불가능한 주제로 여겨지는 성장과

---

209 「24 진화와 도태의 갈림길에서」 챕터 중 '과거와 현재, 미래를 이어가는 유유한 흐름' 파트의 두 번째 주제로 다루었던 내용입니다.

분배가 좌우 날개로써 국가 경제를 끌어올리고, 자유와 평등이 서로 보완하면서 인류 보편의 행복을 추구하는 것처럼요. 그렇다면 자유와 얽힘의 중심축과 지향점은 무엇일까요. 건강한 자유로움과 건강한 얽힘에 관해 정의해보도록 합시다. 건강한 자유로움, 얽힘이 잘 떠오르지 않는다면 그 반대 개념인 병약한 자유로움, 얽힘을 생각해보는 방법도 있습니다.

먼저 건강하지 못한 자유는 이기심, 오만, 방종으로 표현되는 개념입니다. 권리만을 주장하고 의무를 외면하는 그릇된 자의 태도입니다. 달면 삼키고 쓰면 뱉는 식의 자기 본위의 자유는 다른 사람에게 피해를 입히고 공동체의 신뢰를 파괴합니다. 그렇다면 그 반대의 건강한 자유란 자기 행동에 책임을 지면서 타인에 대한 배려를 전제한 자유입니다. 자신의 선택이 잘못되었을 때 본인이 부족했음을 인정하고 치열하게 반성하며 피해를 입었을 누군가에게 진심으로 사죄하고 보상하는 심성에서 건강한 자유의 덕목이 완성됩니다.

건강하지 않은 얽힘은 상호 간 약속되지 않은 일방적인 속박, 모종의 이유로 어느 한 쪽이 구속 상태를 벗어날 수 없는 강제적인 관계를 의미합니다. 이런 상태에서는 어느 한쪽이 과다한 이익을 챙기고 다른 한쪽은 늘상 손해를 봐야 하는 불공평한 관계가 지속됩니다. 건강한 얽힘은 그것의 반대겠지요. 상호 간 합의가 되어 있으면서 상황에 따라 누구든 관계를 철회할 수 있는 권한이 보장되는 것입니다. 이렇게 되면 어느 한쪽이 일방적으로 상대를 착취할 가능성을 견제할 수 있기 때문입니다.

요약하면 자유에는 책임과 배려가 필요하고 얽힘에는 상생과 가능성이 있어야 합니다. 하지만 사람들은 책임이 필요한 자유를 두려워하거나 상대방에 대한 배려를 달가워하지 않는 안하무인의 행태를 보이는 경우가 잦습니다. 책임을 지는 건 정말 어려운 일이고 배려라는 건 자기 희생이 필요한 까닭입니다. 그래서 자유롭기를 스스로 거절하거나 건강하지 못한 자유를 전횡하며 다른 사람 위에 군림하려 합니다. 얽힘도 마찬가지입니다. 상생을 위해서는 나의 지분을 일정 수준 양보해야 하고 철회 가능성을 보장하는 건 예상치 못한 관계 단절에서 빚어지는 손해 리스크를 감당해야 합니다. 그런 이유로 애초부터 얽힘, 즉 다른 이들과의 관계를 기피하거나 아예 상대방을 옴짝달싹 하지 못하게 지배하려는 술수를 부립니다.

안타깝지만 위 같은 모습이 우리가 경험하는 인간 군상의 대부분입니다. 자유에 책임과 배려가 없고 얽힘엔 착취와 종속을 강요합니다. 그러다 보니 자유에 경도된 이들은 건강하지 못한 얽힘을 비난하고, 반대로 얽힘, 즉 사회주의를 칭송하는 이들은 자유라는 명목으로 타인을 괴롭히는 행동을 비판합니다. 이 둘 사이에는 이해의 여지가 없으며, 모더니즘 대 포스트모더니즘 사이의 갈등에 버금가는 단골 논쟁 소재입니다. 우리 사회가 건강한 자유와 얽힘으로 만개하고 있었다면 존재하지 않았을, 있더라도 이성적인 대화의 장을 통해 조율할 수 있었을 사안에 소중한 에너지를 허비하고 있습니다.

건강한 자유, 바람직한 얽힘을 훈련하는 일은 꽤나 고된 과정입니다.

얽힘에 익숙했던 사람에게 어느 날 갑자기 자유를 제공하면 어쩔 줄 몰라서 불안해하거나 자신에게 주어진 자유를 만용하여 허송세월하는 모습을 보입니다. 조선 말 노비제도를 철폐하였을 때 주인 대감 집 밖으로 나가서 살길이 막막한 하인들이 자발적으로 양반 집에 머물렀다는 일화는 벼락 같은 자유가 얼마나 두려운 것인지를 생각하게 합니다. 그 시절은 구속과 얽힘이 당연한 삶의 방식이어서 자유를 원하지 않았거니와 얽힘이 주는 안전의 보상은 맘 편히 사는 걸 원하는 사람에게는 더 나은 삶의 방식이었을 겁니다.

자유로움에 익숙한 현대인이라 해서 별반 다르지 않습니다. 이전에 비해 높은 수준의 자유를 누리고 있긴 하지만 평소 의식하지 못하는 여러 얽힘에 의존하며 살아가고 있습니다. 때문에 의식적으로는 자유를 지향하고 권리를 얻어내고자 애쓰지만 준비되지 않은 상태에서의 자유는 독이 되기 십상입니다. 뭔가 해야만 할 것 같은 의무감에 짓눌려 이게 맞는 방향인지, 잘못되면 어찌할지 같은 불안감에 어렵게 얻은 자유를 책임감 있게 활용하지 못합니다. 책임지는 것이 두려워 모르는 척 회피하다 뒤늦게 후회하기도 하고 넉넉하게 여유를 부리다가 시간 관리에 실패해 일을 망치는 경우도 있습니다. 이런 일이 반복되면 주어진 자유를 반납하고 다시 원래의 규칙으로 회귀[210]하게 됩니다.

---

210 최근 COVID-19 바이러스 팬데믹으로 인해 원격 재택 근무가 권장되었다가 근태 관리가 되지 않고 기업 생산성이 하락한다는 이유로 다시 사무실 출퇴근으로 회귀하는 기업이 늘어나고 있습니다.

이처럼 완전한 자유는 무섭습니다. 어설프게 얽매인 상태에선 누구 때문에 못했다, 무엇 때문에 안됐다 하며 남탓하면 그만이지만 완전한 자유를 주면 핑계 댈 곳 없이 결과의 책임을 오롯이 떠안아야 합니다. 이 럴 때 사람들은 내가 하는 게 옳은지 그른지를 확인하고자 다른 이의 의견을 자주 청취하게 되는데 썩 괜찮은 전략이라 할 수 있습니다. 하지만 본말이 전도되어 본업을 멀리한 채 평판에만 신경 쓰거나 자신의 옳음을 증명하고자 타인의 동의를 강요할 위험이 도사리고 있음을 경계해야 합니다.

단계를 건너뛰지 않는 점진적 자유, 답답하게만 여겼던 얽힘의 효용을 생각하고 제한적인 권한의 이양이 필요합니다. 이상적으로는 무한의 자유와 무한의 책임을 지향하더라도 현실을 간과할 수는 없습니다. 요즘 사회는 파격적 행보, 격의 없는 대화 같은 경계 허문 시도를 좋게 보는 경향이 있지만 그것 또한 조직과 사회의 맥락을 이해한 후에 한 발짝 나아가는 게 현명합니다.

반대로 현실의 제약을 너무 의식해서 자유를 허용하는 걸 무시해서도 곤란합니다. 인간은 자유를 향한 본능을 지닌 존재이고 그것을 통해 발전과 진화, 개인의 성장을 달성해 왔습니다. 이는 관습, 규제, 질서 같은 구속의 틀에만 적용되지 않습니다. 예를 들어 무차별적 사회복지, 적극적 우대정책 같은 소수자를 보호하기 위해 도입된 법이 오히려 그들을 얽힘의 의존에 익숙하게 만들어 자유의지를 상실케 하는 가스라이팅이 될 수도 있습니다. 지나친 보호가 그들 스스로 한계라고 여겼던 벽을 뛰어넘는 성장의 환희, 기회를 빼앗은 꼴이 될 테니까요.

결국 자유와 얽힘은 개인의 성장을 이끄는 두 축이며 진자추가 움직이듯 양쪽을 오가며 균형을 찾아가는 인생의 과업입니다. 왼쪽, 오른쪽 혹은 정중앙에 머무르지 않고 좌우를 왕복하는 끊임없는 여정입니다. 그러나 이 삶은 마치 시지프스의 저주처럼 어느 한곳에 정주하는 순간 역사의 뒤안길로 사라지게 되는 냉혹한 현장이기도 합니다. 그래서 유한한 인간의 삶에서 추구해야 할 단 하나의 가치를 꼽는다면 그것은 끊임없는 깨달음과 성장입니다. 자신에게 주어진 생의 마지막 날까지 늘 새롭게 깨어나는 영혼으로 살아가는 것이 우주가 부여한 인간 존재의 이유이자 존재의 가치를 증명하는 길입니다. 어제와 오늘, 내일이 반복되는 지루함 속에서도 나 자신의 배움과 깨달음만큼은 어제와 오늘, 내일이 결코 똑같지 아니하기 때문입니다.

우주적 사명으로서의 자유

인간은 근본적으로 자유를 지향하지만 현실에 얽매일 수밖에 없는 존재입니다. 이러한 두 축이 있다는 건 우리에게 의미하는 바가 있습니다. 자유와 얽힘을 오가는 나선형 성장은 존재를 드러내면서 한편으로 존재를 드러내지 않고자 하는 우주의 진화 과정과 일치합니다. 그렇다면 자유와 얽힘의 목표 역시 우주의 진화 끄트머리와 같을 것이며 그건 곧 존재를 드러내면서 동시에 존재를 드러내지 않고자 하는 통합된 우주적 자아입니다.

흥미롭게도 자아와 우주가 하나로 통합되는 경지에 관한 묘사는 여러 종교에서 공통적으로 발견됩니다. 내가 나비인지 나비가 나인지를 논한 장자의 호접지몽, 양극단에 치우치지 않는 바른 수행법을 제시한 불교 교리, 인신합일 혹은 신인합일을 추구한 선교 사상, 고대 티벳 사자의 서에서는 사람이 죽은 후 우주의 빛과 하나 되는 것이 즉시 해탈에 이르는 길이라 하였고 고대 유대교의 카발라 경전에서는 인간계의 말쿠트 의식이 상위 세피라를 거슬러 올라가 최종적으로 케테르에 이르는 경로를 인간 혹은 우주의 완성이라 여겼습니다. 이 책에서는 우주는 바라보는 자, 우주를 바르게 직시함으로써 우주가 생겨난 목적을 이루어주는 것을 인간의 존재 이유이자 사명으로 꼽았습니다.

이 단계의 상승은 물리적 자유를 넘어 사상의 자유, 그다음은 의식의 자유를 점진적으로 밟아가는 과정입니다. 다른 관점으로 말하면 우주 태초의 에너지체, 쿼크와 렙톤으로 시작된 물질이 최종 인간의 신체를 이루고 의식을 창발하기까지의 과정을 역순으로 거슬러 올라가는 것입니다. 의식으로서 무의식을 이해하고 굳게 닫힌 의식의 결계를 풀어 비의식을 경험하며, 나의 신체와 외부 공간 사이의 경계를 허무는 하나 됨을 느끼는 일입니다. 원형(原型)에서 분화로, 다시 통합의 제자리로의 법칙을 실천하는 길이기도 하고요. 깨달음을 추구하는 사람들이 명상, 고행, 환각 버섯 등을 통한 자아의 해체를 경험하고자 하는 이유가 여기에 있습니다. 잠깐이나마 그 상태를 느낌으로써 우주 만물이 하나임을 깨달으려는 시도입니다.

그러나 이 길이 얼마나 어렵고 고통스럽고 두려운 것일지 모릅니다. 일단 현대인들에게는 이성 과학 중심, 물질주의 기반의 의식 체계가 단단하게 여물어 있습니다. 영혼, 영성, 무의식, 비의식 같은 용어를 정신 나간 미신 따위라고 치부하는 사람이라면 위의 세 문단은 비과학적 헛소리로 들릴 뿐입니다. 마음이 조금 열려 있는 사람일지라도 일상의 물질계에 익숙한 의식 체계로는 무의식이나 비의식 같은 상태를 체험하는 것은 무척이나 힘겨운 일입니다. 더 오랜 훈련으로 살짝 자아의 경계를 풀어낼 수 있는 사람이라 해도 그 상태를 곡해해서 귀신이 쓰였다고 표현되는 의식 분열, 자신이 전지전능한 신이 되었다는 망상에 빠지기도 합니다. 각고의 노력으로 올바른 수행을 한다 해도 그 풀어헤침의 상태가 대체 무엇인지 알쏭달쏭합니다.

그도 그럴 것이 이 목적지에 가기 위해서는 '온전한 자유에서 오는 두려움'과 '얽힘이 주는 안정감'을 떨치고 자립해야 하기 때문입니다. 일설에 의하면 그 끝에 다다를수록 완전히 차원이 다른 두려움을 맞닥뜨리는데, 바로 생명체가 느끼는 최고의 공포인 죽음의 느낌을 돌파해야 한다고 합니다. 그러다 보니 어느 단계에 이르면 의식적, 무의식적으로 한 발자국 더 나가는 것을 주저하게 되고 그 언저리를 맴돌게 된다는 거지요. 이를 인식론의 관점에서 해석하면 존재를 드러내면 무엇인가와 얽매여야 하고, 이를 벗어나려면 자신이 드러나 있음을 내려놓는 것입니다.

존재의 드러남은 관찰하는 주체와 관찰당하는 대상 사이의 인식론적 관계 맺음이고, 곧 얽힘입니다. 궁극의 자유를 획득하려면 궁극의 얽힘을 해체해야 하는데 그건 곧 존재의 사라짐, 죽음을 의미하지요. 우주적 사명에 이르기 위한 절대 자유를 향한 길이 두려움으로 점철되어 있다는 건 흥미로운 일입니다.

아울러 어디까지나 우주적 목적에 도달하려는 성장은 그 중간 단계를 충실히 이행함으로써 가능한 일입니다. 어린아이가 하루아침에 성인의 지식, 노인의 지혜를 얻을 수 없듯이요. 신체, 의식, 영성 모든 성장은 중간 과정을 뛰어넘을 수 없으며 차근차근 한 계단을 올라가는 여정입니다. 그러므로 명상, 고행 등의 수행으로 몸과 마음을 깨끗이 다듬는 것은 좋지만 그것에만 몰두하여 해탈하려는 행위는 극히 위험할 수밖에 없습니다. 오히려 현실의 삶에 최선을 다하면서 먼저 6단계의 통합 사회 모델의 의식 수준을 깨우친 다음에 구도의 길을 가도 늦지 않을 것입니다. 우리 주변에 산적한 수만 가지 문제를 해결하는 것부터 시작입니다.

핵심 메시지

자유와 얽힘 사이를 오가며 진화한 인류 문명은 물질적 자유, 공간적 자유, 사상적 자유로 넘어가는 과도기를 겪었습니다. 집단 생활로 생계 안정성을 확보하고 국가 사회는 이동의 자유를 넓혀주었으며 자유와 평등으로 대변되는 시민 민주주의가 시작되며 사상적 자유에까지 이르렀습니다. 20세기 후반에는 포스트모더니즘이 문화 전반을 휩쓸면서 사회적 약자, 소수자의 기본 권리를 신장하는 데 긍정적인 역할을 하고 있습니다.

자유와 얽힘은 대항 관계이면서 상호 보완을 이룹니다. 이를 인과 관계로 바라보면 자유가 원인으로 얽힘이 등장하고, 또 얽힘이 원인이 되어 자유가 등장하는 것처럼 해석됩니다. 하지만 원론적으로 자유와 얽힘은 그 자체로 동시성[211]의 관점에서 이해해야 합니다. 빛이 있기에 그림자가 존재한다는 문장의 진정한 의미는 '빛을 쏘여서 그림자가 나타났다'는 의미가 아니라, '빛이 있음으로써 그림자가 정의된다' 혹은 '그림자가 있었기에 빛이 정의된다'인 것과 같습니다.

인간의 존재 이유, 개인에게 주어진 과업은 우주적, 사회적, 개인적인 영역으로 나누어지고 또 그 안에서도 단계들이 존재합니다. 대체적으로 개인적 성장이 우선하고 그다음 사회적 성장으로 이어지며 최종적으로 우주적 성

---

211 「17 무(無)에서 유(有), 다시 무(無)」 챕터에서 가장 첨단의 과학으로 다시 읽은 우주는 있음과 없음, 중심과 주변 같은 둘로 나눌 수 없는 동시성의 세계였습니다.

장을 지향하는 것이 가장 바람직하다 할 수 있습니다. 다만 영혼의 그릇, 전생의 업보를 믿는 이들에게는 어느 한두 영역의 성장을 배제한 채 우주적 깨달음에 집중하는 경향이 있으며 이를 그르다 하기에는 나 역시 아는 게 얼마 되지 않습니다.

심화 주제

자유와 얽힘의 관계는 정치 경제학에서 등장하는 포용과 통제의 개념과 일맥상통합니다. 개인의 자유는 포용적 정치 거버넌스, 개인의 얽힘은 통제적 정치 거버넌스로 등치됩니다. 대런 애쓰모글루 교수는 『국가는 왜 실패하는가』에서 법치(통제/얽힘)를 통한 소유(포용/자유)가 보장되는 포용적 정책을 바탕으로 풍족한 경제의 자유 민주주의 사회가 탄생했다고 분석하였습니다. 이는 자유와 얽힘의 상호 보완으로 나선형 성장을 도모하는 개인의 경로와 닮아 있습니다.

우리는 흔히 자유와 평등을 양립적 가치로 두고 이 둘 사이의 균형을 찾는 것을 주요한 과제라고 생각합니다. 하지만 정확한 의미로는 자유와 얽힘의 개념이고, 덜 편향적인 언어로 표현하면 자유와 질서 사이의 균형입니다. 지나친 질서의 강요는 집단의 성장 잠재력을 훼손시키고 질서가 없는 자유는 집단의 상호 신뢰, 즉 응집력을 와해시킵니다. 철저한 상명하복의 기업 문화에서 개인의 창의력이 발휘되지 못하고 중심이 없는 자율 방임의 기업에서 도덕적 해이가 만연하는 이치입니다. 인류 문명의 진화 과정을 훑어보면 도시국가를 거쳐 신 중심의 중세시대가 열리고 이후 절대 왕정을 지나 민족국가주의가 득세하였는데 이 발전 맥락은 '사람들을 하나로 묶는 중심 질서의 속성'이 직접적인 물리력에서 간접적인 추상형으로, 저차원 속박에서 고차원 관여로 변화하는 과정이었습니다. 그리고 각 개인의 자유도는 그가 수용할 수 있는 얽힘, 질서의 정도에 비례하여 주어졌습니다. 따라서 사회 발전을 위해, 개인의 더 큰 자유를 위해서는 자유와 질서 사이의 조화를 고민해야 하며 그러기 위해 이 두 동시성 개념이 지향하는 중심 주제를 찾아 사회의 주요 아젠다로 삼아야 합니다.

28

성장의 두 날개

주체성과 총체성

우리는 지금까지 개인과 사회의 성장 과정은 자유와 얽힘 사이를 오가는 현명한 균형 잡기임을 살폈습니다. '자유를 지향하는 적극적인 본능'과 '주변으로의 조화로운 얽힘'은 더 나은 삶을 창조하여 궁극적으로 인간의 존재 이유를 충족하게끔 인도하는 두 가지 전략입니다. 우주적 사명, 사회적 의무, 개인의 성장은 이 방편을 통해 달성되며 이는 마치 새가 하늘을 날아오르기 위해 퍼덕이는 두 날갯짓과 같습니다. 그리고 자유와 얽힘이 건강하게 기능하는 자유의지를 향한 적극적인 인간상은 '주체성'으로, 주변과의 협력으로 조화로운 얽힘을 추구하는 인간상은 '총체성'[212]으로 정의됩니다. 다시 말해 개인의 성장은 주체성과 총체성을 동시 함양하는 것이며 그를 통해 보다 높은 의식 수준을 지닌 인격으로

---

212 헤겔 철학에서는 대립쌍의 두 개념이 상호 보완의 관계에 있을 때 이 둘을 하나의 중심으로 아우르는 개념을 총체성이라 정의하였습니다. 이후 마르크스는 부분적 기능, 역할, 행동, 사상으로 정의할 수 있는 한 명의 개인을 전체적으로 파악해야 한다는 의미로 총체성을 사용합니다. 하지만 이 글에서 정의하는 총체성은 오스트리아 경제학자 칼 폴라니가 『거대한 전환』에서 언급한 사회적 총체성에 기반한 '개인이 소속된 공동체에 대한 우리성의 범위'로 사용할 것입니다.

재탄생할 수 있습니다.

건강한 자유의지, 즉 주체성은 개인이 제 삶의 주인임을 깨닫고 스스로 생각 판단하여 행동하는 것에서 출발합니다. 주체적인 개인은 다른 사람 의견에 무작정 동조하거나 친분 혹은 외압에 못 이겨 거짓을 선택하지 않습니다. 그리고 자신의 선택으로 빚어진 결과를 온전히 받아들이고 책임질 자세를 갖추고 있습니다. 진정으로 나를 믿고 사랑하는 사람만이 해낼 수 있는 용기입니다.

건강한 총체성은 자신이 넓은 관계 속의 부분임을 깨닫는 것에서 출발합니다. 주변과의 조화와 협력이 내 삶을 안정케 하는 기반임을 인식하는 거지요. 어떤 의미에서 총체성은 '나'라는 자아 울타리의 확장입니다. 가족, 주변 이웃, 지역 사회, 국가 구성원, 세계 시민으로서의 나를 인식하고 함께하는 구성원들을 하나[213]라고 여길 때 마음속에서 우러나는 본능적인 총체성을 느낄 수 있습니다. 그리하여 가장 높은 수준의 총체성에 이른 사람은 자신을 과거와 현재, 미래를 아우른 인류 전체의 일원이면서 지구 생태계를 포함한 자연의 구성원임을 이해합니다.

이기심과 이타심은 주체성과 총체성의 사상적 표현입니다. 이기심과 연결되는 개인주의가 주체성과 닿아 있고 이타심과 연결되는 집단주

---

213   '네가 있기에 내가 존재한다'는 뜻의 남아프리카 반투족의 말 '우분투'는 총체성의 속성을
      간결히 표현합니다.

의가 총체성과 이어집니다. 모든 사상이 그러하듯 건강한 개인주의, 집단주의는 사회와 구성원 모두에게 유익함을 선사합니다. 하지만 총체성을 비웃는 주체성의 사회, 즉 병든 개인주의는 비정하고 극단적인 빈부격차를 정당화하며 흩뿌려진 모래알 같은 사회로 변질됩니다. 반대의 경우도 건강하지 않은 건 마찬가지여서 주체성을 억압하는 총체성의 사회, 즉 편협한 집단주의는 독재와 파시즘, 전체주의로 향하는 지름길입니다. 역사적으로 확인된 것처럼 그런 닫힌 세상에서는 사회 전반의 생기가 퇴색되며 창조와 발전의 싹이 짓밟힙니다.

현대인들은 이 두 개념이 서로 배척되고 양립 불가한 것으로 여기는 경우가 많습니다. 개인의 자유를 우선하여 집단의 규약을 무시하거나, 집단을 위해 개인의 희생을 강요하는 주장 간의 대립이 사회 곳곳에서 펼쳐지고 있습니다. 자기 이익만을 앞세워 타인에게 손해를 전가하는 약탈적 계약을 이성에 기반해 합의했다며 정당성을 주장하는 사람들, 사회 공영의 명분을 내세우고는 그것으로 자기 잇속을 챙기는 사람들로 인해 우리 사회는 주체성과 총체성의 균형을 논하기가 무척이나 어렵습니다.

사실 전체를 조망하면서 주체적으로 생각하고 판단하여 행동하는 '깨어 있는 시민'은 말이 쉽지 실행하기도 어렵고 누가 깨어 있는 사람인지 판별하는 건 더욱 난해합니다. 이런 사회 시류에서 어느 누가 집단의 광기에 맞서 담대하게 자기 의견을 개진할 수 있을까요? 대개는 귀찮거나, 다수가 맞다 하니 내가 틀렸을 거라 수긍하며 자신의 정치적 권리를 남에게 내어줍니다. 더 꼴불견은 목소리 큰 사람에게 자신의 주체성을 헌납하고 그가 정의라 부르짖으니 자신도 깨어 있는 시민이라 자부하는 모습입니다.

주체성과 총체성은 사람이 태어나고 성장하면서 함께 발달시켜야 할 두 가지 덕목입니다. 스스로 생각하고 판단하여 행동하면서 그 결과를 책임짐에 있어 이타적 관점에 따라 전체 공영을 도모하는 성숙한 어른이 되어야 합니다. 아울러 주체성과 총체성 중 무엇이 먼저냐고 한다면 단연 주체성입니다. 홀론과 홀라키의 진화 과정을 보아도 이 답은 명확합니다. 하위 홀론이 모여 상위 홀론으로 창발되는 것이 순리이지, 상위 홀론이 있기에 하위 홀론이 존재한다는 건 흐름의 역행입니다. 국가주의, 민족주의 같은 총체성의 극단은 각 구성원들의 자유가 보장되고 스스로 책임질 수 있는 주체적 개인이 전제되었을 때 건강한 방식으로 최고의 효율을 발휘할 수 있습니다. 반대로 주체성이 결여된 이들이 모여 주장하는 국가, 민족주의는 거대하고 잔인한 폭력 집단을 잉태할 뿐입니다. 차라리 각자가 아무 신경 쓰지 않은 채 나 혼자 잘 사는 데에만 몰두하는 극단의 주체성만 존재하는 정글도가 그보다는 나을 겁니다. 그런 이유로 혹자는 지금 시대가 지나치게 자유에 관용적이라며 공동체 정신을 함양해야 한다고 주장하지만, 그 시작은 총체성이 아닌 건강한 주체성의 확립부터 선행되어야 합니다.

지성과 감성

주체성과 총체성이 인간이 지녀야 할 태도, 관점, 지평에 대한 개념이라면 지성과 감성은 주체성과 총체성을 일깨우는 통로입니다. 지성은 폭넓은 지식과 높은 시선의 사유를 가능케 하고 그 수준에 걸맞은 주체성을 갖게 합니다. 감성은 나 아닌 다른 대상을 향한 관심과 사랑, 연민, 포용을 끌어내고 그 깊이에 부합한 총체성을 품도록 합니다.

지성의 기본은 앎의 힘입니다. 이성 과학의 지식, 사건의 인과를 논리적으로 추론하는 지적 능력을 통해 주변 사물과 사건을 객관적으로 분석하고 분별할 수 있습니다. 뛰어난 지적 역량을 지닌 이는 하나의 사물, 사건을 접했을 때 수 가지의 연관 지식을 재빨리 떠올립니다. 그것은 그가 이미 수많은 배경 지식을 습득했기에 가능한 것입니다.

지성의 힘을 바르게 발휘하기 위해서는 편견에 휘둘리지 않고 사실 그 자체로 정보를 받아들이는 평정심을 갖추어야 합니다. 그렇지 못하면 색안경을 끼고 한 줌 채 되지 않는 지식으로 그릇된 판단을 해버리거나 풍부한 지식을 자기 입맛따라 사실을 호도하는 데 써버리게 됩니다. 무지한 데다 격정적인 이들은 새로운 관점, 특히 내 입장과 반대편에 있는 사람을 제대로 이해하지 못합니다. 그러다 보니 상대에게 우매, 불의, 부도덕이라는 딱지를 씌워 악마화하는 걸 서슴지 않습니다. 이는 지성이 결핍되었을 때의 부정적인 모습이며 더 나아가 이성의 끈을 놓아버린 사람은 불같은 감정에 휩싸여 주변과 제 자신을 파괴하기에 이릅니다.

주변 사람들에게 이런 악행을 행하지 않으려면 높은 사유의 시선으로 가장 높은 곳에서 공동의 지도를 조망하여 지성의 잠재력을 최고조로 끌어올려야 합니다. 이 단계의 지성은 세상을 이분법으로 구분하면서 동시성을 함께 봅니다. 사물과 사건을 분석할 때 어느 하나의 관점에 편향되지 않고 개론과 각론을 목적에 따라 적절히 적용합니다. 따라서 새로운 문제를 맞닥뜨려도 침착하게 대응법을 찾아 실천할 수 있습니다.

감성의 기본은 공감하는 마음입니다. 상대방의 감정을 나의 것으로 느끼면 그 사람의 입장에서 필요한 것을 헤아려 도움을 주고픈 에너지가 생겨납니다. 감성이 풍부한 사람은 상대방이 처한 어려움을 쉬이 넘어가지 않습니다. 곤경에 빠진 사람을 도우려는 마음은 상대방을 향한 연민과 포용의 정신으로 승화됩니다. 함께 기뻐하고 분노하며 문제 해결을 위한 자신의 도움을 아끼지 않습니다. 이러한 공감과 참여는 다른 사람의 마음을 열고 동일한 지향점을 가진 이들을 한데 묶는 연대의 씨앗입니다. 지성으로 인식된 세상의 부정한 것들이 감성의 힘을 통해 실천으로 정화됩니다.

감성 역량은 비단 사람에 대해서만 발휘되는 게 아닙니다. 어떤 이는 인간을 넘어 살아 있는 모든 동물과 식물, 특별한 초월 감각을 지닌 이는 빛, 공기, 땅, 바다와 같은 자연물에게도 감사와 사랑, 연민을 느낍니다. 그 결과 자신을 위해 주변을 해치는 일을 저어하고 자연의 것을 있는 그대로 지키는 일에 자부심을 갖습니다. 주변을 향한 사려 깊은 관심은 다시 본인에게 되돌아와 자신의 생을 더 아름답고 풍부하게 변모시키며,

이는 곧 흐름에 거스르지 않는 삶의 태도로 이어집니다.

하지만 감성의 마법적 힘이 과잉되어버리면 지성이 웃자랐을 때보다 훨씬 심각한 부작용을 불러옵니다. 분노에 눈이 먼 지성은 날카로운 논리를 무기로 꺼내들어 상대방을 잔인하게 공격합니다. 일말의 연민이나 이해가 없으므로 더 철저하게 짓밟으며, 원하는 보복을 달성해도 죄책감을 느끼기는커녕 짜릿한 쾌감과 복수감에 취한 괴물로 변해갑니다. 자신과 동일한 지향점에 있는 사람을 보호한다는 명분으로 반대 진영에 대해 스스럼없이 신체적, 언어적 폭력을 자행하며 제 스스로의 영혼을 망가뜨려갑니다.

본질적으로 인간은 감정에 의해 움직이는 존재라는 것을 받아들여야 합니다. 인간의 뇌는 어느 하나의 입장을 정하고나면 이쪽의 장점, 저쪽의 단점만 보이도록 설계되어 있습니다. 그리하여 지식을 통해 객관적으로 시비를 가리는 게 아니라 판단을 먼저 내린 후 지식으로써 논리를 세워 자신의 판단을 정당화합니다.[214] 이른바 감성의 눈이 이성의 판단을 흐리는 현상[215]입니다. 이는 학력과 지식의 정도와 무관합니다. 오히려 많이 배우고 지식이 풍부한 사람이 더 위험합니다. 그들은 그 어떤 선택

---

214 뇌과학 연구에 따르면 정서 반응을 관장하는 포유류의 뇌에서 선제적인 판단을 하고, 이성 지식을 처리하는 인간의 뇌는 앞서 내린 결론을 뒷받침하는 논리를 구축하는 방식으로 작동한다고 합니다. '내가 하면 로맨스 남이 하면 불륜'의 내로남불 속성은 성숙하지 못한 인간의 기본 본성인 것입니다.

215 데이비드 흄은 "이성은 감정의 노예다."라고 하였습니다.

을 하더라도 다양한 지식을 무기 삼아 그럴싸한 논리를 꾸며내기 때문입니다.

자신의 일차적 판단이 감성적 끌림에 의한 편견일 수 있다고 스스로를 견제하는 행동은 좀 더 입체적으로 사건을 바라볼 여유를 마련합니다. 그 잠깐의 시간은 상대를 함부로 대하지 않도록 하는 안전장치로도 작용합니다. 상대방도 나처럼 감정적 판단이 우선할 수 있다는 이해를 통해 흥분을 자제하고 차분하게 사안을 논의할 여지가 생겨납니다.

하지만 지성과 감성의 균형을 잡는 건 대단히 어려운 일입니다. 특히 21세기 감정 과잉의 시대는 불가항력에 가깝게 흔들어댑니다. 온갖 매체에서 들려오는 자극적인 소식, 제목 장사를 위한 낚시성 기사, 선동 문구, 피해자의 절규를 앞세운 정치적 이익단체의 이전투구는 사람들로 하여금 앞뒤 없이 뛰어들도록 유혹합니다. 아니면 정반대로 제 자신을 비정한 냉혈인간, 냉소주의자로 여기게끔 합니다. 모두가 모두로 인해 피해자만 가득한 세상은 전혀 아름답지 않고 불행으로 가득 찬 지옥처럼 여겨집니다. 그렇다 해서 해결의 실마리가 보이질 않으니 스스로 감성을 거세하고 현실 회피, 비관주의로 빠지는 길을 택합니다. 그 어떤 문제에도 관여하지 않는 게 세련된 대응이라 생각하는 메마른 사람이 되어버리는 거죠.

둘 사이의 균형을 찾는 방법은 보다 높은 시선에서 사안의 양쪽 측면을 조망했느냐를 점검하는 것에서 출발합니다. 그러기 위해서는 자연스럽게 올라오는 감성적 끌림을 억누르고 자신이 그에 합당한 입체적 지식을 갖추었는지를 먼저 자문해야 합니다. 적어도 자신이 모르고 있다는 사실을 인지하고만 있어도 훌륭한 태도입니다. 이른바 무지의 무지로 인한 만용으로 인해 감성의 과잉, 지성의 결핍과 같은 부정적인 상태가 표출되기 때문입니다. 자신이 무지의 무지 상태에 있는지를 사유하기 위해 우리는 끊임없는 낯선 대상에 대한 질문, 지적 겸손, 상대에 대한 예의[216]를 갖추어야 합니다.

감성을 활용하기에 앞서 나의 지성을 훈련하는 것이 우선입니다. 주체성과 총체성 중 무엇이 우선이냐는 질문에 주체성을 꼽은 것과 같은 대답입니다. 우주 진화 과정에서 현재까지 밝혀진 최종의 단계, 인간에 이르러 가장 마지막으로 창발된 것이 대뇌 전두엽에서 주관하는 이성 의식 역량입니다. 인간이 성장하는 과정은 지금까지 왔던 길을 되돌아가는 것이므로 이성 의식, 즉 지성을 기반하여 감성적 접근을 추구하는 것이 순리입니다. 그럼에도 지성과 감성이 어우러진다는 건 상대의 의견을 비판하기 전에 그 사람에 대한 감성적 이해를 했는지 점검하는 일입니다. 지성이 우선이긴 하지만 그것이 밖으로 표출되기 전에는 필히 감성과의 조화를 이루어야 합니다. 그럼으로써 비로소 나의 의견에 설득력이 실리고 진정한 소통, 변화를 꾀할 수 있는 법입니다.

---

216 「2 '왜'라는 질문의 힘」 챕터에서 다루었던 주제입니다.

무지(無知)는 악행의 근원이다

사람들은 선과 악의 이분법적 잣대로 대상을 판별하는 데 익숙합니다. 그리고 그 잣대는 개인의 총체성 수준에 의해 결정됩니다. 자아의 울타리가 좁은 경우 오로지 자기 이익에 따라 선악을 나눌 것이며, 울타리가 넓을 경우 좀 더 주변 사람의 이익을 고려하여 선악을 구분할 것입니다. 예를 들면 가족의 안위를 최고선으로 삼는 사람은 그 어떤 것이든 가족을 해하는 행위를 악행으로 바라봅니다. 종교가 삶의 정의인 사람은 해당 종교의 교리를 무시하거나 부정하는 자들을 악인이라 칭하겠지요. 특정 정당, 국가 사회의 범위를 울타리로 받아들인 이는 그에 반대하는 자들을 적폐로 규정할 것이며, 지구의 생태 환경을 지극히 사랑하는 이들은 자연을 파괴하는 모든 것을 악행이라 판단할 겁니다. 정리하자면 악행이란 상대적인 판단이며 그 사람의 총체성 수준에 따라 결정된다는 것이지요.

그럼에도 공통적으로 나타나는 특징이 있습니다. 인식하는 상위 공동체가 높은 단계에 있을수록 보다 공의적 차원에서 선악을 구분한다는 것입니다. 그리고 사회 구성원들의 보편적인 총체성의 수준이 그 사회의 일반적인 도덕률, 윤리의식으로 결정됩니다. 가장 덜 발달된 인간 사회에서는 자부족민에 대한 살인, 약탈, 속임수에 대해서만 처벌을 가할 뿐, 다른 부족민에 대한 악행은 알고도 넘어가거나 되려 용기 있는 행동이었다고 칭송합니다. 그것으로 인해 자기 부족의 삶이 조금 더 윤택해졌으니까요. 하지만 좀 더 발전한 종교적 교리의 공동체에서는 그가 어떤 부족이라 할지라도 인간에 대한 살상행위를 바람직하지 않은 것으로 정의합니다. 다만 예외가 있다면 우리 종교를 믿지 않는 무신론자 및 이교도에 대한 악행은 너그러운 편이지요. 현대적 국가에서는 이 기준이 더욱 높습니다. 적대 국가라 할지라도 군인이 아닌 일반인에 대해선 인도주의 원칙에 따라 자국민에 준하는 인권을 보장합니다. 만약 그 사람을 죽이거나 물건을 빼앗으면 국법으로 처벌하게 되는데, 현대적 국가가 이처럼 넓은 범위의 인권을 보호하는 이유는 사회 구성원의 보편적인 총체성 수준이 국가를 넘어 인본주의적 가치에 닿아 있기 때문입니다.

하지만 전체와 개인의 수준은 일치하지 않습니다. 경우에 따라 개인의 수준보다 훨씬 높은 수준으로 공공 윤리 기준이 결정되기도 하는데, 이는 인간이 지닌 내로남불 본능이 끼친 몇 안 되는 긍정적인 현상입니다. 사람들이 사회적으로 좋은 모습만을 보여주고픈 자아의 욕망에 이끌려 본인들조차 수용하지 못하는 높은 수준의 총체성을 사회 윤리로 합의하는 거죠. 그 결과 마음으로는 내키지 않는 질서를 지키면서 점진적인 총체성의 상향을 이루기도 하지만, 본질적으로는 강제된 규정이기에 조금만 상황이 나쁘거나 사회적 감시를 벗어난 곳에서는 금세 본 모습을 드러내게 됩니다. 그리고 뒤늦게 밝혀진 낮은 수준의 행동은 겉 다르고 속 다른 내로남불의 표적이 되어 비판거리가 되지요.

이보다 큰 혼란은 각 개인마다 인식하는 총체성의 수준이 다르다는 점에서 비롯됩니다. 가족 공동체, 종교 공동체, 특정 정당, 국가 사회 등등 저마다 품고 있는 울타리의 범위가 다르기에 선과 악의 상대적 기준이 뒤죽박죽입니다. 다른 이에게 상처를 주거나 물건을 빼앗는 아주 낮은 차원의 행위는 공통적으로 악행이란 판단을 공유하지만 최저 시급의 수준, 한계 가정에 대한 복지 범위, 성소수자를 위한 법적 보호, 여성에 대한 적극적 우대정책과 같은 집단 간 이해관계가 첨예한 주제는 관점에 따라 선과 악의 판단이 뒤집힙니다. 우리는 자신의 울타리 안의 집단에 도움이 되는 정책은 선한 것이고 그렇지 못한 움직임은 악으로 규정하는 이분법적 잣대를 무수히 목격하고 있습니다.

사람마다 인지하는 총체성의 범위는 다르며 따라서 선하다 혹은 악하다라는 건 주관적인 평가일 수밖에 없습니다. 사회 보편적으로 악인이라 손가락질하는 사람도 정작 그 행위자는 자기 이익만을 추구하는 낮은 총체성의 수준에 있기에 본인의 행위를 정당화할 수 있습니다. '어찌 인두겁을 쓰고 그런 파렴치한 짓을!'이라고 욕해봤자 '그것이 사회 법칙이고 속은 사람이 미련한 것'이라고 코웃음치는 것이지요. 나는 악행이라 부르는 것이 누군가에겐 선행이고 또 나는 선행이라 생각한 게 다른 이에겐 악행이니 무엇을 기준해야 할까요. 그나마 개인 한 명에게는 보다 높은 차원에서 상대적인 선악을 분별하는 시야를 기를 수 있겠지만 집단에 대해서는 그 효용이 거의 없으나 마찬가지입니다. 철저한 힘의 논리로 작동하는 국제 관계가 대표적인 사례이지요. 세계 각 나라는 힘 없는 국가가 다른 세력에게 유린당하더라도 자국의 이익에 따라 정치적으로 선악을 구분합니다. 가해 세력과 척지는 게 우리에게 손해라면 모르는 냥 넘어가고 이익이 된다면 그들을 파렴치한 악으로 규탄합니다. 아예 우리와 가해 세력이 이익을 공유한다면 그들의 행위를 정의로운 결단이라 칭송하기까지 합니다. 외교 차원에서의 립서비스가 아니라 국민 여론이 그 수준에서 형성되고 국가 이익에 따라 선악의 대상이 달라지는 것입니다.

　선하다 혹은 악하다라는 건 총체성의 수준에 따라, 본인이 어떤 집단에 뿌리를 두고 있느냐에 따라 결정됩니다. 그러므로 우리는 인간이 지향해야 할 성장의 길인 '지성과 감성, 주체성과 총체성'을 함양하여 나도 모르게 저지를 수 있는 악행을 최소화하는 데에 힘써야 합니다. 알지 못해서 혹은 공감이 안 되어서 강행하거나 무시해버린 어떤 행동이 누군가에게 악행이 된다면 언젠가 그 대가가 본인에게 되돌아올 테니까요. 주체적 지성으로 입체적인 사고 판단을 하고, 총체성을 통한 감성적 포용으로 나와 모두를 위한 공익적 실천을 행해야 합니다. 비록 상대적 기준에서 선악을 나눌 수밖에 없다 하여도 내 자신이 보다 높은 수준의 인격체가 되어갈수록 부지불식간에 끼칠지도 모르는 악행을 조금이나마 예방할 수 있습니다.

　최종적으로 공동의 지도를 펼쳐 살피는 통합적 시각에 이르면 선과 악의 이분법을 초월한 단계에 접어듭니다. 선악은 인간이 정의한 기준이며 공동의 지도에서 바라본 선악은 지성의 결핍, 감성의 과잉, 주체성과 총체성의 미비에서 오는 무지와 무관심의 결과입니다. 누군가가 악행을 하는 건 근본적으로 그가 나빠서 그런 게 아니라 일차적으로 알지 못해서, 공감을 할 수 없어서이고 그로 인해 드러난 행동이 악으로 규정되는 것입니다. 이 단계의 시야에서는 그저 상대를 적폐로 규정하고 악으로 내몰기보다는 무지를 일깨우기 위한 설득, 공감을 얻어내기 위한 심정적 호소를 시도합니다. 좀 더 이해하고 포용하는 인내의 힘이 공동의 지도와 통합적 시각 안에 담겨있는 덕분입니다.[217]

핵심 메시지

자유는 주체성이 지향하는 목표이며, 건강한 주체성은 뛰어난 지성이 만들어낸 결과입니다. 얽힘은 총체성이 지향하는 목표이며, 건강한 총체성은 풍부한 감성이 만들어 낸 결과입니다.

지성을 통해 세상을 바르고 객관적으로 입체적인 관점에서 해석할 수 있게 되며, 감성은 세상의 부적절한 부분을 적극적으로 개선할 수 있게 하는 실천을 끌어냅니다. 지성이 결핍된 감성은 우격다짐의 그릇된 판단을, 감성이 결핍된 지성은 냉소와 회의주의로 사람을 병들게 합니다.

---

217 그럼에도 불구하고 현시대에 이르러 붕괴의 징후가 뚜렷하고 진화와 도태의 갈림길에 서 있다는 건 어떤 방법으로도 설득, 회유할 수 없을 경직된 사고의 사람들이 다수이기 때문입니다. 우리에게는 유연하지 못하면 부러지는 자연의 법칙 자체를 바꿀 힘이 없으며 그저 나 하나만이라도 그러하지 않도록 노력하는 것이 최선일 따름입니다.

심화 주제

Spiral Dynamics, 나선형 역할 이론에서는 자유 / 주체성 / 지성이 주로 드러나는 단계를 따뜻한 색으로, 얽힘 / 총체성 / 감성이 주로 드러나는 단계를 한색 계열로 표현합니다. 이에 2단계 원시 권력 사회는 빨강(red), 4단계 목적 지향 사회는 주홍색(orange)을 배정하였고, 3단계 절대 질서 사회는 파랑(blue), 5단계 다원론적 사회는 녹색(green)을 배정하였습니다. 6단계 통합 의식 사회는 난색과 청색이 통합된 색으로서 노랑(yellow) 혹은 터키색(turquoise)[218]을 사용합니다.[219] 이는 자유와 얽힘, 주체성과 총체성, 지성과 감성이 진자추 활동을 통해 나선형 상승을 하는 대립쌍이면서 동시성에 있는 개념이기 때문입니다.

---

218 6단계 통합 의식 사회가 노랑(yellow) 혹은 터키색(turquoise), 두 가지인 이유는 엄밀한 Spiral Dynamics 이론에서는 6단계 사회 모델을 개인 의식 수준에서 다시 두 단계로 나누기 때문입니다. 간단한 정의로 노랑(yellow) 단계는 이전 단계의 창발적 과정을 이해하는 수준이며, 터키색(turquoise) 단계는 그 지식을 활용해 자유롭게 대응할 수 있는 수준을 지칭합니다.

219 해당 정의는 돈 벡 교수의 관점을 차용하였습니다. 켄 윌버는 학문적 결별 이후 3단계 절대 질서 사회를 호박색(amber), 6단계 통합 의식 사회 이후의 노랑(yellow)을 청록색(teal)로 변용하였습니다.

29
의식과 영성의 날아오름

우주의 별에서 기원한 물질들 안에 우연한 기적으로 생명이 탄생하고 여러 우여곡절 끝에 의식을 지닌 고등 인간이 등장하면서 우주에는 '의식이 있음을 의식할 수 있는 존재'가 생겨났습니다. 하지만 이성 과학의 시대를 지나면서 근대 이전의 신비주의 지식은 배척되었고 서양적 에고인 자의식이 강해진 인간은 제 틀에 갇혀 이성 의식으로 해석한 세계만을 믿게 되었습니다. 그로 인해 비의식 수준에서 일어나는 의식 현상을 이해하기 어렵게 되었지만, 현대 과학의 새로운 해석을 바탕으로 몇 단계의 논증을 통해 우주의 아주 작은 원자에도 의식(비의식)이 스며들어 있음을 설명하였습니다.

인간 수준 의식 틀을 벗어났을 때 비로소 체험할 수 있는 미지의 세계, 그것을 경험한 이들은 만물이 하나로 연결된 우주적 총체를 일컬어 영성이라 정의하였습니다. 물질계의 시선에서 빅뱅 이전의 어떤 무엇부터 현 우주의 삼라만상이 연결된 전체까지 그 모든 것이 영성입니다. 우주의 진화 법칙과 인류 사회의 발달 과정, 그 안에서 벌어진 개별 개인의 투쟁과 성장 역시 영성의 한 모습입니다. 각 개인마다 영혼의 성숙도가 다르고 각자의 과업을 수행하며 저마다의 상위 단계로 성장해 나아가지만 그 개별 영혼들이 지향하는 영성의 끝은 우주적 총체로서의 하나입니다.

영성이란 인간의 인식 범위 너머에 있는 초월적 개념입니다. 따라서 이런 언어적 표현으로 정확한 논증을 하는 건 애시당초 불가능한 일입니다. 바닷속에서는 바다의 정체를 알 수 없고 물 위로 벗어나야만 그 실체를 볼 수 있는 것처럼, 영성 또한 그 끝을 넘어가보지 않고서는 알지 못하는 그 무엇입니다. 우린 그저 갖가지 수사를 동원해 어스름한 형상을 유추할 수 있을 뿐, 어쩌면 이따위 말들조차 '인간이 만들어낸 신'과 같은 말장난에 불과한 추상일 수도 있습니다.

그럼에도 그 무엇이 있을 거라 확신하는 근거는 지성과 감성, 주체성과 총체성, 자유와 얽힘이 이루는 대립과 동시성의 관계는 그 중심의 축에 어떤 것이 있다는 걸 가정하기 때문입니다. 인간의 이성 지식 차원에서는 의식, 그보다 잠재된 차원에서는 무의식 혹은 비의식으로 정의되는 정체가 있으며 그것이 점차 상승하고 성장해 갈수록 인간의 격은 더욱 깊어지고 향기로워집니다. 인격, 품격, 자애로움 같은 단어로 묘사되는 성숙한 영혼을 대면하면 보통의 사람들은 저도 모르게 숙연해지고 경외심을 품습니다. 격이 다른 어른의 영혼임을 직감적으로 알아보기 때문입니다.

영혼의 존재, 영성의 상승 경로가 과학적으로 증명되었나, 반증 가능한가라고 물으면 답할 방법은 없습니다. 이성 추론으로 그것이 있음을 가정한 것뿐입니다. 하지만 세계 각지에서 발견되는 인류 고대의 문화, 탁월한 종교 교리, 근래 활발히 연구되고 있는 뉴에이지 초월명상, 이 모두가 공통적으로 영성을 논하고 있는 건 우연이 아닐 겁니다. 힌두교에서 깨달음을 얻기 위한 고행 수련, 기독교에서는 절대자 하나님을 만나는 방법으로 온 인류를 위한 묵상을 권유하고 불교에서는 유위 세계의 집착에서 벗어나기를 끊임없이 주문합니다. 유교에서는 공부를 통한 깨달음, 도교에서는 무위자연으로의 회귀, 그리고 종교 공통으로 고요한 상태에서의 명상으로 우주적 자아와 만날 수 있는 방법을 제시합니다.

그리고 한 차원 더 나아간 소수의 사람들은 신체적, 정신적 존재의 인간 됨을 초월하여 영성적 자아, 즉 우주를 바라보는 자로서의 사명을 다하는 길을 택했습니다. 세상에 벌어지는 온갖 혼잡한 시시비비는 잠깐 스쳐 지나가는 찰나일 뿐이고 그 이면에 신체적, 정신적 자아가 죽음에 이르더라도 사라지거나 소멸되지 않는 영성 자아가 있음을 깨달았습니다. 다만 영성 자아를 마주하기 위해선 나의 의식 수준을 일정 단계 이상으로 끌어올리고 유지해야 합니다. 극소수 선각자들은 풍족함 속 태만의 함정과 궁핍함 속 편협의 굴레를 깨고 영성적 자아의 경지에 이르렀고요. 사람이 우주에 태어난 심원의 목적인 이 우주를 바르게 바라보는 것, 개인의 성장을 극한으로 끌어올려 우주에서의 인간 존재 이유가 합일하는 지점을 만난 것입니다.

신체의 얽힘과 의식의 얽힘에 갇혀 영혼 성장의 길을 인식할 틈 없이 살아가는 우리 같은 일반인들에게는 참으로 어려운 길입니다. 그럼에도 희망이 있다면 굳이 속세를 등지고 일부러 고행을 찾아다니지 않더라도, 이제 세계는 조금만 노력해도 현인들의 지식과 지혜를 접할 수 있는 시대가 되었다는 사실입니다. 지성과 감성, 주체성과 총체성, 자유와 얽힘 사이에서 오가는 나선형 성장을 착실하게 딛고 올라가면서 매 순간 변화하는 자신의 마음가짐을 바라보는 것으로도 내 의식과 영성의 날아오름을 느낄 수 있습니다.

인간의 자유 본능은 각 개인의 의식 안에 깊숙이 심겨 있고, 나 스스로도 인식하지 못하는 왠지 모를 권태로움은 지금보다 높은 단계를 향해 깨어나 성장하기를 이끌고 있습니다. 내가 만든 나의 에고의 감옥, 내가 나라는 자부심의 정체성을 깨부수는 일, 이 정도면 되었다며 만족하지 못하고 계속하여 새로움을 추구하는 이유는 성장을 갈구하는 내 영혼의 목소리를 향한 이끌림입니다. 이에 감응하여 바른 길로 나아갈 때 우리는 진정한 자유의 해방감을 맛보게 될 것입니다.

30
우리 앞의 미래

인류가 겪어온 온갖 환란과 고통은 우주가 처음 설계되었을 때 예정된 미래이고 한계였습니다. 모든 것을 통달하고 무엇이든 해내는 전지전능함이 있었다면 겪지 않았을 생의 괴로움을 지금 이 순간에도 수많은 사람들이 뼈아프게 경험하고 있습니다. 이러한 고통에 대해 과정에서 얻는 성장의 희열이라 표현하였지만 그게 무엇이길래 굳이 이 길을 걸어야 할까요? 우주를 직시하고 후세에게 유산을 남기며 스스로의 영적 성장을 도모한다는 거창한 논리는 어찌 보면 한낱 신의 놀음 같이 느껴집니다. 시작하지 않았으면 아무 일도 없었을 걸 어쩌다 우주가 생겨나버려 희로애락의 삼라만상이 펼쳐져 버렸으니까요.

그럼에도 여러 종교 경전, 영성계의 메시지는 인간으로 태어난 것은 천재일우의 기회이며 지구는 의식의 날아오름, 영적 상승을 꾀할 수 있는 유일한 장소라고 이야기합니다. 이런 신비주의적 주장이 아니라도 인간에게 부여된 벗어날 수 없는 본능은 인간이 성장해야만 하는 존재임을 깨닫게 합니다. 사람은 처음부터 모든 것을 갖고 태어났다 하더라도 그에 만족하지 않고 더 높은 이상을 좇고, 모두를 이루었다 생각하면 금세 권태와 무료함에 빠져 괴로워하는 존재입니다.

사람이 생의 막바지에 이르렀을 때 어떤 기억을 떠올릴까요? 자신이 이뤄낸 수많은 성취들과 못내 포기해버린 아까운 기회들을 추억하다가도 이내 사랑하는 가족과 내가 책임지던 사람들을 향한 미련으로 맘 편히 눈 감기가 어려울 것입니다. '조금만 시간이 주어진다면 지금보다 행복하고 의미 있는 삶을 살 텐데…' 따위의 후회 없이 생의 마지막을 겸허히 수용하는 이는 속세의 욕망을 내려놓은 해탈한 자유인이거나 너무나도 치열하게 살아 이제는 쉬고픈 마음이 간절한 사람일 겁니다.

어떠한 인생 경로를 걸었든가에 상관없이 자기 삶을 대하는 태도에 따라 누구는 대단한 업적을 이루었어도 생의 마지막 끈을 내려놓기 어려워하며, 누구는 이렇다 할 성취를 남기지 않았음에도 자신에게 주어진 삶의 여정에 감사하며 충만한 마음으로 죽음을 맞이합니다. 주어진 조건은 천차만별이지만 샌드박스 롤플레잉 게임 난이도를 조정하는 것처럼 각자 다른 어려움 속에서 각자의 방식으로 자신만의 삶을 살아갑니다. 거대한 장벽 앞에 주저앉아 좌절감을 맛보거나 어떻게든 돌파구를 찾아 성취감을 느끼거나, 혹은 반복된 일상에 갇혀 권태감에 괴로워하는 등의 다양한 장면에서 공통적으로 발견되는 것은 바로 배움과 깨달음, 의식의 성장입니다.

롤플레잉 게임 중에 오픈월드라는 장르가 있습니다. 보통의 게임이 특정 목표를 제시하고 그것을 해결해나가는 과정을 치밀하게 설계하는 것과 달리 오픈월드는 큰 맥락의 목표를 제시하되 게이머가 굳이 해당 루트를 따르지 않아도 게임 속 설정을 즐길 수 있는 콘셉트입니다. 현실 세계와 흡사한 디테일을 제공하고 플레이어의 다양한 행동이 게임 내에서 상호작용되는 높은 자유도를 바탕으로, 유저는 자신만의 목표를 세우고 업적을 이루는 것에 게임의 재미를 느낍니다. 그러다 보니 이 장르는 사람들 사이에 호불호가 명확합니다. 확실한 목표가 존재하고 주어진 문제를 풀어가는 데에 성취감을 찾는 사람은 지루하다고 평하는 반면, 느슨한 배경 안에서 스스로 의미를 부여해 목표를 설정하고 달성하는 과정을 즐기는 사람은 특이한 콘셉트와 높은 자유도의 오픈월드 롤플레잉을 극찬합니다.

이 두 유형의 사람은 게임을 풀어가는 방법부터 큰 차이를 보입니다. 전자는 이미 알려진 최적의 해법, 매뉴얼, 소위 국민템이라 불리는 최소 투자 최대 수익의 효율성을 중시합니다. 그래서 유명 유튜버의 게임 플레이 영상을 그대로 따라하며 목표를 해결하는 데에서 쾌감을 느낍니다. 그렇게 게임을 클리어하고 나면 또 다른 타이틀을 찾아 동일한 방식으로 게임을 수행하며 즐거움을 얻습니다. 후자는 다른 사람이 정리해놓은 해법이나 매뉴얼을 그다지 참조하지 않습니다. 대신 당장 주어진 아이템으로 어찌저찌 퀘스트를 해결하는 과정 자체를 즐거워합니다. 심지어 일부러 비효율적인 방법을 고수하기도 하는데, 스스로 콘셉트를 잡고 게임 속 캐릭터에 스토리를 부여하여 영화 한 편 찍는 마음으로 게임을 만들어가는 경우입니다. 그러다 보니 이들은 하나의 게임을 오래도록 즐깁니다. 게임 개발자가 제시한 목표를 클리어하고 나서도 해당 게임의 세계관에서 할 수 있는 일이 무궁무진하기 때문입니다. 새 캐릭터를 생성하고 새로운 지구를 열어 또 다른 콘셉트로 게임을 즐기는 모습은 마치 환생을 반복하는 영혼의 순환을 보는 듯한 느낌입니다.

인류 역사상 가장 거대한 분수령이 될 진화와 도태의 장이 이제 막 열리려 하고 있습니다. 왜 하필 지금인지, 내가 조금만 일찍 태어났더라면 대환란의 시기를 경험하지 않아도 되었을 텐데, 주어진 운명이 야속할 법도 합니다. 검증된 인생 루트, 모두가 인정하는 국민 아이템들을 소비하고 누구나 방문하는 맛집, 멋집을 찾아 인스타그램에 인증하는 데 삶의 즐거움을 찾는 이에게는 극한의 시련이겠지요. 그들은 오픈월드 장르에 익숙치 못한 유저와 비슷해서 목표가 무너져 달성할 수 없는 신기루 같은 존재가 되었을 때 그저 불행을 한탄하고 하늘을 원망하는 데 그칠지 모릅니다. 게임이라면 새로운 타이틀로 갈아타면 될 텐데 현실 세계는 불가능한 방법입니다.

주어진 환경 안에서 의미를 찾고 스스로에게 콘셉트를 부여하여 인생을 즐기는 오픈월드 유형의 사람은 사뭇 다를 것입니다. 참 운 나쁘긴 하지만 그런대로 방향 잡고 수행하며 성취감을 느낄 수 있는 이에게는 위기는 곧 기회이며, 고난은 생명을 한껏 성장시키는 촉매일 테니까요. 얼마나 자기 내면의 목소리를 듣고 따라갈 수 있느냐, 주위 시선에 연연치 않고 나만의 독특한 인생 여정을 설계하고 행할 수 있느냐가 그 차이를 가를 것입니다. 식물의 가지 중간에 흠집을 내면 그 사이로 싹이 나와 새 가지를 펼치듯이, 사람 또한 고통을 승화하여 비로소 성장하는 존재입니다. 달리 말해 우리가 곧 목도할 역사적 이벤트는 그 어떤 세대도 경험해보지 못한 가장 극적인 성장의 한 마당이 될 거란 뜻이지요. 물론 누군가는 적자의 길을 선택하여 아름다운 생을 맞이하고 누군가는 도태의 길에 접어들어 불행한 삶을 살겠지만, 이 또한 각자의 인생 경로에 놓인 깨달음의 기회로 다가갈 것입니다. 삶과 죽음으로서 결론지어지는 끝이 아니라 그로써 새로운 시작을 준비할 때의 출발점을 가르는 이번 생의 마무리입니다. 자신에게 다가온 사건의 의미를 온전히 성찰할 수 있다면 어떤 결과를 맞이한다 해도 그건 겉 현상에 불과할 뿐입니다.

지금까지 믿어왔던 시스템이 와해되고 이 사회의 기본 질서가 무너진다 하여도 개인의 삶은 유유하게 이어질 겁니다. 어떤 미래가 우리를 맞이할지는 각 개인의 각성, 성장의 수준에 따라 달라질 것이고 이러한 성장의 총체는 구체적인 역사로 기록되어 새로운 질서, 사상, 문화를 탄생시킬 것입니다. 가장 최소 단위의 홀론 특성이 최종 상위 체계의 한계를 결정하는 것처럼, 개별 개인이 달성한 의식 각성 수준은 이다음 미래의 한계입니다. 현생 인류의 그것보다 훨씬 자유롭고 풍요로운 내일이 되기를 바라마지 않지만, 호모 사피엔스도 우주 안의 많은 지성 생명 중 하나일 뿐이기에 도태의 길을 선택하여 오래도록 문명의 암흑기를 맴돌 가능성도 있습니다. 그럼에도 개인에게 내재된 자유를 향한 본능은 사라지지 않을 것이기에 그 와중에도 누군가는 자신의 사명을 깨우치고 성장하는 생을 살아갈 것입니다. 세상이 망가진들 혹은 내 삶이 무너진들 우리 안의 본능은 사라지지 않고 우리에게 주어진 성장의 기회는 늘 열려 있을 테니까요.

그나마 다행인 점은 현대 인류가 시대의 위기를 감지할 만큼 기술적 진보를 이루었고 과거의 역사를 통해 당면한 문제와 앞으로 나가야 할 방향을 어렴풋이나마 점쳐볼 수 있게 되었다는 것입니다. 다만 그것을 아느냐 그렇지 못하느냐의 기회가 다르고, 운 좋게 그 지식을 접했다 하더라도 그것을 믿느냐 그렇지 않느냐의 관점이 다르며, 알고 믿는다 한들 올바른 실천을 행할 수 있느냐 그렇지 않느냐가 갈립니다. 게다가 정녕 그것이 옳은 예측인지 확답할 수 없기에 그저 최선을 다하는 것 외에는 뾰족한 수가 없습니다.

하지만 알지 못하면 그다음 단계의 문을 열 기회조차 주어지지 않기에 보다 많은 사람들이 이 책에 담긴 지식과 시야를 접하고 이해할 수 있길 기원합니다. 그것이 바로 앞 삶의 질을 올려주거나 위기에 대응할 해법을 보장하지는 못하겠지만, 그렇게 깨어있는 사람이 조금이라도 늘어난다면 훨씬 많은 생명이 보다 행복한 모두의 미래로 진화할 수 있을 겁니다. 불행히 그렇지 못하더라도 한 차원 높은 시선에서 세상을 바라보는 힘은 본인의 격을 한층 더 끌어올림과 동시에 생의 전체에 걸친 소중한 자산이 될 것입니다.

어쩌면 생을 넘어 소중하고 고귀한 인연의 끈을 잡았을는지도요.

우리는 어디서 왔고, 무엇이며, 어디로 가는가

초판 1쇄 인쇄 2022년 10월 19일
초판 1쇄 발행 2022년 10월 26일
지은이 정유표

펴낸이 김양수
책임편집 이정은
편집디자인 안은숙
교정교열 채정화

펴낸곳 도서출판 맑은샘
출판등록 제2012-000035
주소 경기도 고양시 일산서구 중앙로 1456(주엽동) 서현프라자 604호
전화 031) 906-5006
팩스 031) 906-5079
홈페이지 www.booksam.kr
블로그 http://blog.naver.com/okbook1234
이메일 okbook1234@naver.com

ISBN 979-11-5778-566-7 (03110)

맑은샘, 휴앤스토리 브랜드와 함께하는 출판사입니다.